김영태 시사칼럼집

그 香을 팔지 않는다

시와사람

그 香을 팔지 않는다

풍파에 맞서 기개를 잃지 않으려 쓴 글

돌이켜 보면 참 짧지 않았던 세월이었습니다.

이 산에 꽃이 피고 저 들녘에서 새가 지저귀던 봄.

계절이 바뀌었는가 했더니 어느 결에 기온이 올라 사람들로 하여금 그늘을 찾게 하고 지구 온난화를 유발한 행위를 자학하게 만들던 여름.

그리고 나락 영글어 가는 논두렁에 훌쩍 큰 해바라기가 고개를 숙이고, 잎지는 나무에 스산한 바람이 스쳐가던 가을.

또 잿빛 하늘이 자욱한 미세먼지를 품고 아스팔트 바닥으로 낮게 내려앉은 겨울. 그렇게 반복됐던 봄과 여름, 가을과 겨울을 맞고 떠나 보내면서 30여년이 지나갔습니다.

그 세월 속에 수많은 사람을 만나 그들의 이야기를 듣고 때로 감동하며 때로 분노하며 때로 정의롭지 못했던 스스로를 질책하며 정치·경제·사회·문화 등 각 분야의 글들을 써왔던 시간들을 새삼스럽게 회고해 봅니다.

과연 필자의 글이 세상을 얼마나 변화시켰을까에 대해서는 지금도 여전히 의문이 들곤 합니다. 혹여 얕은 지식과 타고난 재주없음에서 연유한 어줍잖은 글들로 세상을 미혹케하려는 바는 없었는지 자책감도 적지 않습니다.

나아가 필자의 그러한 글들이 과연 사람들의 살이에 도움을 주었는지, 더 넉넉해지고 더 여유로워지고 주변의 여러 여건과 더불어 안녕들 하게 만들었는지 항상 부족함으로 머리 숙여봅니다.

오래 전 글솜씨가 빼어났던 한 작가는 "사람은 흘러가는 물에 다시 발을 담글수 없다"고 했습니다. 마찬가지로 "꿈이 꿈이 아님을 알려면 그 꿈에서 깨어나야 한다"고 했습니다.

지나간 날, 이런 저런 풍파에 맞서 그래도 기개를 잃지 않으려 애쓰며 써 내려갔던 필자의 글들을 이제 한 권의 서책으로 엮어 세상에 내보냅니다.

설익은 문장과 깊지 않은 사고로 세상사를 논했던 필자의 판단과 평가가 부끄러운 수준은 아니었는지 조심스러운 마음을 감출 수 없습니다.

짧지 않은 시간 기쁨과 노여움, 슬픔과 즐거움을 공유하며 함께했던 언론계의 수많은 선배들과 후배들의 격려, 질책, 가르침, 그리고 그걸 아우른 고마움을 오래오래 기억하고 싶습니다.

무엇보다 넉넉하지 못한 살림이지만 내색 한번 않은 채 묵묵히 제자리를 지켜줌으로써 필자의 존재를 빛나게 해주었던 아내와 구김없이 커준 두 딸들에게도 진심으로 감사의 말을 전하고 싶습니다.

2021년 2월

김영태

재주부리지 않고 글 쓰는 재주

金珉煥
(고려대 미디어학부 명예교수)

80년대를 오롯이 광주에서 지내며 친구같은 제자들을 만난 것은 내게 큰 행운이었다. 김영태도 잊을 수 없는 제자다. 내가 이끌기도 하고 그가 이끌기도 하며, 우리는 함께 전라도 산하를 꽤나 쏘다녔다. 물론 씁쓸한 기억도 있다. 내장산에 다녀올 때였다. 몇이서 동행했는데 갑자기 나더러 혼자 광주로 돌아가라고 했다. 예쁜 여대생 한 패를 만나자 내가 거추장스러웠던 것이다. 그런 그가 정년을 맞이했다니 격세지감을 느낀다.

김영태는 신문사에 들어가서도 많이 돌아다닌 것 같다. 이번에 내는 책에 그의 족적이 고스란히 담겨있다. 그는 가까운 무등산도 가고 망월동도 가고 너릿재도 가고, 봉하마을도 가고 영호남 열개 지자체가 함께 조성한 동서화합동산에도 다녀왔다. 그는 멀리는 아테네와 스파르타, 히말라야나 타림분지 등도 주유했다. 그는 또한 많은 사람을 만났다. 김구를 만나고 이난영을 만나고, 소록도의 천사 마리안느와 마가렛도 만나고, 유다와 베드로도 만나고 착한 사마리아인도 만나고, 사이먼과 가펑클도 만나고, 저커버그 등 수퍼리치도 만났다. 다니고 만나며 때로는 웃고 때로는 울고 때로는 피눈물을 쏟았고, 때로는 권력자들의 역린을 건드리기도 하였다. 논설실장, 논설주간, 주필을 거치며 그가 보고 느낀 바가 '약수터' 주변에 질펀하게 깔려있다.

그의 칼럼집에서 다시 확인한 것은, 그는 학생 때도 그랬지만 여전히 탁월한 재능을 가지고 있다는 사실이다. 그는 '재주부리지 않고 글을 쓰는 재주'를 지녔다. 그건 그가 재주부리지 않고 사는 재주가 있기 때문에 가능한 일이다. 그가 말한 바와 같이, 말의 속과 겉이 다르고 의식과 표현이 서로 어긋나면 글이 삿되게 마련인데, 그의 글은 그런 글과는 거리가 멀다. 또한 그의 글에서는 등불냄새가 난다. 플르타크영웅전에 나오는 말더듬이 웅변가 데모스테네스가 당대의 천재 웅변가들을 이길 수 있었던 것은 그가 등불냄새 나는 웅변을 했기 때문이다.

나도 은퇴한지 꽤 오래인데 제자 김영태가 이제 홀가분한 처지가 된다니, 영산강 테마숲길이나 무등산 무돌길이라도 함께 걸어볼까? 그러나 겁이 난다. 예전처럼 길에서 예쁜 여자를 만나면 나더러 혼자 돌아가라고 할까 두렵다.

2021. 2.

다시, 지침이 되고 길잡이가 되고

장 인 균
(SRB 무등일보 대표이사)

지난 30년, 정론직필(正論直筆)의 외길을 걸어오신 김영태 주필(主筆)의 출판을 함께 기뻐하며 축하드립니다.

올곧은 사고와 준엄한 필법으로 그 세월동안 언론의 정도(正道를) 곧추 세우고자 무던히 애썼던 노고에 위로와 경의를 드립니다.

1988년 무등일보 공채 1기로 입사한 이후 여러 부서를 거쳐 편집국장, 논설주간, 주필을 역임하면서 지역 언론의 산 증인이자 표상으로 우뚝 섰습니다.

긴 시간, 무등일보 지면에 실린 그의 기사와 글들은 시대의 흐름을 꿰뚫는 예리함으로, 때로는 추상(秋霜)같은 날카로움으로 무장한 채 길이 되고 지혜가 되었음을 부인하기 어렵습니다.

우선 그의 재임 중 치러졌던 대선과 총선 및 여러 지방선거, 그리고 정치적 격변기 마다 우리 정치가 나아가야 할 방향을 제시하는 등 '바른 정치는 무엇인가'를 늘 고민하게 했습니다.

뿐만 아니라 경제분야의 다양한 지표와 흐름을 분석하고 재해석하여 독자들에게 경제 현상을 예측하고 대비토록 하는 등 길잡이가 되어주기도 했습니다.

특히 세월호 참사 등 여러 사회적 사건을 다루면서는 깊은 울림을 남겼습니다. 비판을 위한 비판이 아니라 원인을 깊이있게 분석하고 교훈으로 남겨 우리 사회의 무기력을 질타하는데도 앞장섰다는 측면에서 높이 평가할 일입니다.

그의 글에는 언제나 깊이가 있었습니다. 옛 고사를 인용하되 그 속에 담긴 성현들의 지혜를 생각하게 하고 우리 삶에 잘 접목시켜 주기도 했습니다.

언론을 흔히 '사회의 공기(公器)'라고 말합니다. 이는 언론 본연이 지니고 있으면서 또한 현재화해야 하는 소명에서 비롯하는 지침이라 할 수 있습니다.

그 무거운 소명은 치우침 없는 정보 전달과 편향되지 않는 사안의 분석 등으로만 실현이 가능해 진다고 믿습니다. 언론인의 양심이 살아 있어야 하며 진실과 공정의 토대 위에서 건전한 비판을 할 때라야 비로소 그 소명은 빛을 발하게 될 것입니다.

오랜 세월 그런 언론의 외길을 걷고자 끝없이 다짐하고 또 다짐했을 김영태 주필의 지난했던 노정에 격려를 전합니다.

그의 성찰과 고민, 지혜가 고스란히 스며있는 다양한 글들이 과거를 일깨운 시대의 지표가 되었듯 앞으로도 우리 사회의 지침이 되고 길잡이가 되어줄 것을 기대하고 확신합니다.

이제 비록 현직을 떠나지만 몸 담았던 언론과 뒤 따라오는 많은 여러 후배들에게 오래오래 귀감이 되길 소망합니다.

2021. 2.

절제의 품격을 잃지 않은 문장

조 영 석
(전 무등일보 편집국장)

-그의 칼럼은 에둘러 말하지 않고 시비가 명확하다. 분노해야 할 때 분노하고, 울어야 할 때 목 놓아 울 줄도 안다. 하지만 과하지 않다. 삶이 그러하듯 문장 또한 절제의 품격을 잃지 않아야 한다는 것을 알기 때문이다.-

신문은 하루살이와 다르지 않다. 당연히 신문에 실린 글 또한 같은 마찬가지이다. 하루가 지나면 옛것이 되는 숙명 때문이다. 신문에 실린 글을 시간이 지나서도 읽고 또 읽게 된다는 것은 이러한 신문의 숙명을 거부할 때 가능하다.

무등일보 김영태 주필의 '약수터' 칼럼이 그렇다. 신문의 숙명을 거부하는 김 주필의 칼럼은 말 그대로 약수터에서 솟아나는 약수와 같다. 지난 시간의 글마저 방금 떠 올린 약수처럼 새롭고 신선하다.

김 주필의 약수터 칼럼을 읽는 다는 것은 홍수처럼 넘실대는 정보의 바다에서 소중한 보물을 건져낸 듯한 기쁨이다. 나는 어쩌다 그의 칼럼을 읽지 못하는 날에는 무엇인가를 잃어버린 듯 상실감을 느껴야 했고,

인터넷 판이라도 검색해야 했다.

그의 칼럼은 에둘러 말하지 않고 시비가 명확하다. 분노해야 할 때 분노하고, 울어야 할 때 목 놓아 울 줄도 안다. 하지만 과하지 않다. 삶이 그러하듯 문장 또한 절제의 품격을 잃지 않아야 한다는 것을 알기 때문이다.

어떤 때는 고양이의 눈가를 지나는 봄바람인가 싶다가도 어느 순간 졸음에 겨운 스님의 어깨에 내리 꽂히는 죽비가 된다. 약자와 소수자에게는 따뜻한 연민과 위로가 되고, 삿된 권력과 불의 앞에서는 추상의 울림으로 메아리친다.

그가 무등일보 논설주간과 주필로 재임하면서 썼던 약수터의 칼럼들을 한데 모아 책으로 엮어 냈다. 축하하고, 감사하기까지 하다. '감사함'은 그의 약수터를 읽을 때마다 '약수터'모음집의 발행을 고대해 온 갈증의 해소이고, '축하'는 김 주필과 내가 무등일보 창간 동기라는 각별함 때문이다.

그의 칼럼은 33년이라는 세월동안 오롯이 신문기자로 살아 온 완숙된 언론인의 경륜과 식견이 쌓아 올린 빛나는 글탑이다.

김 주필의 약수터 칼럼에는 그가 주유하는 세상만사가 1100자 내외로 압축되면서도 촌철살인의 명쾌함으로 그려진다. 그가 신화와 역사를, 격언과 사자성어를 소환할 때마다 역사와 신화가 마법처럼 오늘을 살아 내일의 창을 열고, 격언과 사자성어는 현실의 빗장을 푸는 쇳대가 되는 것을 확인 할 수 있다.

감칠맛 나면서도 가볍지 않고, 성찰과 치유를 말하면서도 무겁지 않는 그의 유려한 문장은 어디에서 나오는 걸까.

그는 '글씨기'라는 주제의 약수터 칼럼에서 글을 쓰는 이유와, 이유와는 별개로 글쓰기의 어려움에 대해 겸허한 고백을 한 바 있다.

...알을 쌓아 놓은 듯 지금 세상은 위태롭다. 거꾸로 매달린 것처럼 우리 삶이 또한 급박하다. 글쓰기의 주제와 대상은 그런 상황을 표현하고 암시하는데 있다. 말하자면 글은 비유를 들어 경계하고 은유를 통해 넌지시 알리며 참의 잣대를 재고 거짓의 죽비를 내리친다고 할만하다.

수 십 년 글을 써온 필자도 글쓰기는 항상 어렵다. '흰 것은 글을 쓸 여백이요, 까만 것은 글씨'라고 이 여백 저 여백을 지망지망 채워서 세상에 내보낸 뒤 부족함과 부끄러움을 느끼곤 한다.

그가 쌓아올린 글탑은 오랜 기자 생활의 경험과 천부적 재능의 발현도 있겠지만 경험과 재능만으로 거미가 거미줄 뽑아내듯 할 수 있겠는가. 한 땀 한 땀 흰 여백을 채울 때마다 바늘에 쑤시는 아픔이 있었기에 그의 칼럼이 독자들에게 아침선물이 되었음을 안다.

김 주필의 칼럼을 읽다보면 가끔은 읽기를 중단하고 눈을 감는다. 깨우쳐 기억하고 싶은 문장이나 감동의 표현을 하는 나만의 습관이다.

우리가 꿈꾸는 세상의 나침판이 되고자 했던 그의 칼럼집이 손때 묻은 채 나의 눈을 지그시 감기게 할 것을 생각을 하니 어찌 설레지 않겠는가.

제1부 솔베이지의 노래, 그리고 희망

차례

제2부 사람을 거울로 삼으라

차례

제3부 벌거벗은 임금님

차례

제4부 최고의 선(善)은 물과 같다

차례

제1부

솔베이지의 노래, 그리고 희망

내년 대선을 향한 진정한 '용(龍)'이려면

'용(龍)'은 인간이 창안해낸 신령한 상상의 동물이다. 봉황, 기린, 대붕 등과 더불어 신비로운 능력을 지녀 제왕(帝王)이나 시대를 초월한 영웅을 상징한다.

중국의 나관중이 지은 '삼국지 연의'에는 조조(曹操)가 술자리를 같이 한 유비(劉備)의 속을 떠 보고자 용에 관한 이야기를 나누는 대목이 나온다.

조조는 "용이란 크고 작아지기를 마음대로 하며, 위로 솟고 아래로 숨기를 또한 마음대로 한다. 크게 되면 구름을 일으키고 안개를 토하며, 솟은즉 드넓은 우주 사이를 날 수 있다"고 했다. 그리고 유비에게 "당대에 용과 견줄만한 영웅적 인물이 누구 누구라 생각하는가"고 물었다.

내년 대선을 앞두고 집권당인 더불어민주당 후보들의 움직임이 분주해졌다. 여야 통틀어 지지율 선두로 올라선 이재명 경기도지사를 향한 세간의 이목이 집중되면서 여타 후보들의 견제 또한 이어지고 있다.

특히 이 지사가 제안하고 일부 시행 중인 '기본소득'을 두고 이런저런 비판이 쏟아진다. '기본소득을 통한 국민 소득의 평등화'라는 그의 오랜 정책적 신념의 본질을 벗어난 채다. 그러나 당·정·청이 적극 검토하고 있는 '폭넓고 두터운 4차 재난 지원금 지급'은 실상 기본소득에 근접된

개념이다. '선별 지급'이냐, '보편지급'이냐 하는 논쟁조차 기본소득을 전제로 한다.

그런가 하면 여권 대선주자 후보 선출을 위한 '경선 연기론'까지 나온다. 이는 민주당이 정강·정령에 바탕해 지지자들에게 선언하고 확정한 경선룰을 뒤집는 꼼수다. 기본소득의 개념을 비틀고 경선 연기라는 꼼수에 기대어 이 지사의 굳건한 지지율을 흔들어보겠다는 처사에 다름없다. 이른바 '13룡 열국지'를 운운하며 반드시 이겨야 할 내년 대선의 분위기를 흐리려는 의도마저 엿보인다.

불의와 부패에 찌든 보수 세력의 퇴행적 반동에 맞서기 위해 원팀 정신에 입각한 당당하고 진취적인 경쟁이 필요하다.

진정한 용의 기상을 가진 후보라면 '가슴에는 큰 뜻을 품고 배에는 좋은 지모가 가득해 우주의 기운을 머금고 하늘과 땅의 뜻을 토해내야' 한다. 국민의 안위를 염려하며 그들을 살찌우고 나라의 안녕과 번영을 일구겠다는 대의와 명분이 뚜렷하라는 이야기다. 그게 아니면 흔한 잠룡은 커녕, 이무기도 되지 못할 후보다. (2021.2.17.)

하서 김인후, 묵죽도

장성 사람들은 자신의 고을을 이야기할 때 '문불여(文不如)'라는 형용 문구를 붙이곤 한다. '학문에 있어서 장성과 비교할만한 고을이 없다'는 의미다. 조선 말기 흥선 대원군이 호남지역을 돌아보고 각 고을의 특징을 살려 이야기한 바 있는데 장성은 이같은 형용 문구를 붙였다는 말도 있다.

조선조 대학자로 정평이 난 하서 김인후(1510~1560)를 비롯해 노사 기정진(1798~1879)이라는 걸출한 인재들을 배출한 고을의 자부심인 듯하다.

노사는 그가 후학들에게 강론을 했던 고산서원, 하서 또한 유네스코 세계문화유산인 필암서원에 배향돼 길이 존숭받고 있다. 하서는 특히 조선 왕조의 국가적 이념이었던 성리학에서 절대적인 위치를 점한다. 그의 성리학적 토대는 일재 이항(1499~1576), 고봉 기대승(1527~1572)과 '태극음양설'을 두고 치열한 논쟁을 펼쳐 전국 팔도의 주목을 받을 만큼 깊고도 넓었다.

조선 제12대 왕인 인종(재위 1544~1545)은 하서와 군신관계이면서도 절친이었다. 어질고 성군의 자질이 있었던 인종은 보위에 오른 지 8개월여 만에 세상을 달리해 두고두고 세간의 안타까움을 자아냈다. "이제야 태평시대가 열리겠구나"하고 기대했던 백성들의 대성통곡이 산하를 뒤

덮을 정도였다. 계모인 문정왕후가 자신의 아들(명종·1545년~1567)을 옥좌에 앉히려 인종을 독살(?)했다는 음모론까지 나돌았다.

하서는 인종이 보위에 오르기 전 유년의 세자 시절부터 유(類)가 다른 '벗'의 인연을 맺었다. 하서가 5살 위였으나 세간에서는 둘 사이를 '어수지계(魚水之契·물고기와 물의 관계)'라 일컬을 만큼 군신관계를 초월한 각별한 사이였다.

인종은 위태위태한 오랜 세자시절의 굳은 버팀목이 돼주었던 벗, 하서에게 친히 3가지 선물을 하사했다. 싱싱한 배 3개와 주자대전, 그리고 '묵죽도(墨竹圖)'였다. 인종은 특히 고운 비단에 대나무와 돌덩이를 직접 그린 묵죽도를 통해 하서에게 '굳은 벗의 정신'를 드러냈다.

필암서원에 소장돼 있던 묵죽도 도판(圖板)이 2006년 도난당한 지 15년만에 문화재청 단속반과 장성군에 의해 회수됐다고 한다. 인종과 하서의 깊고 깊은 인연을 담은 귀중한 유물이 절도범의 때 묻은 손을 벗어나 제 있어야 할 곳으로 돌아온다니 반갑고 다행스럽다. (2021.2.7)

이재명 경기지사의 광주 행보

이재명 경기도지사의 지난달 말 광주 방문 및 일정과 관련해 이런 저런 보도가 이어졌다. 여권 내 유력 대선 주자인 그의 광주 행보는 매 선거 때마다 의미있는 결정을 내리곤 했던 광주 지역의 정서와 맞물려 적지않은 눈길을 끌었다.

이 지사의 방문 전 광주는 코로나19 대규모 집단감염으로 상황이 매우 좋지 않았다. 일부 교회와 종교 관련시설의 대면 예배, 집단 합숙 등 방역지침을 위반하는 행위 등으로 걷잡을 수 없을 만큼 확진자가 늘어난 때문이었다. 이런 상황에 광주 방문은 흠집내기 좋아하는 세력들에게 자칫 여러 비난의 빌미가 될 만 했다.

그러나 광주시와 업무협약식(인공지능헬스케어 플랫폼 구축 사업)은 오래전부터 예정돼 있었던 공식 행사였다. 'AI(인공지능) 중심도시'를 표방하는 광주시를 비롯해 경기도, 부산시가 함께 추진하는 해당 사업의 참여자 자격으로 중요한 일정이었다.

이용섭 광주시장이 지난해 10월 '인공지능 업무협약'을 위해 경기도청을 방문한 것에 대한 답방 성격이기도 했다.

그런 배경이 있는 이 지사의 광주 행보는 방문 인원을 최소화하고 일정을 간결히 하는 등 조용하게 진행됐다. 원래 일정보다 하루 앞선 지난달 28일 오후 늦게 광주에 와 첫 일정으로 5·18 국립묘지를 찾아 눈발

날리는 묘역에서 별다른 의전 없이 홀로 영령들에게 향을 피우던 모습이 신선한 충격으로 전해졌다.

그리고 다음날인 29일 일정은 광주 남구 오월 어머니집에서 5·18 유가족과 대화, 천주교 광주대교구청에서의 김희중 대주교 예방 및 면담, 오후 광주시와의 업무 협약식 등으로 이어졌다. 이와 별개로 지역내 유력 인사들을 만나 지역의 민심을 청취하고 현안 등에 대한 아이디어를 구하기도 했다.

그런 반면, 많은 지지자들과 만남이나 지역 출신 국회의원들과 간담회 등 정치적 행보를 자제하는 모습을 보였다. '떠들썩한 반김'이나 '보여주기식 세 과시'보다 조용하면서도 진정성 있는 광주 방문을 생각해서였을 것이다.

엄중한 코로나 상황을 감안한 것이기도 하지만 그의 대권 행보에서 광주가 지닌 무게를 깊이있게 인식한 때문이라 여겨진다.

5월 묘역 방명록에 남긴 "나의 사회적 어머니 광주, 언제나 가슴속에 있습니다" 라는 글은 그런 한 난변이라 할만하다. (2021.1.31)

솔베이지의 노래, 그리고 희망

아마도 겨울이 가고 봄도 가겠지. 그런 후에 오는 여름도 가고 한 해 전부도 가겠지.

그러나 언젠가 너는 올거야. 난 확실히 알아. 그리고 난 분명히 기다릴 거야. 그곳에서 오래도록. 전에 그렇게 약속했으니까…

노르웨이 문호 헨리크 입센의 희곡 '페르귄트를 위한 (솔베이지의) 노래'는 잔잔하지만 애상 가득한 선율과 가사로 가슴 속을 후비며 파고 든다.

그의 희곡은 노르웨이 어느 산간 마을의 가난한 청년 '페르귄트'와 아름다운 소녀 '솔베이지'의 슬픈 이야기를 세상에 알렸다. 페르귄트는 돈을 벌기 위해 외국으로 떠나 갖은 고생 끝에 돈을 모아 10여 년만에 고국으로 돌아오다가 국경에서 산적을 만나 돈을 모두 빼앗기는 불운을 당한다. 그리워했던 솔베이지를 차마 볼 수가 없어 다시 이국땅을 떠 돌며 걸인으로 살다 늙고 병든 몸으로 겨우 고향으로 돌아온다.

어머니가 살던 오두막을 찾았는데 어머니는 세상을 달리 한지 오래였다. 연인 솔베이지도 백발이 된 채로 그를 맞는다. 페르귄트는 그날 밤 솔베이지의 무릎에 누워 조용히 숨을 거둔다. 솔베이지 또한 '솔베이지의 노래'를 부르며 페르귄트의 뒤를 따라간다.

가난한 청년 '페르귄트'와 아름다운 소녀 '솔베이지'의 아련한 사랑의 노래는 1875년에 쓰여져 1876년 초연됐다. 그리고 유명 싱어들에 의해 불리어져 슬픈 사랑의 전설로 전해 온다.

故 노회찬 의원이 살아생전 첼로로 즐겨 연주했던 것으로도 알려진 노래다. 수많은 정치인 가운데 그나마 수오지심(羞惡之心)을 알았던 그의 뜻하지 않은 죽음에 사람들은 황망하고 오열을 참을 수 없었던 적이 있었다. 정치가 제 할 바를 잊은 채 병들고 타락하고 오염된 늪에 빠져 허우적거릴 때마다 그를 생각나게 한다.

혹독한 겨울 한풍이 메마른 거리와 휑한 들판을 휩쓸며 대지를 꽁꽁 얼렸다. 기나긴 코로나19에 지쳐 나약해진 몸과 마음을 추스르기도 힘든 판에 살에는 추위까지 들이닥쳐 시민들의 삶을 더욱 옥죄고 있다. 하지만 이 또한 지나가리라. 솔베이지가 노래했듯 '아마도 겨울이 가고 봄도 올 터'이다.

희망은 절망의 끝에서 온다고 했다. 깊고 깊은 나락에서 벗어나는 날이 오면 희망이 어느 결에 우리 곁에 찾아오지 않을까. 새해 벽두 간절하게 희망을 이야기하고 싶은 이유다. (2021.1.10)

5·18 왜곡에 대한 위하력

'위하력'은 벌(罰)을 구성하는 개념이다. 즉 형벌의 존재만으로도 일반인을 범죄로부터 멀어지게 하는 힘을 말한다. '법률없으면 범죄없다'는 죄형법정주의(罪刑法定主義)와 연관된다. 죄형법정주의는 '어떤 행위가 범죄가 되고, 그 범죄에 대하여 어떤 처벌을 할 것인가는 미리 성문(成文)의 법률에 규정되어 있어야 한다'는 원칙이다.

위하력은 형사법상 예방주의적 관점에서 일반인을 모두 잠재적 범죄자로 전제하는 부정의 용어이기도 하다. 범죄를 저지르는 이들의 성향, 성장과정, 주변 환경 등 여러 요소적 특성과 달리 일반인을 잠재적 범죄자로 인식한다는 측면에서다. 위하력은 또한 범죄자들에 대한 '재사회화'나 '교화'를 포기하고 오히려 죗값을 치르게 해야 한다는 엄벌주의와 내연을 같이한다.

'5·18 역사왜곡처벌법'(5·18 민주화운동 등에 관한 특별법 일부개정법률안)이 지난해 말 국회 본회의를 통과해 실정법으로서 효력을 발휘하게 됐다. 야당인 국민의힘을 비롯한 보수세력들의 몽니성 반발을 극복하고 처리된 법안이다. 그들의 반대 이유는 '5·18에 대한 이견을 모두 처벌할 것인가'가 골자였다. 헌법상 보장된 표현의 자유와 언론 자유의 침해 소지가 있다는 강변과 함께.

그들의 궤변성 주장이 아니라도 헌법이 강조하는 표현과 언론의 자유는 보장돼야 마땅하다. 그러나 표현의 자유는 이를 빌미로 허위의 사실을 적시해서 특정의 가치를 왜곡·폄훼하는 발언이나 행위까지 포섭하는 건 아니다. 해당 법을 발의한 더불어민주당 이형석 의원과 법사위 소병철 의원이 "예술 학무적 연구, 학술 또는 보도 등의 경우는 제외하고 허위사실 유포에 대해서만 처벌한다고 규정돼 있다"고 반박한 이유다.

추미애 장관도 당시 법사위 전체회의에서 언급했듯이 5·18은 공식적이고 근거있는 역사적 사실이다. 불의의 쿠데타를 일으켜 정권을 찬탈하고 5월 학살을 지휘한 전두환·노태우 등 군부 핵심세력들은 대법원에서 사형 선고를 받았다. 5·18도 민주화운동으로 공식 인정됐다.

근거없는 허위사실로 반인도적 범죄를 옹호하며 다른 집단을 혐오·배제하고 폄하할 수 있는 표현의 자유까지 허용될 수는 없다. '5·18 역사왜곡처벌법'은 그런 부당한 자유를 망령되게 언급하는 이들에게 강한 위하력으로 작용해야 한다. (2020.12.30)

코로나 음모론

‘음모론(conspiracy theory)’의 사전적 정의는 사회에 큰 반향을 일으킨 사건의 원인을 명확하게 설명하지 못할 때, 배후에 거대한 권력조직이나 비밀스러운 단체가 있다고 해석하는 것을 말한다. 어떤 특정 사건, 사안 등에 대한 정확한 정보를 얻기 힘든 혼란스러운 시기에 심심찮게 유포되는 경향이 있다.

관련 학자들은 이들 사안의 부정확한 정보에 세간의 관심이 과도하게 집중되면서 가정과 비약이 덧붙여져 만들어지는 거라고 진단한다.

코로나19가 1년 가까이 기승을 부리면서 ‘코로나 음모론’이 떠돌고 있다. 발생 배경, 각국의 대처 방식, 확진자나 사망자 수, 향후 백신 개발을 둘러싼 의혹들을 버무린 음모론은 웃픈 내용에서부터 상당히 그럴듯해 보이는 분석을 토대로 한 내용까지 다양하다. 여러 음모론 가운데 눈에 띄는 게 “특정 국가가 자국민, 혹은 세계를 통제하려고 의도적으로 바이러스를 만들어 퍼뜨렸다”는 것이다.

지난 11일 선보인 다큐멘터리 영화 〈Hold Up〉은 프랑스 사회를 뒤 흔든 음모론에 가깝다. 영화는 코로나19 팬데믹과 관련한 프랑스 정부 방역 행정의 문제점 및 빅파르마-세계보건기구(WHO)-빌게이츠 재단 및 록펠러 재단의 커넥션에 대한 의혹을 제기했다. 코로나 바이러스의 기원, 이로 인한 팬데믹을 이용하는 세력들이 꿈꾸는 ‘그레이트 리셋’ 등

"코로나가 기획되었다"는 게 골자다.

클라우드 펀딩으로 제작된 이 영화는 곧 바로 Vimeo(동영상플랫폼), 페이스북 등에서 삭제되고 유튜브 상에는 아예 풀영상이 오르지 않았다. 지나치게 음모론적이라는 이유인 듯하다. 하지만 대안사이트 등을 통해 수백만명이 관람했다. 이에 반해 프랑스의 대표적 언론인 은 이 영화를 해부, 영화 내용 중 사실과 다른 부분들을 지적하고 나섰다.

인류의 건강과 안전을 위협하는 여러 질병 및 바이러스 등과 관련한 음모론의 사례는 적지 않다. 고의적인 에이즈 개발설, 신종플루 음모론 등이 그것이다. 미국의 언어학자 노암 촘스키는 음모론을 '지적인 욕설'이라 정의했다. 누군가 세상의 진실을 상세히 밝히려 할 때 이를 방해하려는 이들이 들이대는 논리가 바로 음모론이라는 이야기다. '음모론에서 멈춰 선다면 실체적 진실은 멀어진다'는 말도 그가 강조한 말이다. (2020.11.29)

변종 코로나

미국의 제약 회사인 화이자와 모더나 등이 코로나19 백신 개발에 주목할만한 성과를 내고 있다는 보도가 이어지고 있다. 모더나는 얼마 전 3상 임상시험에서 자사 후보의 예방 효과가 94.5%라는 중간 분석 결과를 최근 발표했다. 코로나19 백신 3상 임상시험에서 두 번째로 성공 사례를 발표한 것이다. 이에 앞서 화이자와 독일 바이오엔테크 등은 양사가 공동개발한 백신 후보가 90%가량의 예방 효과를 보였다고 공개한 바 있다.

이들 제약 회사가 개발 중인 백신의 임상 완료와 승인 등이 앞으로 더욱 속도를 낼 전망이어서 빠르면 내년 상반기 부터 보급될 수 있다는 이야기가 나온다. 국내 제약사들도 아직 개발 초기 단계이지만 시간이 지나면 성과가 나오리라 기대된다. 지난해 말부터 전 세계를 강타하고 있는 코로나19라는 오랜 공포의 터널 끝이 희미하게나마 보이는 조짐이다.

하지만 또 다른 우려가 적지 않다. 이미 예상됐던 것처럼 변종 코로나에 대한 걱정이 그것이다. 변종 코로나가 현재의 바이러스보다 유전자 변이로 인한 감염력이 훨씬 세다는 연구결과가 나와서다. 도쿄대학 등 일본 연구진은 최근 햄스터를 이용한 실험에서 변종 코로나 바이러스가 비말(침방울) 형태로 감염되기 쉽다는 것을 확인했다고 한다. 변종 바이러스의 감염력이 초기 바이러스보다 더 강했다는 것이다. 실험 결과는

美 과학잡지 사이언스(전자판)에 발표됐다.

이러한 사실을 보도한 日 니혼게이자이 신문은 이같은 실험 결과를 토대로 현재 전 세계 제약사들이 개발 중인 백신 및 치료제가 변종 바이러스에는 듣지 않을 수 있다는 우려를 제기하며 주시할 필요가 있다고 지적했다. 화이자나 모더나 등의 제약사가 코로나 바이러스 치료제로 내놓을 백신으로도 통제를 못할 변종 바이러스에 대한 경고인 셈이다.

연구진의 한 관계자는 "한 번의 변이로 바이러스의 성질이 바뀐다"며 "변종 바이러스가 최근 미국과 유럽을 중심으로 코로나19가 단기간에 빠른 속도로 재확산되는 한 원인일 수 있다"는 의견도 내 놓았다. 다만 동물실험에서 변종 바이러스의 감염력이 높게 나왔다고 해서 사람에게도 같은 결과가 나온다고 단언할 수 없다고 했다. 그러나 변이를 거듭하는 바이러스를 상대로 한 인류의 사투가 끝없이 이어질 거라는 우울한 전망을 떨쳐 낼 수 없다. (2020.11.22)

Too Much and Never Enough

미국 대통령 선거는 사실상 조 바이든 민주당 후보의 승리로 확정됐다. 하지만 도널드 트럼프 현 대통령은 '선거 부정'을 주장하며 법적 소송을 이어가겠다는 고집을 굽히지 않고 있다. 이번 선거에서 가장 핫한 선거구였던 위스콘신, 펜실베이니아, 조지아, 미시간 등에서 우편 투표 등 갖가지 부정행위가 이뤄졌다는 이야기다.

트럼프의 태도와 발언에 미국민은 트럼프 지지자와 반트럼프파로 나뉘어 분열조짐을 보이고 있다. '위대한 민주주의' 국가라는 이미지도 상당히 구겨졌다. 그의 고약한 선거 '뒤끝'은 쉬 아물지 않을 앙금으로 남을 전망이다. 상식과 양심에 터 잡은 미국민을 비롯해 그런 미국의 우려를 지켜보는 세계인의 눈을 아랑곳 않은 채다.

대선 이후 공개 발언을 자제했던 마이크 펜스 미국 부통령과 미치 매코널 공화당 상원 원내대표 등도 '소송 정당성' 등 트럼프의 불복을 지원하고 나섰다. 그들은 "끝날 때까지 끝난 게 아니다"며 우겨대고 있다. 트럼프의 불복엔 여러 셈법이 깔려있다는 분석이지만 도 넘은 몽니라는 말까지 나온다.

이런 트럼프와 그 주변 세력들의 불복 태도에 부인 멜라니아 트럼프와 사위 재러드 쿠슈너 백악관 선임보좌관 등은 "패배를 인정하고 승복할 것을 종용하고 있다"는 보도가 나왔다. 특히 트럼프의 혈족인 조카

메리 트럼프의 직설적이고 비판적인 태도가 국내외의 눈길을 끌었다.

메리 트럼프는 선거 직후인 지난 7일 조 바이든 후보의 당선 소식에 축배를 든 모습의 사진을 자신의 트위터에 올렸다. '바이든-해리스'라고 적힌 모자를 쓰고 해변에 앉아있는 사진을 올리고 "미국을 위하여. 여러분 감사하다"라고 썼다.

유명을 달리한 트럼프 대통령의 형 드널드 프레드 주니어의 딸로 임상심리학자인 메리는 지난 7월 책 한권을 발간했다. 트럼프 가문의 가족사와 트럼프 대통령의 와튼 스쿨 부정입학 의혹 등 다수의 비사를 폭로하는 내용이 실린 책이다.

그 책의 제목은 'Too Much and Never Enough'다. 풀이하면 '이미 과한데 결코 만족을 모르는'이라는 뜻이다. "그만 만족함을 알고 그쯤에서 제발 그쳐라" 쯤일거다.

지난 4년간 미국을 혼란에 빠뜨리고도 모자라 다시 미국 민주주의의 근간을 흔들고 있는 트럼프의 몽니를 비꼰 것이다. (2020.11.15)

피케티 지수

토마 피케티(Thomas Piketty)는 자본주의가 낳은 '경제적 불평등'의 문제를 천착하고 있는 프랑스의 소장파 경제학자다. 그의 대표적 저서라 할 '21세기 자본'(2013년)을 통해 노동소득보다 우위를 점한 자본소득, 즉 경제 성장 과정에서의 소득과 부의 왜곡된 분배 등을 지적하고 나섰다.

사람이 일을 해서 돈을 버는 속도(노동소득)보다 돈이 돈을 버는 속도(자본수익률)이 빠르기 때문에 자본주의가 발전할수록 빈부격차가 심해진다는 게 피케티 주장의 골자다. 자본주의와 불평등에 관한 새로운 관점을 제시했다는 점에서 '피케티 신드롬'을 불러 일으켰다.

그의 경제적 불평등 연구는 경제성장이 소득과 부의 분배에 미치는 상관관계, 특히 국민소득에서 최상위권의 소득 비중이 장기간에 걸쳐 변화하는 양상에 촛점을 맞췄다. '소득과 부의 분배에 정치와 재정 제도의 역할이 중요하다'며 성장과 불평등의 관계를 낙관적으로 조망한 쿠즈네츠의 이론에 근본적인 의문을 제기했다. 그가 경제적 불평등을 해소하기 위해 정책적 대안으로 제시한 '글로벌 자본세'는 대담하고 파격적이라는 평가를 받는다.

자본과 소득 배율의 불평등을 지적하며 고안해낸 '피케티 지수'는 가계와 정부의 순자산을 국민순소득으로 나눠 산출한다. 한 나라에 존재하는 모든 부의 가치를 1년 동안 그 나라 국민이 벌어들인 소득으로 나눈 값이다. 배율이 높을수록 자본에 비해 노동이 가져가는 몫이 줄어든다. 한 사회에서 평균적인 소득을 올리는 사람이 평균적인 부를 쌓는데 그 만큼 오랜 시간이 걸리는 '자산 분포의 불평등'을 의미한다.

현 정부의 어설픈 부동산 정책이 오히려 폐해를 낳고 있다는 지적이다. 돈이 돈을 벌어주는 자본 및 이자 소득은 물론 부동산과 토지가격의 급등이 가진 자들의 또 다른 부(富)의 곳간이 되고 있는 현실을 비꼬아서다.

우리나라 피케티 지수가 다른 여타의 선진국에 비해 유독 높고 상승 추세라고 한다. 지난 국정감사에서 국회 기획재정위원회 소속 더불어민주당 고용진 의원이 한국은행에서 받은 '2010년 이후 피케티 지수 현황' 자료를 분석해 이같이 밝혔다. 굳이 피케티 지수가 아니라도 '자산 불평등'은 대다수 흙수저들에게 상대적 박탈감을 안겨주고 위화감을 조성하는 온상이 아닐 수 없다. (2020.11.1)

굴원(屈原)은 어떠한가

중국 후한 말 삼국지의 실존 인물이었던 '예형'을 빗댄 항간의 논쟁이 벌어졌다. 예형 뿐 아니라 진궁, 순욱, 양수까지 소환됐다. 집권 여당인 더불어민주당 부대변인과 현 정부에 강한 비판을 서슴지 않는 독설가들이 주고받는 날선 감정의 언어들이 사람들을 웃프게 만들었다.

예형은 한(漢)나라를 전복시키고 새 왕조를 꿈꾸는 조조의 속내를 독설로 비판하다 간접 살해당한 인물이다. 공자의 후손인 북해태수 공융에 의해 조조에게 천거됐으나 형주의 유표를 거쳐 강하의 황조에게 보내져 처형되고 말았다.

진궁 또한 처음에는 조조와 뜻을 같이했다. 그러나 조조가 아무런 잘못 없는 여백사를 의심해 잔혹하게 죽여버리자 그와 갈라서 여포와 함께 맞서다 붙잡혀 삶을 마감해야 했다.

조조의 특급 참모 순욱은 원래 조조에 대한 충성보다 그의 힘을 빌려 한의 천하를 부흥시키고자 했으나 패권을 잡은 조조가 한 왕조를 대체하려 하자 멀어졌다. 그리고 조조로부터 '그대가 나에게서 더 이상 얻어먹을 밥은 없다'는 의미의 빈 밥그릇을 받아들고 자살했다. '계륵(닭갈비)'과 관련된 인물인 양수도 조조의 최측근이었지만 미움을 사 제거됐다.

중국 역사에서 이들 못지않게 비극적인 삶을 살다간 굴원(屈原)은 어떠한가. 전국시대 초(楚)나라 회왕(懷王)을 도와 활약했던 그는 제(齊)나라와 동맹을 맺는 합종설로 강국 진(秦)나라에 맞서야 한다는 주장을 펼쳤다. 하지만 회왕과 중신들이 진의 책사인 장의가 제안한 연횡설에 속아 넘어가는 바람에 실각하고 말았다.

굴원은 빼어난 학식과 더불어 지조 높고 우국충정의 마음이 깊었다. 그의 마음을 알아주지 못한 초 회왕 등을 한(恨)하다 이소(離騷)와 어부사(漁父辭)라는 작품을 남기고 멱라수에 뛰어들어 삶을 마감했다.

예형, 진궁, 순욱, 양수 등도 당대에 재주, 학식이 유명짜했다. 그러나 기껏해야 난세의 간웅이 품은 음흉한 속셈을 이죽거린 더벅머리 서생이었거나, 사람을 잘못 알아본 불운한 기재, 혹은 불의와 야합해 재주를 뽐내다 자신을 망친 일개 참모에 불과하기도 하다.

그래서다. 예형 등에 빗대어 거론되는 이들은 있어도 굴원에 비견할만한 이는 없는 것 같다. 수천 년 세월이 흘렀지만 그가 멱라수에 몸을 던진 날(5월 5일)을 우리는 '단오', 중국은 '문학의 날'로 기리는 걸 보면. (2020.10.18)

Lespo

아베, 야스쿠니 신사

‘신사(神社)’는 일본의 신 또는 왕실의 조상이나 국가에 큰 공로가 있는 사람을 기리는 사당이다. 야스쿠니(靖國) 신사는 일본 도쿄 중심부인 지요다(千代田)에 있는 일본 최대 규모의 신사다. 메이지(明治) 일왕 시절, 일본軍의 혼령을 위로하기 위해 ‘쇼콘사(招魂社)’로 창건됐다가 1879년 ‘평화로운 나라’라는 의미의 야스쿠니로 개명했다.

해당 신사가 우리와 중국 등 동아시아 각국의 핏발 선 눈길을 끄는건 주요 전범들이 합사돼 있다는 점에서다. 그곳엔 일제가 일으킨 태평양전쟁과 청일, 러일전쟁, 만주사변 등에서 숨진 군인 등 246만여명의 위패를 안치해 두었다. 이른바 제국주의 전쟁에 앞장서거나 동원돼 목숨을 잃은 그들을 신격화해 제사를 지내는 곳이다.

봄, 가을 대규모 위령제와 그들의 건국일(2월11일) 등에 수시로 그들만의 각종 행사를 치른다. 특히 종전기념일(8월15일)에는 군국주의를 주창하는 우익들의 순례 성지로 변하곤 한다. 하지만 그들의 종전기념일은 널리 알려져 있듯 무모하게 일으킨 태평양전쟁에서 연합국에 의해 처참한 패배를 맛본 끝에 히로히토 일왕이 무조건 항복을 발표한 패망일에 불과하다.

야스쿠니 신사는 제국주의 시절, 군국주의의 확대 정책을 종교적으로 뒷받침하고 일왕 숭배와 군국의 이념을 조장하는 장소다. 그에 반해 그들의 강제지배를 당한 대한민국과 침략의 마수를 떨쳐내지 못한 중국 등 동아시아 각국에게 씻을 수 없는 원한을 사무치게 하는 악(惡)의 진원지나 다름없다.

그런 야스쿠니 신사를 최근 아베 신조 전 총리가 참배해 우리와 중국의 반발을 사고 있다. 스가 요시히데에게 총리 자리를 넘겨준 평민 자격이라지만 사실상 스가를 수렴청정할거라는 점에서 그의 참배는 좌시하기 힘들다.

역대 최장이라는 총리를 역임한 그는 대한민국과 최악의 관계를 형성하며 수많은 비난을 샀다. 그는 평화와 반전(反戰)을 아랑곳하지 않은 채 일본의 군국화와 함께 재무장을 바탕으로 다시 전쟁할 수 있는 나라로 만드는 걸 필생의 목표로 삼았다. 그의 외조부인 기시 노부스케로부터 이어진 피(血)의 연원, DNA를 고스란히 물려받은 것이다. 아베의 야스쿠니가 됐건, 야스쿠니의 아베가 됐건 대한민국 국민과 정부로서는 피끓는 심정으로 그의 음험함을 살펴보아야 할 일이다. (2020.9.27)

매카시즘, 불로소득

매카시즘은 1950년대 미국사회를 공산주의 광풍으로 몰아넣은 해프닝이었다. 공화당 상원의원 J.R. 매카시가 "국무성 안에 205명의 공산주의자가 있다"고 한 발언(1950년 2월)에서 비롯됐다. 2차 대전 후 미·소 냉전 격화 속에 중국 공산화, 한국 6·25 전쟁 등을 거치며 공산세력의 급격한 팽창은 미 정부나 미국민에게 위협과 충격이었다.

이후 4년 여간 미국에서는 정치, 사회, 문화, 언론계 등 전 분야에 걸쳐 공산주의자를 색출해 몰아내자는 피바람이 몰아쳤다. 바로 '매카시즘'이다.

중국 정책에 영향력이 컸던 외교관을 비롯해 국무성과 중국 관련 정치학자인 오언 래티모어, 국제법학자 제삽 등을 정면으로 겨냥했다. 대통령 H.S.트루먼, 국무장관 J.F.덜레스 등 적지않은 사람들이 공포에 떨었으며 유력 정치인, 지식인들도 두려움 속에 반론조차 제기하지 못할 정도였다.

하지만 매카시 광풍은 상원외교위 조사에서 누가 공산주의자인지 밝혀내지 못하면서 종언을 고했다. 냉전 시기 편벽되이 몰아친 근거없는 '이즘'이 사상과 이념을 옥죄고 갈기갈기 찢어놓은 광기의 끔찍한 기억과 함께.

최근 더불어민주당 이형석 최고위원이 미래통합당 주호영 원내대표를 겨냥해 "무덤에서 극우 매카시즘을 끄집어냈다"고 비판하고 나섰다. 국회가 상임위를 거쳐 본회의 처리까지 한 주택임대차보호법개정안과 관련해서다. 이 최고위원에 따르면 주 원내대표가 정부와 여당의 부동산 정책을 의회 독재로 밀어붙인다며 마르크스 공산주의에 빗댔다는 것이다.

그러면서 "강남 아파트 재개발로 수십억 원의 시세차익을 본 주 원내대표가 부동산 큰 손들의 이익을 대변하지 못해 뒤틀린 심사가 막말로 튀어나온 것은 아닌지 의심스럽다"면서 "집 없는 서민들을 위한 민생 입법을 '난동 입법'이라고 몰아세우는 후안무치한 발언을 즉각 취소하라"고 요구하기도 했다.

부동산 관련법안을 '난동입법'으로 규정, 국회 처리를 가로막으려는 통합당의 태도와 이를 주도하는 듯한 주 원내대표를 겨냥한 이 최고위원의 언급은 주목 받을 만하다. "집값 안정과 과도한 불로소득을 차단하려는 입법 목적을 외면한 채 난데없이 무덤에 파묻힌 극우 매카시즘으로 색깔론을 덧씌우고 있다"고 분석했다는 점에서다. (2020.8.9)

강물은 바다를 포기하지 않는다

중국의 전국 시대 말기에 진시황(秦始皇)을 도와 천하 통일에 중요한 역할을 한 이사(李斯)는 원래 자질이 뛰어났다. 하지만 천하의 간신 조고(趙高)와 함께 진(秦)나라가 고작 15년여의 단명 왕조로 몰락하게 한 원인을 제공한 장본인이기도 하다.

서쪽 변방의 오랑캐족이었던 진나라는 상앙 등 법가(法家) 계열의 사상가들을 중용해 법률을 뜯어고치고 군사력을 증강 시키는 등 힘을 늘렸다. 진시황 역시, 천하통일의 야망에 바탕해 출신을 가리지 않고 천하의 인재들을 모았다. 그 인재의 대표적인 인물이 바로 초(楚)나라 출신인 이사였다.

이사가 진시황의 측근이 되어 한창 활동하고 있는데 국내에서 "진나라 출신 인재가 그렇게 없어 타국 출신들을 데려다 쓰는가"라는 비판 여론이 일었다. 진시황은 그 비난 여론을 의식해 진나라 출신이 아닌 벼슬아치들을 내치려고 했다.

이에 이사가 진왕에게 "천하의 인재를 가리지 않고 등용해야 나라가 부국·강병해진다"며 인재를 내치는 것을 지적하는 '간축객서(諫逐客書)'라는 상소문을 올렸다. 중국의 역대 산문 중 최고의 명문으로 꼽히는 간축객서에 나오는 문구가 '하해불택세류 고능취기심(河海不擇細流 故能就其深)'이다. '하해(河海·큰 강)는 가느다란 시냇물도 받아들여야 능히 바다로 흘러갈 수 있다'는 의미다. 이는 '태산불사토양 고능성기심(泰山不辭土壤 故能成其心·태산은 보잘 것 없는 한 줌 흙이라도 더해야 웅대한 모습을 이룬다)'이라는 문구와 짝해 오래도록 사람들의 입에 오르내리고 있나.

더불어민주당 당대표 후보로 나선 이낙연 의원이 얼마전 '강물은 바다를 포기하지 않는다'는 글귀를 내보여 사람들의 눈길을 끌었다. 김해 봉하의 노무현 전 대통령 묘소를 참배하고 권양숙 여사를 방문했을 때 권 여사가 건네준 부채에 쓰인 글귀였다.

최장수 총리를 역임한 5선 국회의원으로 현재 가장 유력한 대권 주자인 그가 슈퍼 여당의 대표라는 또 다른 도전에 나섰다. 그간의 여정이 그랬듯 앞날의 여정 역시 세간의 주목을 받지 않을 수 없다. 아마도 '강물은 바다를 포기하지 않는다'는 '태산불사토양, 하해불택세류'의 의미와 관련이 깊을듯 하다. 무릇 강물은 이 골 저 골 모든 물을 받아 들여 깊이와 양(量)을 더해야 거침없이 큰 바다로 흘러갈 수 있다. (2020.7.26)

지구 리셋에 대한 상상

얼마 전 유튜브상에 '우리 은하계에는 몇 개의 외계 문명이 있을까'라는 영상이 올라와 눈길을 끌었다. 해당 영상은 '36개의 외계 문명이 있는 것으로 계산됐다'고 했다.

그리고 본 내용은 'The Astrophysical Journal'에 개재됐다는 제법 그럴듯한(?) 과학적 근거까지 곁들였다.

영상은 '지구상 인류의 존재'는 '우주에 또 다른 진보된 문명이 존재할 수 있다'는 증거라고 한다. 인류는 오래전부터 우주에 지구와 비슷한 환경을 갖춘 행성이 있으리라 전제하고 이를 찾고자 노력해 왔다. 지구가 문명을 이룩한 유일한 행성이 아닐거라는 전제이지만 아직 또 다른 문명의 행성을 찾지 못한 상태다.

영상은 과학자들이 지구 이외의 문명이 존재할 가능성을 계산할 새로운 방법('천체생물학적 코페르니칸 한계')을 고안해 계산한 결과 우리 은하계에만 전파를 발송할 수 있는 문명이 적어도 36개가 있다고 밝혔다.

그런데도 왜 우리와 그들은 서로 연결되지 못하는 걸까. 은하계 등 우주간 거리는 통상 '광년'(빛의 속도로 1년간 가는 거리)으로 표현할 만큼 상상을 초월한다. 그런 엄청난 거리로 떨어져 있는 행성간 전파 송수신은 이를 가능하게 할 차원이 다른 초고도의 기술을 개발하지 않는 한 불가능하다.

지구상 인류가 외계문명의 존재를 찾으려는 이유는 그 지적 생명체를 통해 우리 자신의 존재를 이해하고 싶은 차원에서 일터다. 지구와 우리가 어떻게 해서 탄생했는지, 또 우리의 문명이 앞으로 얼마나 오래 지속될 수 있을지 등을 알고 싶은 때문이다. 만약 지구와 같은 문명이 우주에 흔하다면 우주내 문명의 수명이 매우 길다는 증거다. 이와 반대로 또 다른 문명을 끝내 찾지 못한다면 우주에서 생명이 거의 진화할 수 없거나 지구의 문명도 빠르게 소멸할 것을 의미한다.

인류의 자연 파괴 등 원인 행위에서 비롯됐으리라 추정되는 코로나19로 지구가 몸살을 겪고 있다. 만약 우주 내에 지구 아닌 또 다른 외계문명과 외계생명체가 있어 지구를 방문하고 현재의 상황을 알게 된다면 어떻게 생각할까. 지구를 찾아올 만큼 초고도의 문명을 지닌 그들의 입장에서 볼 때 원시 수준의 지구를 '리셋(reset)'하고 싶다는 생각을 갖지 않을까. 그래서 그들과 같은 수준의 문명을 지닌 행성으로 어깨를 나란히 할 수 있게. 상상해 본다. (2020.7.5)

광주시 '쓴소리위원회'

'양약고구이어병(良藥苦口利於病), 충언역이이어행(忠言逆耳利於行)'.

좋은 약은 써서 먹기가 매우 괴로우나 병을 치료하는데 이롭고, 충언은 듣기가 거북하지만 행실에는 길잡이가 된다.

인류사에 있어 현인으로 추앙받는 공자는 일찍이 사람이 그릇된 판단과 행동을 삼가 할 방편으로 '충언'이나 '간언(諫言)'을 꼽았다. 충언, 간언은 입에 발린 달콤한 말이 아니라 귀에 거슬려 듣기 거북한 충고요, 고언을 일컫는다.

중국사의 한 페이지를 장식했던 '정관의치(貞觀之治)'를 이룬 당(唐) 태종 이세민의 정치는 위징(魏徵)의 쓴소리가 있었기에 가능했다. 방현령(房玄齡)과 두여회(杜如晦) 등 빼어난 신하들의 보필과 더불어 위징의 쓴소리는 특히 그의 정치가 일탈되지 않도록 막는 방어막이었다. 오랜 세월 사람의 입에 오르내리는 훌륭함으로 거론되는 동력이기도 했다.

유사 이래 간신(奸臣)·역신(逆臣)들의 농단으로 국가 경영을 그르친 경우가 적지 않다. 사가(史家)들은 간신, 혹은 역신 열전을 편찬해 후세의 반면교사로 남겼다.

나라 뿐 아니다. 한 고을을 경영하는데도 감언(甘言·듣기 달콤한 말), 참언(讒言·거짓으로 꾸며서 헐뜯는 말)보다는 충언, 간언에 귀를 기울여야 마땅하다.

이용섭 광주시장이 최근 “시정에 대해 쓴소리를 해줄 가칭 ‘쓴소리위원회’를 운영할 계획이다”고 밝혀 눈길을 끌었다. 민선 7기 반환점(20일)을 앞두고 언론인들과 가진 간담회에서다. 세대·성·계층별 각계각층의 시민(30명 안팎)들로 위원회를 구성, 한 달에 1~2번씩 쓴소리를 듣겠다는 것이다.

광주시는 그간 광주형일자리 자동차공장 건설, 도시철도 2호선 착공, 세계수영선수권대회 성공적 개최, AI 광주시대 개막, 경제자유구역 지정, 공기산업클러스터 유치, 코로나19 치밀한 대응 등 여러 성과를 창출했다. 이시장은 “이 같은 성과에 자만하거나 좌고우면하지 않고 초심을 견지하며 광주 발전만 보고 가겠다”며 이를 위한 장치로 ‘쓴소리 위원회’를 가동시키겠다고 했다.

더 나은 시정을 위해 달콤하고 입에 발린 말 보다 거슬리는 쓴소리에 귀를 기울이겠다는 이시장의 언급은 참신하다. 광주시 쓴소리 위원회가 제대로 꾸려지고 제 역할을 다해 광주의 발전과 시민의 행복을 견인하는 순기능을 했으면 한다. (2020.6.14)

광장엔 울림이 있다

광장엔 울림이 있다. 정치가 국민들과의 공감 능력이 제로일 때, 그들의 눈물을 닦아주지 못할 때, 특히 무뢰의 권력이 자리를 차지하고 앉아 대의를 억압할 때 광장은 대중을 모이게 하는 공간으로서의 역할을 하게 된다. 사람들이 그곳에 모여 잘못된 것을 향한 분노를 표하고, 이를 바로잡을 방안을 두고 치열한 논쟁을 거듭한다. 꼰대의 언어와 뒤틀린 생각으로 가득찬 기득권 정치를 규탄하고, 때론 반동의 권력에 맞서 구체적인 군집의 형식까지 논의하는 경우도 있다.

작가(최인훈)는 오래전 '광장'이라는 제목의 시대 소설에서 광장이 갖는 기능의 속살을 설파한 바 있다. 그는 소설 속 주인공(이명준)을 통해 경직된 이념의 억압과 혼란한 정치상황에서 진정한 삶의 방향을 고민하게 하고 세계와 자아를 살펴볼 폭넓은 눈을 갖게 유도했다.

제국주의와 이데올로기에 대한 비판을 비롯해 사랑을 통한 인간 본성의 문제까지 접근해갔다. 특히 해방 조국의 감격에 이은 극한의 좌우 이데올로기 대립이 유발한 6·25, 4·19혁명의 기쁨 등 금기시돼오던 소재를 작품에 담은 것을 넘어 혁명 정신의 발현과 민주주의, 근대성의 정착 등 시대를 향한 자각을 일깨웠다.

40년 전인 80년 5월의 옛 전남도청 앞 광장도 그랬다. 광장에선 민주, 인권, 평화에 바탕한 '사람사는 대동세상'을 지켜내자는 결기가 모아졌으며 광장은 상생과 공존의 장(場)이기를 희망했다. 그러나 불의의 세력들은 광장에 모인 시민들의 모습에 기겁하고, M-16 총구를 들이대 방아쇠를 당기고 UH-1H 헬기를 동원해 기총소사를 마다하지 않았다. 쇠몽둥이를 휘둘러 두개골을 박살내고 시민들의 가슴을 총검으로 난자하는 등 시민의 군대이기를 포기한 반동의 그들이 무슨 짓인들 못했을까.

광장은 그렇게 집단 살육의 현장으로, 참혹하게 뒤엉킨 주검의 장소들이 되었지만 장엄하게 부활했다. 학살 이후 40년만인 지난 18일 광장은 제 모습을 찾았다. 해원(解寃)하지 못한 유가족의 회한에 대통령이 화답한 메시지는 그날의 진실을 규명해야 한다는 또렷한 울림으로 재생됐다. 하지만 광장의 목소리를 억누르고, 광장의 시민들을 참살하고, 광장의 논의를 바탕으로 피어나려던 자유와 평화와 인권을 짓밟았던 이들은 여전히 사탄의 얼굴을 감추고 있다. (2020.5.24)

4계급

이른바 '앙시앵레짐(ancien regime)'은 프랑스 혁명 전의 '옛 제도'를 언급하는 말이다. 앙리 4세로부터 루이 16세에 이르는 17~18세기 부르봉 왕가가 기를 쓰고 유지해오던 절대 왕정 체제 하의 구제도를 특징하는 개념이기도 하다.

계급구분이 엄격했던 절대왕정 체제에서 제3신분인 시민들은 말이 시민이지 제1신분인 성직자와 제2신분인 귀족 계층의 온갖 호사를 위해 억압받고 수탈당하며 노예와 같은 생활을 이어가야 했다.

인간을 계급으로 나눠 구분하는 제도로 역사상 가장 유명한 게 인도의 카스트 제도다. 카스트 제도는 최상위 계급인 브라만(승려)을 비롯해 크샤트리아(정치인과 군인), 상업과 농업에 종사하는 바이샤, 이들의 시중을 드는 수드라로 나뉜다.

이러한 신분에도 들지 못한 맨 밑바닥 계급은 그들과 접촉하는 것 조차 허용이 안 되는 '불가촉 천민(不可觸 賤民)'들이다. 지극히 비인간적인 제도 하에서 불가촉 천민들이 견뎌야 했을 사회적 취급이 어떠했을지 상상이 가지 않는다.

로버트 라이시 미국 캘리포니아대(버클리) 공공정책대학원 교수는 사회적 불평등 연구의 석학으로 빌클린턴 행정부의 노동부 장관을 역임한 바 있다. 그가 최근 미국 사회에 새로운 4개의 계급이 출현했다고 밝혀 눈길을 끌었다. 코로나19의 세계적 대유행과 관련해서다.

영국의 일간 가디언지 기고를 통해 그가 밝힌 4계급의 맨 하위층은 '잊혀진 노동자'(The Forgotten)들이다. 그는 첫 번째 계급인 '원격 근무가 가능한 노동자'(The Remotes), 두 번째 계급인 '필수적 일을 해내는 노동자'(The Essentials), 그리고 세 번째 '임금을 받지 못한 노동자'(The Unpaid)와 달리 '잊혀진 노동자'들은 존재감조차 지워질 위기에 놓였다고 했다.

이들은 감옥이나 이민자 수용소, 이주민 농장 노동자 캠프, 아메리칸 원주민 보호구역, 노숙인 시설 등에 있다. 미국인들의 관심 밖에 있다는 점에서 잊혀진 노동자다. 그들은 또 물리적 거리 두기가 불가능한 공간에서 머무르기 때문에 코로나 감염 위험이 가장 높다고도 했다.

현대판 계급간 불균형 해소를 위한 노력이 필요하다는 그는 "우리 사이의 격차를 걱정해야 한다"며 "잊혀진 사람들이 그대로 잊혀진다면, 어느 누구도 안전할 수 없다"고 밝혔다. (2020.5.10)

'던바의 수'

인간은 태생적으로 무리를 지어 산다. 동물들 가운데서도 무리를 이뤄 살아가는 경우가 있지만 그들의 무리 지음은 단지 먹이를 구하기 위한 식생 본능이거나 다른 동물군으로 부터의 방어를 위한 차원이라고 볼 수 있다.

인간은 무리를 지어 살되, 지혜를 모아 그에 따른 공동체의 삶을 더욱 나아지게 하는데 지향점을 둔다. 단순한 의미의 무리 지음이 아니라는 점에서 인간의 무리 지음은 동물들의 그것과는 전혀 다르다. 특히 자신과 공동체를 구성하는 사람들 간에 어떤 초월적 존재(신·神)를 생각하는데 뜻을 같이함으로써 다른 동물보다 우월적인 위치를 점하고 세상의 지배군이 됐다는 분석도 있다.

그렇다면 사람들이 공동체 활동에서 진정한 관계를 맺을 수 있는 숫자의 한계는 몇이나 될까. 흔히 '마당발'은 인간관계의 폭이 넓어 다양한 사람들을 만나곤 하는 이들을 지칭하는 말이다. 사람들을 만나는 이유가 필요에 의해서건, 진정성에 바탕을 두었건 마당발이라 불리는 이들은 어디에나 있다.

영국의 인류학자 로빈 던바는 사람들이 진정으로 사회적 관계를 가질 수 있는 최대한의 개인적 숫자를 '150명'이라고 했다. 이른바 '던바의 수'다. 던바에 따르면 이런 종류의 관계는 그들이 누구인지 그들이 우리와 어떤 관계인지 알고 있는 그런 관계라고 한다.

'공감집단'이라 일컬을만한 숫자도 있다. 저널리스트인 멜컴 글래드웰은 누군가가 죽었을 때 진정으로 슬퍼하고 망연자실해 할 사람들의 숫자가 얼마나 되는지 알아보았는데 대다수 사람에게서 나온 평균 숫자가 '12명' 정도였다. 심리학자들은 이같은 숫자의 사람들을 공감집단이라고 부른다.

타인과 어울려 지내고자 하는 동조적이고 의존적인 행동을 유발하는 동기인 '친화동기'가 강한 이들은 남들과 잘 어울려 지내지만 그것이 깊은 우정이나 사랑을 지향하는 건 아니다. 혹 타인에게 배척당할까 불안해하는 요소를 내포하고 있다. 반면 '친애동기'는 인간관계에서 양(量)보다 질(質)을 추구해 소수의 사람들과 친밀한 교분관계를 갖는데 그 관계가 안정적이고 깊다.

코로나 사태로 인한 '사회적 거리두기'가 사람들의 만남에까지 적잖은 영향을 미치고 있다. 불가피한 업무 관계를 떠나 각종 인연들로 맺어진 일상적 인간관계조차 소원해져선 안 될 일이다. (2020. 4.19)

지구라는 행성, 인간

별은 스스로 빛을 내는 천체를 말한다. 빛을 내는 천체 가운데 대표적인 게 태양이다. 태양을 항성으로 해 그 주위를 도는 행성들은 지구를 비롯한 수성, 금성, 화성, 목성, 토성, 천왕성, 명왕성 등이다. 이른바 태양계다.

우주에 떠 있는 별 혹은 행성들은 그 수를 헤아릴 수 없을 정도다. 우주의 시초도 아직 파악하지 못한 채 끝이 있는지, 있다면 어디가 끝인지조차 모르는 인간에게 우주는 인간의 언어로 '광대함' 그 자체다. 태양계보다 훨씬 크거나 넓은 영역 또한 무수하다. 우리가 알고 있는 태양계마저 우주에 비하면 어느 한 귀퉁이에도 못 미치며 태양계 속의 지구는 한 점(點)으로도 표현이 안 된다.

칼 세이건이라는 미국의 천문학자는 그의 과학 저서에서 지구를 '창백한 푸른 점(Pale Blue Dot)'이라고 묘사했다. 美 항공우주국(NASA)에 의해 1977년 발사된 보이저 1호가 16년 뒤인 1990년, 지구와 60억㎞ 떨어진 우주 어느 공간에서 찍어 보낸 희미한 사진 속의 지구를 지칭해서다.

얼마 전 NASA가 30년 전에 찍은 그 사진을 최신 컴퓨터 기술로 보정해 세계에 공개했다. 애초의 사진은 다소 무거운 색감을 바탕으로 파란색과 녹색, 보라색 필터를 써서 구현했으나 지구에서 바라본 맑은 하늘처럼 가벼운 색감으로 교체해 전체 화질이 좋아졌다고 한다. 특히 지구를 가로지르는 광선을 백색으로 교체해 가시성을 높였다.

보이저 1호 운영 과정에서 중요한 역할을 맡았던 칼 세이건의 뜻에 따라 찍힌 지구는 말 그대로 '창백한 푸른 점'이었다. 창백한 푸른 점은 광대한 우주의 바다 일부를 찍은 사진에서 지구를 의식하며 눈을 똑바로 고정해 한참을 들여다보아야만 겨우 알아볼 수 있는 존재였다. 그 사진 속 어딘가에 지구가 있을 거라는 생각없이 그냥 들여다보면 쉽게 눈에 띄지도 않을 만큼 티끌에 불과하다는 이야기다.

광대한 우주 속 한 점은커녕, 티끌에도 못 미치는 지구가 지금 몸살을 앓고 있다. 아니 지구가 아니라 거기에 거주하는 수십억명의 인간이 코로나19로 심각한 위협을 받고 있다. 광대한 우주. 한 점. 티끌. '창백한 푸른 점'은 오래 전 한 저명한 천문학자가 스스로를 우월적 존재라 여기며 오만해진 인간들을 향해 던진 소름돋게 하는 경고였던 셈이다. (2020.4.8)

빼앗긴 봄

지금으로부터 100여 년전 오늘 같았던 봄에도 시인(이상화)에게 절절함이 있었을까. 가슴 저 밑바닥에 비탄과 허무, 저항과 영탄이 교차하며 봄이 봄같지 않음을 탄식했을까. 짙게 드리운 실의와 회한에 잠긴 채.

'빼앗긴 들에도 봄은 오는가'.

시인은 전체 11연의 시행(詩行)을 통해 '봄이 왔지만 얼어붙은 봄'을 노래했다. 저 유명한 첫째 연 '지금은 남의 땅 빼앗긴 들에도 봄은 오는가'와 마지막 연 '그러나, 지금은 들을 빼앗겨 봄조차 빼앗기겠네'는 '현재'와 '앞날'에 대한 역설적 의미 구조라 풀이된다.

일제강점기 총·칼을 든 악마들의 유린보다 더 가혹한 코로나19 한파가 두달 넘게 이어지고 있다. 전 세계를 강타하며 수그러들 기미가 보이지 않는다. 우리야 초기에 과다할 정도의 대응으로 확산세가 주춤하다지만 유럽과 미국 등은 속수무책으로 당하고 있는 모양새다.

잔뜩 독 오른 기세를 진정시킬 의료적 대응 능력은 물론 치료약인 백신 개발도 언제나 이뤄질지 가늠이 안된다.

강토와 들을 빼앗겨버린 시인의 그 때의 봄처럼, 지금 우리의 봄도 그렇게 앗겨 버렸다. '가르마 같은 논길'이며, '마른 논을 안고 도는 착한 도랑'이며, '살진 젖가슴과 같은 부드러운 흙' 등은 정겨움을 드러낼 새가 없다.

추위에 떨어도 향기를 팔지 않는다던 매화조차 사람들의 눈길을 사로잡을 매력을 잃어버린 상태다. 듣보잡 일제강점기에 이어 전혀 새로운 형태의 바이러스가 화사해야 할 봄을 온통 헝클어 놓았다.

그래서 다시 '빼앗긴 들에도 봄은 오는가'하고 묻는다. 예전처럼 꽃 피고 분가루 날리는 몽환 속의 이상향을 닮은 '울긋불긋 꽃대궐'로 나들이를 나갈 수 있을까. '온 몸에 햇살을 받고 푸른 하늘 푸른 들이 맞붙은 곳으로 꿈 속을 가듯 걸어'갈 날이 올까. 그래도 봄은 만개할 수밖에 없다. 노랗고 빠알갛고 자줏빛으로 곱디곱게 산하를 물들인 본연의 춘색(春色)을 어찌할 수 없어서일 터이다.

이 환란 속에 꽃을 찾고 꽃내음을 맡으려는 사람들의 발길은 이어진다. 봄은 빼앗긴 게 아니다. 다만 흉측한 돌림병이 그 화사하고 난만함을 가리고 있을 뿐이다. 빼앗긴 들이지만 봄은 이미 와 있다. 아주까리 기름을 바르고 맨드라미 들마꽃에 인사를 하러 가야할 날이 기어이 찾아오고야 말았다. (2020.3.29)

매일생한불매향(梅一生寒不賣香)

매화는 한 겨울 매서운 추위에도 향(香)을 팔지 않고 때가 되어야 비로소 꽃을 피운다. '매일생한불매향(梅一生寒不賣香·매서운 추위에도 향기를 팔지 않는다)'은 곧은 절개와 흐트러짐 없는 지조를 상징한다.

'매일생한불매향'은 '동천년로항장곡(桐千年老恒藏曲·오동나무는 천년이 지나도 제 가락을 간직하고)'라는 대구(對句)와 어울려 그 근본을 더욱 확연히 드러낸다. 여기에 '월도천휴여본질(月到千虧餘本質·달은 천번을 이지러져도 본바탕이 변함없고)', '유경백별우신지(柳經百別又新枝·버드나무는 백번을 꺾여도 새 가지를 낸다)'까지 더하면 의미는 더욱 고아하고 심오해진다.

조선 중기 문신이었던 상촌 신흠(申欽)은 매화의 절개와 지조를 강조하는 이처럼 멋드러진 칠언절구 한시(漢詩)를 남겼다. 야언(野言·수필집)에 실려 오래도록 뭇 선비들의 암송 거리가 되고 있다.

퇴계 이황이 이를 좌우명으로 삼았음은 널리 알려진 바다. 어찌 이황뿐이랴. 우리의 옛 선비들은 매화를 사랑하고 마음에 담았다. 사람이 처세를 함에 있어 근본을 일그러뜨리지 않고 꼿꼿해야 한다는 점에서다.

예나 지금이나 절개와 지조는 사람이 지녀야할 중요한 정신 자세와 몸가짐이다. 물론 이익과 탐욕 앞에 절개를 꺾고 지조를 내던지는 등 저급한 속물근성을 드러내는 이들이 적지않음은 예외다.

국내의 코로나19 사태가 한 풀 꺾인 듯 하지만 여전히 긴장을 늦출 수는 없다. 소규모 집단 감염이 여전히 상존한 때문이다. 유치원, 초·중·고 개학을 다시 늦추는 사상 초유의 결정은 다분히 이를 염려한 데서 비롯된다. 거기다 유럽 제국(諸國)을 비롯해 미국 등 세계 곳곳에서 확진자 급증으로 '팬데믹'(Pandemic·세계적 대유행)'은 현재화한 상태다.

인류 역사를 돌이켜 보면 매 시기마다 돌림병(역병·疫病)이 창궐했다. 중세 유럽의 흑사병(페스트)는 대표적으로 손꼽히는 끔찍한 돌림병이었다. 이번 코로나19도 훗날 가공할 결과를 낳은 돌림병으로 기록될 터다. 하지만 인류는 이를 끝내 이겨낼거라고 본다.

이미 대한민국은 세계 각국과 언론들로부터 코로나 대처에 관한한 모델로 삼을만큼 모범적이라는 찬사를 받고 있다. 이 참담함이 지나고 나면 매서운 추위를 이겨내고 피어난 매화처럼 더욱 의연해질 것이다. (2020.3.22)

코로나19, 코이의 법칙

'코이(koi·鯉)'는 비단 잉어를 일컫는 관상어의 한 종류다. 이 비단 잉어는 어항 속에 넣어 키우면 5~8cm까지 자라지만 연못에 넣어두면 15~25cm, 강물에 방류하면 90~120cm로 성장한다고 한다. 자신이 처한 환경에 따라 성장하는 속도가 달라진다.

사람은 주변의 이러 저러한 환경과 주어진 여건을 어떻게 받아들여 활용하는가에 따라 능력의 정도가 달라질 수 있다. 여러 타인들과의 관계를 통해 보고, 듣고, 배우는 가운데 또 다른 능력이 개발되고 사고의 영역 또한 넓어지게 마련이다. 이는 '코이의 법칙'으로 비유된다.

코로나19 사태가 온 나라를 휘청이게 하고 있다. 대한민국 뿐 아니라 세계를 공포와 두려움으로 몰아넣었다. 그야말로 '아웃브레이크(Outbraek·집단 감염)'를 넘어 '팬데믹(Pandemic·세계적 대유행)' 단계로 접어들었다. 세계보건기구(WHO)는 사태 초·중기만 해도 "아직 팬데믹 상황이 아니다"고 했지만 이제는 가장 높은 수준 경보인 '국제적 공중 보건 비상 사태'(PHEIC)를 선포해놓은 상태다.

매년 겨울이면 감기 환자가 속출하는 게 일상화된 지 오래다. 감기 가운데 심하게 증상을 보이는 게 독감이다. 독감을 무슨 큰 병이나 공포에 휩싸일만한 병으로 생각하지는 않는다. 코로나19도 굳이 분류하자면 신종 독감일 가능성이 높다. 다만 그 원인균인 바이러스가 이전에 접해보지 못한 전혀 새로운 것이다.

축적된 의학적 정보가 없을 수밖에 없다. 그렇다고 현재의 상황을 감추고 통제하며 축소하기 급급하면 더 큰 화에 직면할 수 있다.

우리나라는 다른 나라들과 달리 매일 코로나19 확진자 숫자를 발표하고 이들을 격리 치료하는 과정들을 가감없이 알리고 있다. 접촉한 이들 또한 정밀하게 추적하는 등 철저한 대응에 나서며 의학적 정보를 축적해가는 중이다. 질병관리본부 등 방역당국 및 각 지자체와 의료계, 학계 등의 이러한 노력은 향후 또 다른 바이러스 감염병의 엄습에 대처할 능력을 키워갈 부분이기도 하다.

그래서 코이의 법칙이다. 드러내 알리며 국민의 협조 속에 대처 능력을 키워가야지 어항속이나 작은 연못 속에 가두어놓으면 한계에 봉착한다. 대한민국의 능력을 강이나 큰 바다로 합류할 수 있을 만큼 신장시키는 게 마땅하다. (2020.3.8)

AI시대, 모라벡의 역설

인간에게 쉬운 것은 컴퓨터에게 어렵다. 반면에 인간에게 어려운 것은 컴퓨터에게 쉽다.

한스 모라벡은 미국의 로봇공학 전문가다. 그는 1970년대에 "어려운 일은 쉽고, 쉬운 일은 어렵다"며 인간과 기계간 능력의 차이를 역설적으로 표현한 바 있다.

인간은 걷거나, 느끼거나, 보고, 듣고, 말하는 의사소통 등 일상적인 행위를 아주 쉽고 자연스럽게 할 수 있다. 하지만 복잡한 수학적 계산이나 논리분석, 초미세·초정밀 작업 등은 고도의 전문가가 아니고서는 보통의 인간으로서 해내기가 쉽지 않다.

컴퓨터(기계)에게는 인간과 반대로 이는 식은 죽 먹기다. 하지만 인간의 일상적인 행위-걷고, 보고, 듣는 등은 어렵기 짝이 없다. 기계적인 작업이나 전문적인 수식 계산 등에는 말 그대로 '컴퓨터(기계)'이지만 인간 특유의 감정, 혹은 육체노동이 동반된 혼재된 업무나 작업은 인간만큼 해낼 수 없다는 이야기다.

18세기 중엽, 영국에서 시작된 산업혁명은 기술 혁신과 대량생산을 기반으로 사회·경제구조에 대변혁을 가져왔다. 산업혁명은 유럽 제국(諸國), 미국·러시아 등에서 바람을 일으키고 20세기 후반에는 동남아, 아프리카 및 라틴 아메리카 등지로 확산돼갔다. 정적일 수밖에 없었던 농업중심사회에서 역동적이고 활기찬 산업(공업)사회로의 이행을 재촉한 것이다.

산업혁명에 이어 인간계는 21세기 들어 또 다른 거대한 변혁에 직면했다. 이번 혁명은 AI(인공지능)이 주도하고 있다. 기계적인 능력면에서 AI는 거듭된 진화 과정을 거쳐 고도로 발달한 인간계 과학기술 진보의 산물이다. 인간에게 '넘사벽'이 되어가는 것도 시간문제다. 산업 전 분야를 AI가 점령하게 되면서 장차 인간의 모든 일자리를 AI에게 넘겨주고 결국은 이에 지배당하게 될지도 모른다는 우울한 전망까지 나온다.

모라벡은 "21세기 안에 영원한 생명이 있는 인간이 나타날 것"으로 예측했다. 인간의 신체는 사라져도 그 정신이 두뇌를 컴퓨터나 로봇에 복사, 또 다른 분신을 만들어 영원히 살 수 있다는 게 그의 주장이다. 그가 50여 년 전 예측하고 주장했던 것처럼 인공지능의 시대가 도래했다. AI의 창조주라 할 인간이 그에게 지배를 당할지, 아니면 AI를 통해 무한 혜택을 누릴 수 있을 것인지 궁금해진다. (2020.2.23)

가이아 이론에 따르면

가이아(Gaia)는 그리스 신화에 나오는 의인화된 '대지의 여신'이다. 태초로부터 혈연관계 없이 독립적으로 존재하는 신으로 간주되며 '만물의 어머니', '창조의 어머니'다. 어원을 '땅', '대지', '지구'에 둔 가이아는 모든 생명체의 모태인 대지를 상징한다.

대지의 여신, 가이아에서 유래한 게 이른바 '가이아 이론'이다. 지구를 환경과 생물로 구성된 하나의 유기체, 즉 스스로 조절되는 하나의 생명체로 소개한 이론으로 영국의 과학자 제임스 러브록이 그의 저서 '지구상의 생명을 보는 새로운 관점(1978년)'을 통해 주장했다.

러브록에 따르면 지구 자체를 비롯해 지구에 살고 있는 생물, 대기권, 대양, 토양 등은 하나의 범지구적 실체다. 지구 내 모든 생물과 무생물체는 하나의 유기체로 서로에게 영향을 미치는 공동 구성인자이기 때문에 공생 관계를 유지해야 마땅하다는 것이 이론의 골자다.

하지만 탐욕에 눈먼 인류의 오만함과 환경 파괴가 초래한 유례없는 재앙에 대한 무지가 지구상 모든 유기체를 한꺼번에 절멸 상태에 빠뜨렸다.

지금, 전 세계를 공포에 빠뜨리고 있는 신종 코로나바이러스 감염증은 하나의 예일 뿐이다. 이미 이와 유사한 신종, 변이 바이러스 감염병이 잇달아 그 원인 제공자인 인류에게 단순한 '~포비아(phobia·공포증)' 단계를 넘어 '아웃브레이크(Outbreak·감염병 대유행)'를 현재화했다. 사스, 메르스, 지카, 에볼라 등 인수(人獸)공통감염병 등 발병 원인을 알 수 없는 특정 질병이 폭풍처럼 확산되고 있는 것이다.

문제는 이들 신종 바이러스 감염병을 치료할 백신을 제때 개발할 방안이 없다는 데 있다. 인수공통감염병의 유전자 자체가 워낙 돌연변이가 많기 때문이다. 사스는 창궐 이후 17년이 지났지만 아직 공인된 백신이 없다. 메르스와 지카 백신도 초기 개발단계에 머물러 있다. 에볼라 바이러스는 그 존재가 알려진지 20여년만인 지난해 말에야 첫 백신이 만들어졌다.

인류가 지구에서 자행한 온갖 환경 파괴 행위는 헤아리기 힘들다. 이로 인해 인류 자신은 물론 뭇 생명체에게 심각한 해악을 끼친 지 오래다. 설령 신종 코로나바이러스를 퇴치할 백신이 개발된다 해도 또 다른 돌연변이 바이러스의 엄습을 막아낼 수 있을지 걱정된다.(2020.02.9)

우한, 힘내라

중국 허베이성(湖北省)의 중심도시인 우한(武漢)시는 지금 철저하게 고립돼 있다. 인구 1천만 명을 훨씬 넘는 거대도시가 하루아침에 유령도시로 전락하고 말았다. 중국 내에서는 물론 전 세계적으로도 경계와 지탄의 대상이 되고 있다. 신종 코로나 바이러스 감염증(속칭 '우한 폐렴')의 발원지라는 점 때문이다.

중국 정부는 신종 코로나의 확산을 막기 위한 고육책으로 지난달 23일 도시 전체를 봉쇄하는 극약 처방을 내렸다. 도로와 철도는 물론 항공편을 이용한 들고 남을 전면적으로 막아 버린 것이다. 거리에는 차량의 이동이 끊기고 사람들의 왕래도 뜸해졌다. 봉쇄령이 내려지기 전 우한을 빠져나간 시민들은 500여만 명, 남은 시민들은 900여만 명으로 추산된다. 도시 봉쇄로 인해 고립무원의 상태에 빠진 시민들은 기약 없이 사태가 진정되기만을 기다리고 있다.

이같은 막막한 절해고도에 갇힌 사람들의 동영상이 눈길을 끌었다. 중국판 트위터라는 웨이보 등에 나오는 동영상은 어둠이 내려앉은 아파트 단지의 시민들이 창문을 통해 고개를 내밀고 '우한 짜요(武漢加油)'라고 외치는 장면이 나온다. '우한 짜요'는 '우한, 힘내라!'라는 뜻이다. 갇혀버린 도시에서 서로를 격려하는 의미로 외치는 목소리들이 눈물겨울 정도로 다가온다. 절박한 상황에 처했더라도 서로의 마음을 이어줄 끈을 놓지 말자는 의미인 듯 해서다.

힘든 사태를 이겨내자고 서로를 격려하는 것은 선(善)한 마음의 발로다. 함께 어울려 살아가는 세상에서 꼭 필요한 동병상련이다. 사람이란 모두가 소중하며 행복해야 할 존재다. 상대의 불행은, 상대의 곤경은 언제든 나의 것이 될 수도 있다. 그들 가운데 발병한 신종 코로나로 우리 역시 적잖은 영향을 받고 있지만 격려의 마음을 공유할 필요가 중요한 까닭이다.

그럼에도 중국(인)을 바이러스와 동일시하는 일부 정치세력과 그에 동조하는 무리들이 있다. 중국인의 입국을 막아야 하며 국내의 중국인을 추방해야 한다고 강조한다. 그런가 하면 감염된 국내의 중국인 환자를 "왜 우리 돈을 들여 치료해 주어야 하느냐"는 주장도 서슴지 않는다.

중국인 혐오 정서를 노골적으로 부추기는 이들 한 줌 세력들의 속내가 정녕 우리 국민을 생각해서인지, 아니면 자신들의 특정 이익을 위한 것인지 알 수 없다. (2020.02.2)

아니마/아니무스

밖으로 표출되는 가면 같은 자아, 내면에 똬리를 튼 진정한 자아. 사람들의 진정한 자아는 어떤 것일까.

스위스 분석심리학자 칼 구스타프 융은 사람들이 서로의 차이에도 반복적이고 지속적으로 보여주는 사고 및 행동의 패턴이 있다고 분석했다. '아니마(Anima)', '아니무스(Animus)', '그림자(shadow)', '자기(self)'라는 네가지 '원형(archetypes)'이 이 같은 인간의 정신 구조를 형성한다고 보았다.

'아니마'는 남성의 무의식 속에 내재된 여성적 심상(心像)으로 사회화와 교육에 의해 남성 안에 억압돼 정신 깊은 곳에 발달되지 않은 채 잠재해 있는 상태다. 융에 따르면 자신의 내면 속 아니마를 발달시키고 포용할 수 있다면 정신적 성숙을 이뤄 자아의 균형을 이룬다. 즉 여성성의 특징인 부드러움과 인내심이 강해지고 이해와 배려, 동정심을 보인다는 것이다. 이를 억압한다면 허영, 변덕과 함께 타인의 감정을 상하게 하는 경향으로 표출된다.

'아니무스'는 여성의 무의식의 한 부분을 구성하는 남성적 심상이다. 수동적이고 의존적 여성상을 강조하는 사회에서는 이의 발현을 억압하지만 성공적 사회생활을 위해 남성적 가치를 지나치게 권장하고 이상화하는 풍조라면 아니무스가 과도하게 그 무게를 더한다. 두 경우 모두 아니무스가 균형있게 발달치 못해 여성은 호전적이거나 파괴적이며 둔감해진다. 반대로 아니무스가 여성 안에서 균형있게 조율되면 강인하고 이성적이며 적극적인 성향을 나타낸다.

지난해 국내 한 방송사가 방영했던 드라마 '동백 꽃 필 무렵'은 주인공 동백(공효진)과 용식(강하늘)의 시골티 나는 풋풋한 사랑으로 화제를 모았다. 그 못지않게 규태(오정세)와 자영(염혜란) 커플의 독특한 사랑 방식도 눈길을 끌었다.

학창 시절 똑똑한 모범생이었던 완벽주의자 자영은 변호사 직업을 가진 전문 여성이었다. 반면 지방 지주의 아들로 마마보이인 규태는 학창 시절에 이어 여전히 빈틈 많고 어리숙한 삶을 계속했다. 어울리지 않는 규태와 자영의 사랑 방정식 요체를 한 언론이 그들 내면의 아니마와 아니무스를 예로 들어 풀어냈다.

융의 아니마/아니무스 개념은 페미니즘에 적잖은 영향을 미쳤다. 남성 중심의 이데올로기에 대항하는 여성의 권리 확장과 주체성 강화 방식으로. (2020.01.12)

이용섭 시장, '올해의 지방자치 CEO'

이용섭 광주시장은 정통 행정 관료의 길을 걸어왔다. 관세청장, 국세청장을 비롯해 건설교통부, 행정자치부 등의 수장을 역임했다. 재선 국회의원으로 활약한 경력도 빼놓을 수 없다. 그만한 경력을 쌓을 수 있었던 데는 실력이 뒷받침됐겠지만 관운도 짱짱했을 것으로 여겨진다.

하지만 이 시장의 광주시장 도전은 만만찮았다. 두 차례에 걸쳐 고배를 마시는 아픔을 겪어야 했다. 필자는 그 두 차례에 이르는 이 시장의 도전을 지켜보았다. 그 과정에서 이런 저런 견제를 받아 본의와 달리 오해의 대상이 되곤 했던 저간의 사정을 비교적 소상히 알고 있다. 촛불 시민의 힘에 바탕해 출범한 현 정부의 일자리 위원회 부위원장을 역임한 뒤 세 번째 도전에 나서 마침내 광주시정을 책임지라는 시민들의 선택을 받게 된 과정도 마찬가지다.

이 시장은 지난해 7월 민선 7기 출범식에서 "정부와 국회를 거치며 쌓은 여러 경험을 토대로 이제는 고향 발전을 위해 헌신하겠다"는 요지의 입장을 밝혔다. 자신이 태어나고 자라고 공부할 수 있는 배경이 되어준 고향과 지역민들의 성원에 힘입어 공직을 수행한 만큼 그에 보답하는 게 마땅하다는 나름의 다짐을 곁들여서다.

그런 이 시장이 지난 19일 전국 지자체 공무원이 뽑은 '올해(2019년)의 지방자치 CEO'가 됐다. 올 한해 지역발전과 자치행정에 탁월한 업적을 이룬 지자체장을 대상으로 공무원들이 직접 선정했다. 특히 타 지자체 공직자들의 추천으로 후보에 올라 최종 수상자로 뽑혀 의미가 남다르다.

광주의 오랜 갈등이자 숙원사업이었던 도시철도 2호선 건설, 광주형 일자리, 인공지능산업 예타 면제 등 난제를 해결해 높은 평가를 받았다. 세계수영선수권대회를 역대 최대 규모의 저비용·고효율 성공대회로 치러내고 광주를 인공지능 중심의 4차 산업혁명 선도도시로 탈바꿈시킬 산업융합 집적단지 조성 사업을 본격화한 것도 점수를 더했다.

이 시장은 지난 5일 광역단체장 최초의 '목민상'수상(소상공인연합회)에 이어 또 다른 뜻깊은 상을 받았다. 광주를 위해 일해보겠다는 오랜 의지를 다져왔으니 앞으로도 정의롭고 풍요로운 광주 만들기에 전념했으면 한다. 시민의 보다 나은 삶을 위해 매진하되, 그로 인한 공(功)은 함께 일하는 공직자들에게 기꺼이 돌리면서. (2019.12.22)

수정의 밤

1938년 11월9일~10일 나치 돌격대(SA)와 독일인들이 베를린의 유대인 상점과 예배당인 시나고그를 공격했다. 그에 앞서 유대인 헤르셸 그린슈판은 유대인 박해를 복수하겠다며 파리 주재 독일대사 요하네스 폰 벨체크를 암살하려고 나섰다. 그러나 마침 용무차 대사관저를 방문했던 외교관 라트가 대신 저격당해 숨졌다.

나치 돌격대와 독일인들의 유대인 공격과 관련해 요제프 괴벨스는 히틀러를 대신해 "총통이 (독일인의) 시위를 허가하지 않았지만 자연발생적 분노 표출에는 관여하지 않을 것"이라는 성명을 발표했다.

이를 암묵적인 폭동의 승인으로 받아들인 나치 돌격대 등 독일인들은 9일 밤부터 다음날까지 유대인 공격에 나서 그들의 상점(7천여 개), 백화점(29개),주택(171동), 시나고그(193개소) 등을 불태워 버렸다. 그리고 유대인 3만 명 이상이 체포되는 사태가 발생했다.

10일 새벽에는 제국보안본부의 총책임자 하이드리히가 전국 경찰과 SS보안방첩부에 시위운동 조직을 협의하라는 훈령을 내려 보냈다. 유대인의 상점과 집 파괴, 예배당 소각, 경찰이 시위를 저지하지 말 것, 부유한 유대인을 체포할 수 있을 만큼 체포하라는 명령도 담겨있었다.

유대인들의 상점과 주택 유리창이 박살나 거리에 어지러이 흩어진 수정 더미(깨진 유리 파편들)에서 유래한 '수정의 밤', '깨진 유리의 밤'으로 불리우는 이 사건은 나치에 의한 유대인 학살의 시발점이다. 이후 2차 세계대전 기간 수백만명의 유대인들이 학살(홀로코스트)당하는 등 참혹한 수난을 겪은 일은 익히 알려진 바다.

최근 앙겔라 메르켈 독일 총리가 베를린 장벽 붕괴 30년을 맞아 그 때의 사건 현장을 찾아 다시 참회의 모습을 보였다. 빌리 브란트 전 총리 등 독일 정부 관계자들은 오래 전 부터 전쟁 책임을 통감하며 이 같은 참혹한 일이 재발하지 않아야 한다고 강조해왔다. 그들의 죄책에 대한 회개와 재발 방지를 위한 끝없는 노력은 세계인들에게 진정함으로 다가온다.

이에 반해 태평양 전쟁을 일으켜 한반도를 강제 침탈하고, 수백만 동아시아인들에게 씻을 수 없는 죄악을 저지른 일본의 태도는 어떤가. 그들의 패전만을 생각하며 뻔뻔하고 오만함으로 일관하는 가증스러운 죄책은 천추(千秋), 만추(萬秋)가 지나도 용서받기 힘들다. (2019.12.15)

DJ 이을 리더, 없는가

토마스 홉즈는 그의 저서 '시민론'에서 "인류의 역사는 '만인의 만인에 대한 투쟁'"이라 했다. 허영심, 시기심, 불신감, 경쟁심이라는 인간의 정념(情念)이 힘의 획득 경쟁을 격화시켜 전쟁이라는 비극적 사태를 초래하는 '자연상태'를 이름이다. 역사의 궤적 마다 그러한 혼돈 상태를 바로 잡은 이들이 있었다. 후세인들은 그들을 '위대한 지도자', 혹은 '시대의 영웅' 등으로 상찬했다.

지금 한반도 상황은 그 어느 때보다 혼란스럽다. 외부적으론 미국의 가당찮은 방위비 분담금 요구로 나라 전체가 옥죄임 당하고 있다. 과거사에 대한 참회를 거부하는 일본과의 대치 또한 극한 상태로 치닫고 있다. 한반도 평화 정착 및 안정화 구상도 우리와 북·미가 각각의 셈법을 내세우면서 오히려 꼬여만 간다.

국내적으로도 제대로 풀리는 게 없다. 경제 여건이 호전될 기미를 보이지 않는 가운데 서민들의 삶은 갈수록 힘들어 지고 있다. 그런가 하면 '시민들의 눈물을 닦아주어야 할'정치는 출구 없는 막장에 쳐박혀 헤어날 줄 모른다. 3년전 "이게 나라냐?"며 "나라다운 나라를 만들어 보자"는 결기로 촛불을 들었던 수많은 시민들의 실망감도 더욱 커져가고 있는 형국이다.

이에 무등일보는 내년 총선을 앞두고 이처럼 혼돈스러운 상황을 풀어

낼 단초로 정치 복원을 주창하고 나섰다. 바로 '총선 기획-뉴DJ를 키우자'는 기획물을 통해서다. '시민의 눈물을 닦아주는'시혜적 정치가 아니라 그들 속으로 들어가 그들의 바람을 현실화 할 보편과 혜안의 정치를 말한다.

근현대 들어 가장 힘든 시기였던 IMF를 전후해 빼어난 리더십을 보여준 김대중(DJ) 전 대통령을 굳이 회고하는 건 그 기획의 골자다. DJ는 당시 국내 경제 상황을 바로 잡을 비전을 제시하고 위기관리는 물론 대화와 타협, 협상으로 풀어낸 정치력과 함께 북한과 미국을 상대로 한 한반도 평화 분위기 조성 과정에서 비범한 능력을 발휘했다.

내년 제21대 총선의 선택이 중대한 이유는 이에서 발원한다. DJ만큼은 아니더라도 뛰어난 식견을 바탕으로 소통·화합하는 지혜로운 정치인이 절실하다. 유권자들은 그런 정치인을 골라낼 밝은 눈을 가져야 한다. 본보 '뉴DJ를 키우자'는 총선 기획시리즈가 그것을 향한 반향을 일으켰으면 하는 마음, 간절하다. (2019.12.8)

'살찐 고양이'조례

전 세계의 슈퍼 부자 가운데 거액의 기부 등으로 어려운 이웃을 돕는 데 앞장서는 이들은 적지않다. '부(富)의 사회 환원'이듯 함께 살아가고자 하는 그들의 마음은 널리 칭송되게 마련이다. 반면 지금 가진 것도 모자라 더욱 부를 늘리려는 탐욕스러운 자본가나 기업가도 숱하게 많다. 그들에게 '분배의 정의'라는 개념은 달나라 이야기에 불과하다.

이른바 '살찐 고양이'는 탐욕스럽게 배를 불려가는 이들 자본가를 비유하는 말이다. 1928년 미국의 저널리스트 프랭크 켄트가 그의 저서, '정치적 행태(Political Behavior)'에서 처음으로 언급했다. 이 용어는 2008년 글로벌 금융위기 때 미국 월가의 탐욕스러운 은행가와 기업인을 비난하는 비유로 사용됐다.

당시 금융위기는 수많은 기업들을 도산 위기로 내몰아 직원들을 대상으로 큰 폭의 임금 삭감은 물론 대규모 구조조정을 단행해야 했다. 경제상황이 급격히 악화하는 가운데서도 월가의 임원들은 거액의 연봉과 보너스를 챙기고 그에 더해 세제 혜택까지 받아 거센 비판이 일었다.

우리에게도 1998년 IMF라는 고통스러운 기억이 생생한데다 현재도 대내외 경제여건과 맞물린 장기 경기 침체가 이어지고 있다. 하지만 기업의 오너와 임원들이 수십·수백억 원에 이르는 고액 연봉이나 배당을 받았다는 소식은 심심찮게 들린다. 그런가 하면 날이면 날마다 놀고 먹는 국회의원 나으리들이 매달 어김없이 초고액 세비를 수령해가면서 그들의 세비를 줄여야 한다는 목소리가 그 어느 때보다 높다.

이런 상황에 지방 공기업 임원들의 보수를 적정한 수준으로 규제하기 위해 관련 조례를 발의해 통과시킨 지방의회의가 잇달으고 있다. '살찐 고양이'조례라 불리는 최고 임금법은 지난 5월 부산시의회가 전국 최초로 도입했으며 경기도의회, 울산시의회, 경남도의회 등이 뒤를 이었다.

광주시의회 장연주 의원이 대표 발의한 광주시 공공기관 임원 최고임금에 관한 조례안, '살찐 고양이'조례도 지난 21일 상임위를 통과했다. 조례는 '공공기관 임원은 고시된 최저임금 월 환산액에 12개월을 곱해 나온 금액의 6배 이내로 연봉을 받도록 권고한다'고 명시했다. 해당 조례는 오는 27일 본회의에 올려져 통과 여부가 결정된다. 본회의 결정을 지켜보고자 한다. (2019.11.24)

도리불언 하자성혜

중국의 대표적 사서인 사기(史記)에 따르면 복숭아(桃)와 오얏(李)은 '꽃이 곱고 열매가 맛이 좋다'고 했다.

꽃 곱고 맛 좋은 복숭아는 지상 혹은 하늘의 낙원을 의미하는 '도원경(桃源境)'과 결부된다. 일생을 가난하게 살면서 무릉도원을 꿈꿨던 중국의 전원 시인 도연명(陶淵明)은 '도화원기(桃花源記)'에서 복숭아꽃 핀 이상향을 그려냈다.

인간이 꿈꾸는 이상향에 복숭아꽃이 피거나 수많은 꽃 가운데 유독 복숭아꽃이 선경을 상징하는 것은 무엇 때문일까? 아마도 복숭아가 불로장생의 선과(仙果)라는 의미와 그 꽃이 인간에게 행운을 안겨줄 신비의 꽃이라는 관념에서 비롯된 듯하다.

또한 오얏나무는 사람의 처신과 관련된 경계의 말로 회자된다. 우리 속담에 '오얏나무 아래에서는 갓 끈을 고쳐 매지 말고 참외 밭에서는 짚신을 고쳐 신지 말라(이하부정관 과전불납리·李下不整冠 瓜田不納履)'고 했다. 오얏은 자두다. 자두도 맛있는 과일이다.

오얏나무 아래에서 쉬고 있던 행인이 다시 일어나 길을 가기 위해 갓끈을 고쳐 매려고 무심코 손을 올리는 일은 삼가해야 한다. 갓끈을 고쳐 매려 손을 올린 게 오얏을 따려는 행위로 의심을 받을 수 있기 때문이다. '남의 의심을 받을만한 행동을 하지 말라'는 뜻에 다름없다. 이 같은 내력을 지닌 복숭아와 오얏은 꽃이 곱고 열매가 맛이 좋아 찾는 사람이 많다. 사람들이 많이 찾아 오기 때문에 이들 나무 밑으로는 길이 저절로 생겨난다.

'도리불언 하자성혜(桃李不言 下自成蹊)'. 복숭아와 오얏나무 밑으로 사람들이 많이 찾아오듯 '덕(德)이 있는 사람은 스스로 말하지 않아도 사람들이 절로 따른다'. 중국의 역사가 사마천은 사기에서 복숭아와 오얏나무를 비유로 들어 모름지기 "사람은 덕을 쌓아야 한다"고 했다.

필자와 가끔씩 카톡 문자를 주고받는 한 지인(知人)이 얼마 전 이 문구를 보내준 적이 있다. 필자가 특정인의 성취에 나름 상당한 기여를 했음에도 이를 몰라주니 안타깝고 야속하다는 속내를 털어놓은 데 대한 답글이었다. 그 기여가 성취를 이룬 상대에게 어느 정도 깊이 있게 인식됐는지 알 수 없음에도 필자의 가벼운 속내만 내보인 것 같아 부끄러움이 일었다. 묵묵히 덕을 쌓는다면 말하지 않아도 절로 알게 될 텐데. (2019.11.17)

쿠르스크의 비극, 그리고 세월호

'쿠르스크(Kursk)'의 승조원은 1명도 살아 돌아오지 못했다. 폭발로 승조원 대다수가 몰살당하고 그나마 살아남은 23명의 승조원들이 가라앉은 함내 공간에서 버텼지만 구조의 손길은 끝내 닿지 않았다. 알량한 국가 체면, 안보에 매몰된 뒤틀린 국가 시스템이 그들의 고귀한 생명을 앗아가 버렸다. 2008년 8월 12일 침몰 이후 1주일 사이에 벌어졌던 실제 사건이다.

필자는 얼마 전 우연찮게 TV 영화 전문채널에서 상영된 쿠르스크를 시청했다. 침몰한 쿠르스크를 둘러싸고 벌어진 내막을 바탕으로 10여년 만에 영화로 만들어져 지난 1월 국내 상영관에서 개봉됐었는데 이를 뒤늦게 접했던 셈이다. '실화에 바탕한 영화가 주는 묵직한 울림'이라는 자막 문구가 마지막 장면까지 필자의 눈길을 잡은채 놓아주지 않았다.

쿠르스크는 러시아 해군의 북방함대 소속 오스카급 핵(核)잠수함으로 노르웨이 바렌츠해(海)에서 군사 훈련 중 침몰했다. 발사할 예정이던 구식의 모의 어뢰가 폭발한 때문이었다. 구 소련 해체 이후 낡은 장비를 제대로 교체하지 못한데다 핵 잠수함이라는 국가 기밀과 안전을 외면한 잠수함 가동설계 등이 얽혀 발생한 참사였다. 더욱이 구조 능력마저 떨어져 서방 국가들이 구조에 나서겠다 했는데도 냉전시대 사고로 이를 거부하다가 1명의 승조원도 구하지 못한 참담한 인재로 이어졌다.

세월호 참사에 대한 재수사가 시작됐다고 한다. 4·16세월호참사 특별조사위가 얼마 전 '세월호참사 구조 수색 적정성 조사내용' 중간결과를 발표하고 나서다. 조사내용에 따르면 당시 사고 지점 인근에서 단원고생 1명을 구조했다. 이 학생은 일부 맥박이 잡히는 등 의학적으로 완전히 사망했다고 할만한 상태가 아니어서 전문병원으로 긴급 이송해 처치하면 살릴 수도 있었다.

목포 병원까지 이송하는데 해경 구조함 등은 수 시간 걸리지만 헬기라면 20~30분 이내에 도착이 가능했다. 하지만 구조헬기는 해경청장 등 높으신 분들을 태우고 다니느라 응급 상태의 학생 이송을 하지 못했다. 또 표류자 수색은 시늉만 냈을 뿐 구조 헬기 대부분은 팽목항에서 대기만 하고 있었다는 보고도 나왔다. 국가와 정부, 혹은 국민 전체의 봉사자여야 할 공직자들의 역할과 관련해 쿠르스크와 세월호 참사가 오버랩된다. (2019.11.10)

이상 기후의 재앙

지구상의 빙하가 모두 녹아 내리면 어떤 일이 벌어질까. 해수면의 높이가 급격히 상승하면서 전 육지부를 덮어버리고 인류 멸종의 시대가 올지 모른다.

지구온난화로 일찍이 겪어보지 않은 대격변이 일어날거라는 경고는 오래전 부터 있어 왔다. 그 대격변의 양태로 이상 기후는 첫 손가락에 뽑힌다. 초대형 허리케인과 슈퍼 태풍, 대홍수 등 집중 호우, 폭설까지 다양한 형태로 인간을 위협하는 일이 반복되고 있다. 게다가 계절의 구분마저 사라진 가운데 극한의 폭염과 혹한이 엄습하곤 한다.

올들어 한반도에도 이례적이라 할 만큼 꽤 세력이 큰 태풍이 잇달아 내습했다. '링링', '타파', '미탁'으로 명명된 태풍은 지난 1959년 이후로 관측사상 가장 많은 가을 태풍으로 기록되게 됐다. 가을 초입부터 시작된 장마와 잇달은 태풍 때문에 농촌 들녘은 물론 해수면 양식장에도 크고 작은 생채기를 남겼다. 수확철에 그리 달갑잖은 장마를 뒤따라 줄지은 태풍은 농어가에 깊은 근심을 안겨주었다.

그러나 이 같은 이상기후에 따른 농작물이나 수산물 피해는 시작에 불과할 수 있다. 세계기상기구(WMO)는 지난달 '2015~2019 전 지구 기후보고서'를 통해 "최근 5년간 역사상 가장 더웠으며 이산화탄소(CO_2) 농도가 가장 높았다"고 밝혔다. 지구상에서 배출되는 이산화탄소 농도가 그 어느 때보다 높아져 지구온난화를 부추겨 극심한 기후 변화를 촉발하고 있다는 이야기다.

세계기상기구는 보고서에서 온실가스 농도가 해마다 기록을 경신 중이며 이산화탄소의 증가율은 지난 5년(2011~2015년)보다 20%나 높아졌다고 분석했다. 전 지구의 이산화탄소 평균 농도는 올해 말이면 410ppm에 도달하거나 초과해 역사상 가장 가파른 상승세가 될 거라는 예상도 내놨다.

급격한 온실가스 배출은 지구의 온도를 높여 남극과 북극, 그린란드 등의 빙하를 녹이고 지구 평균 해수면 상승률을 높이는 원인이 된다. 이런 상황에 우리나라의 기후변화 속도와 온실가스 증가 폭은 전 세계 평균수준보다 가파르다고 해 심히 우려스럽다. 정부가 이산화탄소 등 온실가스 순배출량을 획기적으로 줄이겠다고 밝혔지만 현실은 이와 정반대인 듯하다. 돌이킬 수 없는 지경에 이르기 전에 특단의 대책을 마련해 시행해야 할 것 같다. (2019.10.20)

불평등 세습, 검찰 개혁

이른바 '조국 사태'로 터져 나온 우리 사회의 불평등 세습화를 생각한다.

박근혜 정부의 국정농단을 주도한 최순실의 딸, 정유라는 일찍이 "부모 잘 만난 것도 능력이다"라는 요지의 발언을 했다.

그 자녀들의 능력과 관계없이 부모의 재력과 사회적 지위가 지금의 기초로 작용하고 앞날의 관건이 된다면 결코 정상적인 나라와 사회가 아니다. 태어나는 순간부터 금·은·동·흙수저로 구분돼 학창시절, 청년기, 중·장년기까지 이런 상황이 주욱 이어지는 계층사회가 과연 온전한 것인가.

조국 사태의 본질은 수사·기소권을 쥔 유례없는 검찰권력의 개혁과 맞물려 온 나라를 요동시키는 고찰의 문제일 것이다. 우리 사회의 각종 모순과 문제를 향한 본원적인 질문이기도 하다. '그들만의 견고한 캐슬'에 둥지를 튼 이너써클 구성원에게 '이생망 (이번 생은 망한 인생)'들의 자조는 이해하기 힘든 푸념에 불과하다.

그도 그럴 것이 최근 한 국회의원이 국세청에서 제출받은 '2013~2017년 미성년자 연령별 배당소득 현황(2013~2017년)' 자료에 따르면 최근 5년간 배당소득을 올린 18살 이하 미성년자는 총 82만2311명, 이들이 배당받은 소득 금액은 총 7천177억 원에 달했다. 미취학 아동(6살 이하)은 물론이고 걸음마도 시작하기 전인 한 살 이하 때 배당소득을 받은 아이들도 1천603명, 배당소득은 26억4300만 원이었다.

박근혜 정권을 탄핵한 촛불이 지향했던 바는 그 정권의 무지막지한 국성농단 뿐만 아니었을 것이다. 그에 앞선 이명박 정권 때부터 조짐을 보여온 불공정, 불평등에서 비롯된 양극화, 특권에 대한 반발이었다. 이는 검찰, 정치, 경제적 구조 개혁 등을 통해 뿌리부터 바꿔야할 숙제였다.

공교롭게도 그 첫 번째인 검찰개혁을 향한 발걸음이 조국 사태를 유발하며 불공정·불평등의 문제로 치환되버린 감이 없지 않다. 분명한 건 이 나라의 주인이며, 유일한 권력자인 국민의 의식이다. 시퍼런 칼날을 휘두르는 검찰 개혁을 비롯한 모든 불평등 혁파. 그러한 명령을 제대로 받들지 못한 정부 여당을 질타하고 개혁을 거부하는 뒤틀린 이들을 향해 다시 거센 촛불이 타 올랐다.

'아무리 노오력 해보아도 가망없다'는 한탄이 넘쳐나는 사회는 비참하고 참담함에 다름 아니다. (2019.9.29)

제2부

사람을 거울로 삼으라

기부천사

천사(天使·angel)는 그리스도교와 불교 등 종교에서 신(神)과 인간의 중개자다. 신의 뜻을 인간에게 전하고 인간의 기원(祈願)을 신에게 전하는 영적인 존재를 일컫는다. 불교의 정토(淨土)에는 자유로이 비행하는 천인(天人), 염마왕(閻魔王)의 천사 등이 있다. 또 천사에 해당하는 그리스어는 '안겔로스'로, 신에게서 파견된 사제(司祭)·예언자 등의 뜻을 내포한다.

그리스도교에서는 인간보다 지혜롭고 능력이 뛰어난 영(靈)으로 정의된다. 최초의 천사는 모두 한결 같이 거룩하고 행복한 상태에 있었다. 그러나 천사들의 시련기에 루시퍼를 비롯한 많은 천사가 신을 배반해 '선(善)한 천사'와 '악(惡)한 천사'로 나뉘게 되었다. 악천사는 악마(사탄)로 불린다. 선천사는 항상 신을 찬미하고 신에게 봉사하며 인간을 수호한다. 그래서 사람에게 각자의 수호천사가 있다.

그런 천상의 천사가 아니라도 우리 주변에 선행에 앞장서는 세속의 천사도 많다. 매년 명절이나 연말연시를 전후 해 언론 보도를 통해 인간 천사들의 따뜻하고 고운 마음들이 전해 진다. 동전이 가득 들어있는 돼지 저금통, 차곡차곡 쌓인 쌀포대, 어려운 이웃들의 따뜻한 겨울나기에 적잖은 도움이 될 연탄 등등…

엄마 손을 잡고 동 사무소나 교회, 성당 등을 찾아온 어린이부터 학생,

청년, 나이 지긋한 중년에 어르신까지. 그들이 전하는 온기 깃든 선행은 '천사의 마음이 있다면 바로 이런 것이겠구나'하는 생각이 들게 할 정도다.

"가을장마가 내리기 전에 미리 전하고 싶어요. 어디에 놓고 가면 될까요?"

추석 명절을 10여일 앞둔 지난 1일 광주 지역 한 자치구 당직실로 한 통의 전화가 걸려왔다. 수화기 속 목소리는 어려운 이웃을 위해 써달라며 쌀을 기부하겠다는 뜻을 밝힌 뒤 구청을 방문해 백미 20㎏들이 50포(250만원 상당)를 내려놓고 홀연히 사라졌다. 이 기부자의 선행은 벌써 일곱 번째라고 한다. 지난 2016년부터 매년 명절마다 어려운 이웃을 위해 써달라는 메시지와 함께 쌀을 기부해왔다.

세상이 아무리 각박해도 우리 곁에 있는 이러한 기부 천사의 선행들로 조금이나마 치유되는 듯하다. 자신이 가진 것을 나눠 더불어 가기를 바라는 이들의 마음은 분명 세간의 탐욕과는 결을 달리할 것이다. (2019.9.22)

그녀들의 이야기(Herstory)

일제강점기 그녀들이 겪었던 끔찍한 기억을 다룬 영화는 여러 형태로 선을 보였다.

그 첫 번째라 할 '귀향'은 위안부로 끌려갔던 할머니의 실화를 바탕으로 시나리오 작업 이후 완성까지 오랜 시간이 흘렀다. 세간의 냉대가 그랬듯 관계 당국이나 투자자들의 냉대 속에 제작비 마련에 어려움을 겪은 때문이었다. 하지만 제작 과정의 어려움과 달리 영화가 개봉된 이후 뜻밖의 관객이 몰렸다. 또 다른 관객동원에 성공한 '아이 캔 스피크'와 '눈길' 역시 위안부 피해 할머니들의 이야기를 소재로 한 작품들이다.

그녀들의 이야기, '허스토리(Herstory)'도 마찬가지다. 2018년 6월 개봉된 영화는 위안부 피해 할머니들이 직접 나서 당당하게 싸웠던 이야기를 그렸다. 그녀들은 부산에서 시모노세키 지방법원을 오가며 6년여 동안(1992~1998년) 일본 정부를 상대로 위안부 피해에 대한 공식적인 사죄와 배상을 청구한 재판을 벌였다. 이른바 '관부(關釜)재판'에는 10명의 원고단과 13명의 변호인이 관여해 23차례에 걸쳐 재판이 진행됐다.

그녀들의 이야기가 세상에 알려진 것은 1991년 김학순 할머니(1924~1997)의 증언으로부터 비롯됐다. 수많은 밤을 꼬박 새운 끝에 가족에게 조차 감추고 살아야 했던 끔찍한 옛 기억을 털어놓고서야 사람들은 그 기억에 관심을 보이기 시작했다.

그녀들은 끔찍한 사연의 피해자였으면서도 그 사연의 전말을 드러내지 못한 채 수십 년의 세월을 가슴앓이 해오던 터였다. 자칫 그런 일을 당한 이들이라는 사회적 몰이해에서 기인한 손가락질과 모멸감이 두려웠던 때문이다. 그들의 쓰라린 과거를 보듬어 안아주고 그와 같은 일을 자행한 가해자들을 세상에 알려 치죄해야 마땅했던 나라도 이를 외면했었으니 말해 무엇하랴.

영화 허스토리가 스크린을 통해 전하고자 했던 것은 오랜 여정 끝에 처음이자 유일하게 일부 승소 판결을 받아낸 할머니들의 과거사였다. 영화속 재판정에서 담담하지만 단호하게 털어놓은 그녀들의 옛 기억은 우리 모두가 진작에 마주하고 가슴으로 공감했어야 할 아픈 역사다. 과거사에 대해 참회나 사과 없는 일제(日帝)의 후예들과 그들을 향한 '우리 안의 충직한 대변인'들이 부끄러운 줄 모르고 활개를 치는 지금, 더욱 그렇다. (2019.9.1)

우리 안의 '친일(親日)' 프락치

'프락치(fraktsiya)'는 원래 러시아산(産) 용어다. 러시아 혁명 이후 세력을 확장한 공산당이 내부 숙청 작업을 벌이는 과정에서 생겨났다. 특수한 사명을 띠고 어떤 조직이나 분야에 들어가 본래의 신분을 속이고 몰래 활동하는 사람을 가리킨다. '끄나풀', '첩자', '간첩'을 의미한다.

박정희, 전두환, 노태우로 이어지던 군사 독재 정권 시절에 프락치라는 용어가 횡행했다. 이 시기 프락치들은 정권에 항거하는 학원, 노동계, 시민사회단체, 종교계에 침투해 그 내부 대항정영들의 이념이나 성향, 활동상을 파악해 보고하고, 때론 회유하는 일에 앞장섰다.

김영삼 정권 때도 생명력을 이어갔다. 학원가의 동향, 수배 학생과 관련한 정보를 얻기 위해 동료 학생들을 돈이나 향응으로 매수하는 이른바 '학원 프락치'활동이 논란이 되기도 했다. 문민정부라 자칭할 만큼 민주화가 어느 정도 이루어졌음에도 독재시대의 음침한 그늘이 질기게 잔류했던 셈이다.

이보다 훨씬 앞서 일제강점기를 막 벗어난 조국이 남북으로 갈라서 극심한 혼란 상태에서 국회 프락치 사건이 있었다. 1949년 5월부터 8월까지 소장파 현역 의원 10여명이 남조선노동당의 프락치 활동을 했다는 혐의로 붙잡혀 기소당했다. 이들 의원들은 이승만 정부가 반민족행위자 처벌, 남북의 자주적 평화통일 등에 소극적이거나 외면하는 태도를 보인다며 강하게 비판해오던 터였다. 미·소 양군의 철수를 요구하고 미 군사 고문단 설치도 반대했던 이들의 활동은 이승만 정권의 근간을 흔들 만큼 위협적이었다.

일본의 아베 정부가 경제 전쟁을 도발한지 한 달이 훨씬 넘었다. 그들의 부조(父祖)가 일제강점기 자행했던 위안부, 강제징용 등의 과거사에 대해 참회나 사과는 커녕, 다시 그 후예들이 후안무치한 발언과 행동을 이어가고 있다.

이 상황에 심각한 것은 우리 안의 '친일(親日)' 프락치들이다. 그들을 대변하고 옹호함을 넘어 일제가 우리의 근대화를 가능하게 했다는 궤변까지 서슴지 않는다.

대한민국을 부정하고 국민임을 의심케 하는 언설과 행위 등으로 친일의 전위를 자처하는 그들을 어떻게 이해해야 할까. 정상적인 대한민국 국민이라면 도저히 그럴 수 없다. 광복 후 친일청산을 하지 못했던 나라에서 예나 지금이나 친일 프락치들의 준동은 여전하다. (2019.8.25)

다시 '징비록'을 회고한다

『징비록』(懲毖錄·국보 제132호)은 참혹했던 전란(戰亂)의 기록이다. 서애(西厓) 유성룡(柳成龍)이 7년간 이어진 전란(임진왜란과 정유재란)의 실상을 피눈물을 머금은 채 회한으로 써서 남긴 후대의 지침서다. 전란의 한 가운데서 영의정 겸 삼도 도체찰사라는 직책을 수행했던 서애는 『징비록』의 서문에 "매번 지난 난중(亂中)의 일을 생각하면 황송스러움과 부끄러움에 몸 둘 곳을 알지 못해 왔다. 그래서 한가로운 가운데 듣고 본 바를 대략 서술했으니…(중략)"라고 밝혔다.

서애는 또 이 기록의 의미와 관련해 "비록 볼만한 것은 없으나 역시 모두 당시의 사적(事蹟·일의 행적)이라 버릴 수가 없었다"고 했다. 『징비록』이 귀중한 사료임은 이를 쓴 서애의 전란 당시 위치나 기록의 객관적인 목적성에서 입증되는 바다. 전화(戰禍)의 배경은 물론 조정의 무능한 대응 및 여러 실책들을 가감없이 드러내 처절하게 반성함으로써 앞날을 대비케 했다는 점에서 특히 그렇다.

더불어 여러 차례에 걸쳐 심각한 민심 이반 현상을 기술해놓은 것은 『징비록』의 도드라진 기록이기도 하다. 전란 초기 임금과 밥값 못하던 조정 관료들이 도성과 백성을 버리고 황망하게 피난길에 올랐을 때 들끓었던 민심을 소상하게 기록했다.

기록에 따르면 조정에 대한 민심의 배반감은 극에 달했다. 무기를 든 백성들은 왕의 행차를 가로막고 묘사(廟士)의 신주를 패대기 쳤다. 재신(宰臣)들에게는 "나라의 녹만 훔쳐 먹다 이제 와 나랏일을 그르치고 백성을 속이려 드는가"는 호통도 서슴치 않았다. 백성들은 "(도)성을 버리고 가려면 무슨 까닭으로 우리를 속여 성안으로 들어오게 해 적의 손 안에 넣어 어육(魚肉)이 되게 하려느냐"고 핏발을 세웠다.

그로부터 400여년이 지나 왜구의 침탈이 재연됐다. 그 때와 다름없이 시민들은 일본 제품 불매 운동과 반일 규탄 시위에 나섰다. 왜란 당시 의로운 깃발을 들었던 갑남을녀들의 굳센 저항의 변형이다.

무능했던 선조와 달리 문재인 대통령은 "우리는 다시는 일본에 지지 않을 것이다"고 단호하게 언급했다. 정부의 강건함과 시민들의 굳셈이 어우러져야 한다. 서애가 『징비록』을 통해 남겼던 "미리 징계해서 후환을 경계한다(豫其懲而毖後患)"는 지침을 되새기면서. (2019.8.12)

그들의 주전장(主戰場)

그들에게 국민 주권이라는 개념은 없다. 오직 천황이 위로부터 아래로 내린 신민(臣民·신하와 백성)의 지침만 신성시 되고 그 지침을 내려받은 신민 통치자들이 있을 뿐이다. 그들은 또 군국(軍國)을 꿈꾼다. 제국주의로의 회귀, 그들이 회귀하고자 하는 바는 제국의 군대가 동아(東亞)를 해방시키고 공영(共榮)을 가능케하려던 때였다. 바로 친일(親日) 우익들간에 회자되는 근현대사에서 '가장 좋은 때'다. 그들의 그와 같은 허황된 망상으로 아시아 전체는 극심한 고통과 피해를 겪어야 했다. 더욱이 조선의 식민지배는 어느 한 구석 불법적이고 강제적이지 않은 부분이 없었다.

미국계 일본인 감독이 만든 영화, 주전장(主戰場)은 일제강점기 '일본군 위안부'문제를 다룬 다큐 영화다. 일본, 미국, 우리나라 등 제3자의 입장에서 위안부 문제를 객관적으로 분석해 왜곡된 실상을 알리는 게 주된 테마라고 한다. 영화는 한·일 양국의 양심적이고 뜻있는 인사들에 의해 의미 깊게 조명되었다. 반면 일본내 우익단체들은 격렬한 비난과 영화 감독을 '민족반역자'로 매도하는 경우도 없지 않았다. 그들이 생산했던 옛 흑역사를 결코 인정하지 않으려는 반역사적·반동적 몸부림이기도 하다.

최고조로 치닫는 한·일 갈등은 표면상 우리 대법원의 일제 강제동원

피해자들에 대한 피해 배상 판결로부터 비롯됐다. 그러나 일본군 위안부 피해의 경우도 그에 못지않은 무게로 기저에 깔려있다.

영화는 지난 4월 그들의 나라, 일본에서 먼저 개봉됐다. 다큐 영화로는 드물게 5만 명 이상의 누적 관객을 기록했단다. 그 나라에도 그만큼의 양심과 뜻이 있다는 반증일 게다. 그리고 뒤이어 한국에서는 지난달 말 일부 개봉관의 스크린에 올려졌다.

태평양 전쟁 A급 전범 기시 노부스케의 외손자로 그 침략전쟁의 총지휘자였던 도조 히데키를 신봉해마지 않는 아베. 일본 우익의 설계자들이라 일컬어지는 '일본회의'의 핵심 구성원인 그는 그의 내각 각료들과 함께 대한민국을 상대로 '비열한 전쟁'을 도발하고 나섰다. 이웃나라를 참혹하게 짓밟았던 제국의 회귀를 바라고 평화를 내팽개친 채 전쟁 가능 국가로의 헌법 개정에 목을 맨 아베와 그 무리들. 그들이 도발한 전장(戰場)의 한복판에 선 우리 모두의 각오와 행동은 더욱 비장해져야 한다. (2019.8.5)

간상배, 모리배 혹은 토착 왜구

'간상배(奸商輩)'는 간사한 방법으로 부당한 이익을 탐하는 장사치의 무리를 일컫는 말이다. 이 용어는 광복 후 남조선과도입법의원이 발의한 '민족반역자·부일협력자, 간상배에 대한 특별조례안'에 공식적으로 등장한다.

해당 법령은 1947년 7월2일 남조선과도입법의원을 통과했다. 그러나 당시 러치 美 군정장관이 인준을 보류하는 바람에 발효되지 못한 채 사문화되고 말았다. 남조선과도입법의원이 우리 근대 사상 최초의 대의정치기관이었음에도 제정·발의된 제 법령은 미 군정장관의 동의를 얻어야 효력이 발생한다는 내재적 한계때문이었다.

법안에 명시된 간상배는 광복 이후 악질적으로 경제를 교란하여 국민생활을 곤란케 한 자였다. 구체적으로는 '일제(日帝) 또는 일인(日人)의 재산을 불법으로 이용하여 모리한 자, 관헌 기타 권력을 이용해 부정모리하거나 배급물자를 부정모리하고 밀항으로 모리한 자'로 규정했다. 또한 일제강점기, 나라를 등진 채 일제에 빌붙어 그 관료나 순사 등의 앞잡이로 나서 동족을 억압·착취하고 사익을 추구하는 간상배 짓을 일삼았던 자들까지 포괄적으로 해당될 수 있었다.

온갖 수단과 방법으로 자신의 이익만을 꾀하는 무리들을 지칭하는 '모리배(謀利輩)'와 간상배를 합쳐 모리간상배라고도 한다.

대한민국을 상대로 한 일본 아베정권의 수출 규제 행태가 점입가경이다. 그들이 생산한 전략물자를 수입한 우리가 위험국가들로 밀반출함으로써 안보를 위협한다는 걸 표면적 명분으로 내세웠다. 하지만 실제로는 우리 대법원이 일제강점기 강제징용 피해자들의 배상을 확정하고 그에 따른 일제 가해 기업에 그 책임을 묻는 판결을 내리는 등 그들의 반인도적·반평화적 과거사와 얽힌 불만에서 비롯된 것이라는 게 중론이다.

과거사에 대한 반성은 커녕, 명분없는 무뢰배 짓을 서슴치 않으면서 일본 내 뜻있는 이들과 국제 사회의 비난이 이어지고 있다. 우리 정부의 철저하지 못했던 대응이 문제이긴 하다. 하지만 무턱대고 이를 비아냥대며 속 뻔한 논리로 일본을 옹호하고 두둔하는 무리가 있다. 냉철해야 할 국제 외교 관계를 민족주의와 감성에 호소해 파탄냈다면서. 그야말로 뼛속 깊이 친일(親日)에 뿌리를 둔 현대판 친일 간상배, 모리배, 토착왜구들의 뒤틀린 이적행위가 아닐 수 없다. (2019.7.22)

사람을 거울로 삼으라

사람은 자신의 얼굴을 바로 볼 수가 없다. 따라서 얼굴에 무엇이 묻어 있는지, 차려입은 옷매무새가 번듯한지 여부를 알려면 타인에게 보여주고 물어야 한다.

'거울'은 사람의 생활에 참으로 요긴한 존재다. 물과 음식료품 등이 먹고 사는데 절대적이라면 거울은 남녀노소 할 것 없이 얼굴을 다듬고 옷차림을 가꾸는데 필수적인 도구라 할 만하다. 인류의 오래된 여러 유물 가운데 거울이 고색창연하게 자리한 까닭이다. 인류가 짐승과 같은 원시생활을 벗어나 얼굴과 옷차림에 신경을 쓰는 문명의 여명기부터 거울이 있어왔음은 수많은 고고학적 발견에서 입증된 바다.

청동기 시대 때 구리로 만든 거울, '다뉴세문경(多紐細文鏡)'은 지금으로부터 3천여 년전 한반도에서 살았던 고대인들이 비상한 솜씨로 만들어 얼굴을 들여다보고 옷매무새를 다듬었을 생활필수품이다. 극세공 기술로 얼마나 정교하게 만들었는지 당당하게 국보(제141호)의 반열에 올라 있다.

실제 거울과 달리, '사람을 거울로 삼으라(이인위경·以人爲鏡)'는 말이 있다. 중국 역사의 한 페이지를 장식했던 당(唐)나라 2대 황제인 태종 이세민(599~649)이 그러한 표현을 썼다. '정관의 치'(貞觀之治)라 명명되는 정치를 했던 그의 치세와 함께 오늘날까지 사람의 입에 오르내릴

만큼 교훈적 내용을 담고 있다.

그는 "역사를 거울로 삼으면 나라의 흥망을 알 수가 있다"며 치국(治國·나라를 다스리는 일)의 근본은 바로 '역사'임을 강조했다. 이전의 역사에서 잘되고, 못된 것, 옳고, 그름을 가려내 치국의 거울로 삼으면 그릇된 정치를 펼칠 까닭이 없다는 의미였다. 태종 이세민은 또 "동(銅·구리 거울)으로 거울을 삼으면 의관을 바로 잡을 수 있다"고 언급했다. 거울을 보고 얼굴과 옷 매무새를 다듬어라는 이야기다.

나아가 "사람을 거울로 삼으면 잘못을 바로 잡을 수 있다"고 강조했다. 태종 이세민은 살아생전 꼬장꼬장하기 짝이 없던 간의대부(諫議大夫) 위징(魏徵)을 그의 거울로 삼았다. 그리고 위징이 세상을 달리한 뒤 "자신을 돌아볼 거울을 잃어버렸다"고 비통해 했다. 위징이 있어 태종 이세민이라는 걸출한 군주가 있었다 해도 과언이 아니다. 못난 사람이든, 잘난 사람이든 자신의 거울, 혹은 반면교사로 삼을 일이다. (2019.7.8)

온 숲이 깨어나야 아침이 온다

숲의 새벽은 고즈넉하다. 기실 겉은 고즈넉해 보이지만 그 속내는 분주하다. 벌레가 기어다니고 곤충들이 윙윙거리며 고사리, 취나물은 큼큼하게 새벽 향기를 내 뿜는다. 길 잘못든 작은 고라니가 이곳저곳을 헤매고, 밤을 꼬박 새운 멧돼지는 허기를 달랜다. 달달하고 알싸한 숲의 새벽은 그렇게 깊은 잠에서 깨어나기 전의 소란스러움에 감싸인다.

일찍이 한 작가는 그가 지은 책에서 그랬다. '온 숲이 깨어나야 아침이 온다'고. 맞는 이야기다. 숲 전체가, 그 숲에 깃들어 사는 뭇 생령들이 아슴아슴한 잠을 떨쳐내고 살포시 고개 내민 해님과 맨 얼굴을 마주해야 비로소 아침이 시작된다.

그 작가는 "너무 일찍 아침 잠을 깬 새 몇 마리가 지저귄다고 해서 날이 새는 것은 아니다. 선잠 깬 몇 마리 새의 어설픈 수선스러움은 오히려 숲의 새벽잠을 더 길고 깊게 할 수 있다. 선잠에서 깨어났다 다시 잠들게 되면 정작 날이 새고 진정한 아침이 와도 쉬 깨어나지 못하는 법이다."고 비유했다.

우리 근현대사를 돌이켜 보면 앞으로 나아감이냐, 뒤로 물러남이냐의 갈림길이 여러 차례 있었다. 광복 후 친일청산을 위한 반민특위의 좌절이 그 첫 번째라면 뒤이은 4·19 또한 민초들의 붉은 피만 헛되이 뿌린 채 미완으로 끝나고 말았다. 친일 부역 전력으로 죽을 지경에 처했다 반공을 내세워 흡혈귀처럼 되 살아난 반동 세력의 반격과 얼치기 개혁세력의 설익은 아침잠 깨우기가 그랬다.

일제강점기, 광복, 6.25 전후 극한 혼란 상황을 거치며 암투와 권모와 술수의 단수를 고도화 시킨 변신의 귀재들. 그들이 '사람사는 세상'을 꿈꾸던 시민의 첫 소망을 무산시킨 이래 반세기가 넘는 세월이 흘러가는 동안 더딘 아침을 단박에 깨우려는 열망의 시도가 간단없이 이루어지기는 했다. 과연 세상이 달라졌는가. 진정한 아침이 찾아 왔는가. 사람사는 세상의 단초가 마련됐는가. 수없는 자문(自問)에 대한 답은 여전히 명확치 못하다.

거짓에 기반한 반지성, 반역사. 변함없이 권력 찌꺼기에 매달리는 일탈 세력들의 집단 광기가 답을 찾는 이들의 길을 막고 있다. 숲의 아침은 여전히 칠흑같은 암흑의 새벽에 갇힌 채다. "'평범하고 선한 사람들의 침묵'이 오욕의 역사를 만든다"고 했던 밀턴 마이어의 경고는 지금 이 순간도 유효하다. 숲의 아침은 결코 침묵과 주저함으로 깨어나지 않는다. (2019.7.1.)

'소록도 천사' 노벨평화상 추진

마리안느 스퇴거와 마가렛 피사렉. 천사수녀들로 기억되는 이들은 40여년전 이역만리 낯설고 물 설은 대한민국의 외떨어진 남도 땅에 찾아왔다. 오스트리아 인스브룩에서 간호대학을 갓 졸업한 20대 후반의 꽃 같은 나이였다. 고흥 소록도에서 한센인 환자들을 돌보아 줄 간호사가 필요하다는 소식을 접하고서다.

그녀들은 그렇게 지구 반대편의 가장 낯선 땅으로 찾아와 얼굴과 손발을 비롯해 온몸이 썩어 들어가는 병으로 천형의 삶을 살아가는 환자들 곁에 머무르며 돌보았다. 세상사람 모두가 외면하던 그들의 일그러진 얼굴과 피부 등 신체를 거리낌 없이 만져주고 치료해주며 아픔을 같이 하면서 43년의 세월을 흘려보냈다.

그리고 나이 들어 더 이상 그들을 돌보기 어렵게 되자 '짐이 될 수 없다'는 생각에 올 때처럼 홀연히 떠나갔다. '선하고 겸손한 사람이 되라'는 우리말로 쓴 교훈이 담긴 편지 한장만 달랑 남긴 채였다. 그곳에서 그녀들에게 보살핌을 받았던 이들은 그녀들을 '간호사'에서 '수녀', '엄마', '소록도 할매'로 바꿔 부르며 마음의 문을 열었다. 대가를 바라지 않는 헌신적인 사랑의 치유가 그렇게 만들었다.

뒤늦게 수녀들의 이 같은 지고지순함을 알게 된 사람들은 그녀들의 삶을 조명하는 다큐 영화를 만들고 기념관을 지었다. 그리고 노벨 평화상을 추천하고 나섰다. 지난 2017년 11월 시작된 서명운동에 참여한 서명자가 당초 목표한 100만 명 달성을 눈 앞에 두었다고 한다. 복지의료, 봉사계를 비롯해 학계, 정재계 인사들이 추진위원으로 뜻을 같이 했다. 그녀들의 직군이었던 대한간호협회도 마찬가지였다.

현재 서명자는 91만 명을 넘어섰다. 이달 말이면 100만명을 돌파할 것으로 전망된다. 전남도와 고흥군, 마리안느·마가렛 노벨평화상 범국민 추천위가 지속적으로 국내외 홍보활동을 펼치고 있다. 나이팅게일 탄생 200주년이 되는 내년엔 노벨평화상 추천서를 제출할 계획이다.

오는 27일부터 5일간 싱가포르에서는 세계간호협의회 주최로 세계간호학술대회가 열린다. 이 대회에는 130여개국 5천여 명의 관계자가 참석한다. 김영록 전남지사가 초청자 자격으로 참석해 각 나라 대표 간호사들에게 두 천사 수녀의 희생정신과 노벨평화상 수상 당위성을 이야기할 거라고 한다. (2019.6.24)

제 할 일 외면하는 국회

대한민국의 수많은 직업군 가운데 국회의원은 단연 최고의 직종이라 할만 하다.

가장 큰 특징은 (초)고액 연봉(?)이다. 우선 수백여 만원의 기본급과 입법활동비 등이 지급된다. 관리업무 수당이나 정액 급식비 등을 더해 연봉으로 치면 1억여 원을 훨씬 웃돈다. 국정을 감시하고 견제하며 국가 예산을 다루기 위해 필요한 전문 보좌진(7명)의 운영비만 해도 수억 원 대에 달한다.

부수적으로 따라오는 비용들은 별도다. 유류비, 차량유지비 별도에 전화와 우편요금 등도 지원받는다. 국회의원의 원활한 업무수행을 위해 지급되는 비용이지만 모두 보통의 시민들이 내는 혈세로 충당된다.

말썽 많은 해외 시찰도 심심찮게 나간다. 나름 해외 선진지 견학 등의 명분을 내세우지만 현지에서의 부적절한 행위 등으로 지탄을 받는 경우도 적지 않다. 특히 이들이 감시·견제해야할 기관이나 부처의 비용으로 지원되는 경우까지 있어 세간의 비난을 사기도 한다.

이런 비용들 외에 자신이 소속한 정당은 의석 수에 따라 만만치 않은 국고보조금을 배분받고 의원 개인별로도 최고 수억 원의 정치후원금 모금이 가능하다. 물론 정치자금 모금은 법률에 적시된 내용을 준수한다면 문제 삼을게 못되지만 그래도 세간의 이야기 거리는 남긴다.

회기 중과 특정 공간에서의 불체포특권 및 면책특권은 수시로 입살에 오른다. 이들 특권을 원래의 목적과 달리 정당치 못하게 행사해 국민적 비난을 사는 사례도 적지 않은 터다. 이밖에 잘 알려지지 않은 권한까지 계산하면 국회의원의 특권은 200여가지가 넘을거라는 우스갯 소리가 나온다.

그런 특권을 가진 국회의원들이 요즘 '놀고 먹는다'는 비아냥을 받는다. 국회가 개점 휴업상태여서다. 올 들어 본회의 개회 일수는 고작 사흘. 지난 4월 이후 파리만 날린 채 5월 임시국회를 건너뛰고 국회법상 자동 개회돼야 할 6월 국회 개회도 어둡다. 상대 당과 그 당 소속의원들을 향한 시정잡배 수준의 막말을 치받는 또 다른 거친 막말, 비방과 폄훼 등 이성을 잃은 듯한 감정과 말싸움 등이 횡행하면서다.

민생과 개혁을 위한 입법, 추경 처리 등 국회가 해야 할 일은 산처럼 쌓여있다. 가당찮은 요구와 막말을 일삼으며 제 할 일을 하지 않는 국회의원을 퇴출시키느냐 마느냐는 혈세를 내는 시민들의 의지에 달렸다. (2019.6.10)

거짓말, 참말

나무 인형 피노키오는 여러 모험을 하는 과정에서 거짓말을 일삼아 코가 점점 커져 버렸다. 방탕한 생활을 이어가지만 그를 만든 착한 목수의 헌신적인 사랑으로 소망했던 사람이 된다.

그런가 하면 양치기 소년은 장난삼아 "늑대가 나타났다"는 거짓말로 동네 어른들을 속이는 소란을 일으켰다. 재미를 붙여 거짓말을 거듭하다 어느 날 정말 늑대가 나타나 소리쳤지만 아무도 도우러 오지 않아 양들은 모조리 늑대에게 희생되고 말았다. 반복된 거짓말은 감당하기 힘든 비극을 안겨준다는 교훈 아닌 교훈이다.

중국의 서주(西周)시대 마지막 왕, 유왕은 절세미인 포사와 호랑방탕한 생활을 즐겼다. 포사를 웃겨보려고 외적의 침입이 없는데도 거짓으로 봉화를 올려 군사와 제후들을 놀라게 했다. 그러다 진짜로 외적이 침입해 급급히 봉화를 올렸지만 출병해야 할 군사와 제후들은 코빼기도 안 비쳤다. 그로 인해 궁성까지 난입한 외적에게 비참한 죽임을 당하고 나라는 망해버렸다.

'리플리증후군'은 현실을 부정하고 허구의 세계만을 진실로 믿어 상습적으로 거짓말과 거짓 행동을 일삼는 증상을 말한다. 자유한국당 나경원 원내대표가 최근 영화 '기생충'으로 칸 영화제에서 사상 최초로 황금종려상을 수상한 봉준호 감독을 축하한다고 언급하면서 이를 거론했다.

그에 따르면 배우 알랭들롱이 7번의 실패 끝에 명예 황금종려상을 받았다. 알랭들롱은 그의 데뷔작 '태양은 가득히'에서 거짓말을 하면서 그 거짓말을 진실로 믿게 되는 톰 리플리 역할을 맡았다. 나 원내대표는 '반복된 거짓말을 진실이라고 믿는 리플리증후군'은 이에서 비롯했다는 설명에 이어 "문재인정부가 생각난다"고 말했다. 현실은 전혀 다른데 현 정부가 계속해서 '경제가 나아지고 있다', '좋아지고 있다'고 반복하고 있다는 이야기다.

나 원내대표는 2004년 일본 자위대 창설 기념행사에 참가해 논란이 일자 "행사 내용을 모르고 갔다가 뒤늦게 알고 되돌아 왔다"고 한 바 있다. 그는 또 "반민특위로 (국민이) 무척 분열했다"고 언급했다. 그가 속한 당의 일부 의원들은 '5·18은 폭동', '5·18 유공자는 혈세먹는 괴물집단'이라는 망언을 일삼았다. 그들의 말은 거짓일까, 참일까. 양치기 소년과 주 유왕의 거짓(가짜뉴스)는 돌이킬 수 없는 결과를 낳았다. (2019.6.3)

5월 다큐멘터리 '김군'

사진 한 장 속에 담긴 4년여에 걸친 진실찾기. 80년 5월 불의한 군대가 짓밟은 시가지에서 찍힌 흑백 사진 속의 '김군'은 넝마주이였다. 헌 옷, 헌 종이나 폐품 등 넝마를 주워 팔아 생계를 이어가던 그는 시민을 학살한 군에 맞서 항쟁에 뛰어들었다.

밑바닥 삶을 살았던 그의 이름 석 자는 알려진 바 없다. 다만 그가 자주 다니던 지역에 살던 아주머니에 의해 '김군'으로 불렸을 뿐이다. 살던 곳도 뚜렷하지 못했다. 그날 이후의 행적도 기록에 남아 있지 않다. 아무도 관심을 갖지 않고, 아무도 알아주지 않았던 그 김군이 5월의 또 다른 기록 영화 주역으로 시민들에게 다가왔다.

5월 다큐멘터리 '김군'은 우리들의 기억과 망각 사이에 놓인 기록물이라고 한다. 군모를 쓰고 무기를 든 채 군용트럭 위에 옆으로 비스듬히 앉아 누군가를 주시하는 듯한 김군은 북한 특수군 제1광수 이기도 하다.

확증편향에 사로잡힌 한 극우 보수인사가 그렇게 지칭하면서 그는 '광주에 침투한 북한 특수부대원(광수)'이 되었다. 김군 뿐 아니라 또 다른 시민군들도 제2광수, 제3광수로 양산됐다. 기록으로만 남은 사진 속의 빛바랜 얼굴들은 김군의 경우처럼 조잡한 붉은 점과 선들로 난도질한 채 제4, 제5광수들로 낙인(?) 찍혔다.

다큐멘터리를 찍은 감독은 '그들이 과연 그해 5월 광주에 침투한 북한 특수군이었나' 하는 의문과 함께 김군의 실체를 찾기 위한 추적에 나섰다. 광주의 수많은 사람들을 만나 인터뷰하고 오래된 자료들을 촘촘히 살펴보는 작업 속에서 그날의 진실에 한 걸음 한 걸음 다가섰다.

한 평자(評者)는 그랬다. 영화는 극단적인 선악의 대립을 추구하지 않는다. 그 참담함을 겪고도 수십 년을 왜곡과 폄훼 속에 살아온 사람들의 생생한 목소리를 전한다. 살륙이라는 죽음의 굿판에 맞서 일어났던 수많은 김군들의 이야기는 세월이 아무리 흘렀어도 치유되지 않는 시대의 아픈 고통이고 기억이라고.

감독은 "39년의 시간을 뛰어넘어 관객들에게 새로운 광주의 진실을 대면하게 하고 싶었다. 울분과 비극보다는 그날의 진실을 제대로 소환하고 싶었다"고 했다. 이 땅에 상식을 가진 보편적인 시민들이 반드시 능멸과 오욕, 패악과 패륜을 이겨내고 진실과 마주하게 되리라 확신하면서 그랬을거다. (2019.5.20)

레미제라블

프랑스의 반정부 시위가 다시 확산되고 있다고 한다. 유류세 인상 등 에마뉘엘 마크롱 대통령을 향한 노란조끼 시위대들의 시위가 재개되면서 폭력과 방화가 이어졌다. 지난 15일 발생한 노트르담 대성당 화재가 시위 재발의 도화선이 됐다.

대성당 복구를 위해 상류층들이 거액의 돈을 내놓는다고 하자 분노가 폭발했다. 시위대의 호소를 묵살해오던 정부가 성당 복구에 거액을 내는 부자들에게 상당한 세금 감면 혜택을 주겠다고 한데 대한 반발이다.

마크롱 정부는 출범 이후 친환경 경제로의 전환과 환경오염 방지 대책의 일환으로 유류세 인상 및 추가 인상 계획을 밝혔었다. 이에 많은 시민들은 기업이나 부자들은 세금을 깎아주고 서민들에게만 세 부담을 안겨준다며 시위를 벌이고 나섰다. 시위는 유류세 인상 비판에서 시작돼 부유층과 대기업에 우호적인 마크롱 퇴진을 요구하는 반정부 시위로 확산됐다. 정부가 유류세 추가 인상 계획을 중단하겠다고 발표하면서 시위가 잠잠해지는 듯 했으나 대성당 화재가 또 다른 불을 댕겼다.

대성당이 불탄 뒤 마크롱 대통령은 성당 복구를 위해 국민 모금을 호소하고 나섰다. 루이뷔통 등 유력 대기업들이 앞다퉈 10억유로(1조3천여억원)를 내놓겠다고 호응했다. 노란조끼 시위 등 불안한 정치 상황에 내몰린 마크롱 대통령이 대성당 화재를 발판삼아 국민화합도 꾀하고 세금 감면 혜택을 명분으로 대기업들에게 거액의 복구기금을 내게하겠다는 복안을 가졌던 셈이다.

그러나 대성당 복구에는 천문학적 돈을 선뜻 내놓으면서 서민들의 어려움은 외면하는 상류층과 이들을 비호하는 정부가 비판의 대상이 되고 말았다. 노란조끼를 입은 시위대는 “노트르담을 위해서는 모든 것, 레미제라블을 위해서는 아무 것도 없다”란 글귀가 적힌 팻말을 들고 구호를 외쳤다.

‘레미제라블(Les Miserables)’. 프랑스의 문호 빅토르 위고가 프랑스 대혁명 시기에 썼던 유명한 소설 제목으로 ‘불쌍한 이들’, ‘하류 서민’들을 뜻한다. 모든 혁명은 하층 계급에 의해 구동되지만 그 과실은 언제나 상층계급의 차지였다. 대성당과 뗄 수 없는 작품(노트르담 드 파리, 레미제라블)을 썼던 빅토르 위고는 지하에서 서민들의 이같은 시위를 어떻게 생각하고 있을까. (2019.4.29)

포인트 니모

'포인트 니모(point nemo)'는 세상에서 가장 외지고 은밀한 곳을 말한다. 라틴어로 '아무도 없다'라는 뜻의 네모(nemo)와 지점(point)의 합성어다. 정식명칭은 '해양도달불능점(The oceanic pole of inaccessibility)'. 프랑스 소설가 쥘 베른의 '해저 2만리'에 나오는 '신비의 섬'의 주인공 네모 선장에서 유래했다.

트리스탄다쿠냐(Tristan da Cunha) 제도(섬)은 인간이 거주할 수 있는 가장 고립된 지역이다. 대서양 남쪽에 점점히 떠 있는 섬들로 영국의 해외 영토다. 이곳으로부터 사람이 거주하는 육지인 세인트헬레나섬은 북으로 2천429㎞나 멀리 있다.

아프리카 대륙의 케이프타운에서 2천805㎞, 남미의 리우데자네이루에서 3천353㎞나 가야 이른다. 인근의 부베섬 또한 외진 곳이지만 2천260㎞ 떨어져 있다.

포인트 니모는 인공위성이나 우주선 파편들의 공동무덤으로 불리는 곳이다. 우주 공간에서 수명을 다한 인공위성 및 우주선 파편들은 지구로 떨어질 때 대부분 대기권과 마찰하면서 불타 없어지지만 남은 덩어리가 사람들이 거주하는 지역이나 시설들로 떨어진다면 상당한 불상사가 발생할 수 있다.

그래서 우주과학자들은 사람들의 접근이 힘들고 외진 포인트 니모로 추락하도록 유도한다. 뉴질랜드와 남미, 남극 대륙 사이의 남태평양 한복판의 포인트 니모가 그런 곳이다.

1971년 옛 소련의 우주선을 비롯해 260개 이상의 인공위성과 우주선 파편들이 이들 지역으로 낙하했다. 우주 쓰레기들의 무덤인 셈이다.

이 지역은 육지로부터 멀리 떨어져 있고 바닷물 표면온도가 5.8도로 차갑다. 영양분이 풍부한 주변의 해류와도 잘 섞이지 않아 해양 생물이 먹을만한 먹이가 부족해 생명체도 거의 없다. 해역 또한 광활해 우주 쓰레기를 떨어뜨리는데 적절한 장소라 할만 하다. 대기권과 마찰을 일으키면서 남은 우주 쓰레기들이 어디로 튈지 예측이 어렵고 그 파편들 중 일부는 반경 1천㎞까지 흩뿌려진다는 데서 맞춤이다.

우리 정치권과 사회 여러 분야에서 갈등과 분쟁을 조장하는 막말, 쓰레기성 발언을 일삼는 무리가 늘어나고 있다. 이러한 무리들을 포인트 니모로 보내 격리시켜버리면 어떨까 하는 생각이 든다. 사회 정화 차원에서. (2019.04.22)

노트르담 대성당

빅토르 위고(1802~1885)는 고전문학의 걸작, '노트르담 드 파리(노트르담의 꼽추)'를 통해 아름다움과 추함을 명징하게 비교했다.

라 에스메랄다는 아름다운 집시 처녀다. 성당의 종치기인 콰지모도는 등뼈가 휘고 가슴뼈가 앞으로 툭 불거져 나온데다 머리는 양 어깨에 파묻힌 곱사등이다. 제멋대로 뒤틀린 절름발이, 무사마귀가 나 있는 왼쪽 애꾸눈까지 보기에도 흉측한 몰골을 가졌다. 그들 사이에 끼어든 성당의 부주교 클로드 프롤로는 라 에스메랄다의 미모에 눈이 멀어 억눌러 왔던 관능적 욕망을 병적으로 분출한다.

노트르담 드 파리의 배경이 바로 '노트르담(Notre-Dame) 대성당'이다. 중세 종교예술이 집결된 '고딕의 보물'로 평가받는다. 파리의 중심을 가로 질러 흐르는 센강의 시테섬에 자리잡고 있다. 퐁뇌프 다리 위에서 바라보는 대성당은 웅장하고 장엄하기 이를 데 없다.

1163년 파리의 주교였던 모리스 도쉴리에 의해 착공돼 200여년 뒤인 1345년경에야 공사가 끝났다. 유네스코 세계 문화유산인 대성당은 역사적 사건의 무대였다. 성왕 루이가 그리스도의 가시면류관 등 성유물을 이곳에 임시로 안치(1239년)하고 필리프 4세는 최초의 3부회의를 개최(1302년)했다. 잔 다르크의 명예회복 재판(1455년), 앙리4세와 마르그리트 왕녀가 종교 내란 평정을 위한 정략결혼(1572년)이 이곳에서 열렸다.

이밖에 나폴레옹 보나파르트의 황제 즉위식(1804년) 등 수많은 중요 행사가 열렸다.

대성당은 몇 차례의 수난을 겪었다. 루이 15세가 성당이 어둡다며 화려하고 아름다운 스테인드글라스를 투명한 유리로 바꿔버렸다. 또한 자신의 마차가 들어갈 수 있도록 성당의 출입문을 넓히면서 본 모습을 잃어 시민들의 외면을 받았다. 그런가 하면 프랑스 대혁명(1789년~1795년)이 일어났을 때 혁명 당원들이 대성당 일부를 파괴하는 바람에 폐쇄되기도 했다. 빅토르 위고의 소설 '노트르담 드 파리'가 인기를 끌면서 다시 시민의 품으로 돌아왔다.

백년전쟁과 세계대전의 포화도 견뎌냈던 대성당의 지붕과 첨탑이 지난 15일 발생한 화재로 무너져 내렸다. 1천년에 가까운 인류 역사를 오롯이 담아온 건축물이 소실됐다니 황망하고 참담하다. 우리의 소중한 문화유산 숭례문(국보 1호)을 화재로 잃었던 경험이 오버랩 된다. (2019.04.17)

동귀어진

무협지의 주인공들은 금강불괴(金剛不壞), 만독불침(萬毒不侵), 생사경(生死境)의 몸에다 용모 또한 빼어나다. 그들이 만년비급을 통해 익힌 무술은 극강의 상태다. 검술의 단계만 해도 신검합일(身劍合一), 심검(心劍) 등으로 입신(入神)의 경지요, 화경(化境)이다. 능공허도(凌空虛道), 답설무흔(踏雪無痕)의 경공법으로는 거칠 것 없이 어디든 가 닿는다.

무협지의 주인공은 소림, 무당 등 구파일방(九派一幇)이 속한 정파(正派)와 더불어 강호에 악(惡)을 퍼뜨리려는 마교(魔敎), 명교 등 사파(邪派)의 무리를 물리친다. 초절정 고수인 주인공의 무력에 밀린 사파들은 최후의 싸움에서 '동귀어진(同歸於盡)'의 각오로 덤벼든다. 동귀어진. 말 그대로 함께 죽을 생각으로 상대에게 덤벼듦을 뜻한다.

정치권에 최악의 막말이 난무하면서 여야 대립각이 최고조다. 특히 집권 여당인 더불어민주당과 자칭 제 1야당이라는 자유한국당 간 살기가 등등하다. 양당 관계자들이 주고받는 감정의 언어들은 도를 한참 넘었다. '대통령은 김정은 북한국무위원장의 수석대변인', '국가원수모독죄', '반민특위가 국민을 분열시켰다', '토착 왜구', '악한 세력'등이 그것이다. 과잉 대응하는 민주당의 행태도 불편하지만 한국당의 저의는 더욱 노골적이다. 한국당은 그간 5·18 진상규명 및 조사위원 추천을 둘러싼 '훼방', '몽니'라는 세간의 비난에도 망언 의원들에게 멍석을 깔아주고 그들의 징계는 시늉만 내고 있다.

또한 선거제도 및 민생·개혁법안을 처리해야 할 국회를 온갖 트집으로 표류시키다 정상화되기 무섭게 다시 '판깨기'에 돌입한 듯 하다. 민주당 등 여야 4당이 이들 법안을 패스트트랙(신속안건처리)에 올리겠다고 하자 이를 저지하기 위해 '의원직 총사퇴'를 운운하며 정치권을 겁박 중이다. 양식있는 국민들은 그들이 제발 총사퇴해 정치발전에 기여해주길 바란다.

철지난 색깔론과 천박한 역사 인식으로 민생을 외면하고 개혁을 가로막는 퇴행적 정치행태. 정치와 민생을 망쳐 촛불 시민들에게 탄핵당했던 그들. 무협지에서 사파의 무리들이 동귀어진의 술수로 정파에 덤벼드는 것 처럼 정의가 지연된 틈을 타 또 다른 발흥을 꿈꾸려는 그들의 악착스러움이 애잔해 보인다. (2019.03.25)

표현의 자유, 관용

다른 이들이 겪는 고통, 부끄러움이나 염치는 원래부터 그들 본래의 인성이 아닌 것 같다. 보통 사람의 보편적인 성향, 즉 선의나 배려, 도덕성, 관용 또한 그들의 막나가는 발언과 행위를 제어하는 요인이 못된다.

그런 인성의 결여로 인해 세월호 참상 원인을 규명하라거나 국가의 책임을 묻는 유가족과 시민에게 '우주의 기운을 받은(?)' 국가 통치에 지장을 주려는 '떼 거리 집단'이라 규정짓는 일을 서슴치 않았다. 거리로 나서 천막을 치고 단식에 들어간데 대해서는 '노숙자', '이성을 잃은 집단'이라는 비난으로 부족해 '폭식투쟁'을 벌이는 인간 이하의 행동도 불사했다. 그들을 제외한 대부분의 일반 시민이 그들에게 공감하고 국민보호를 외면한 국정 책임자를 성토했던 일에는 강한 적대감을 드러냈다.

그래서일 터다. 불의한 국가 권력이 자행한 학살극의 진상 규명을 촉구하는 80년 광주 5월의 외침을 '북한특수군이 침투해 야기한 폭동'으로 호도하고 '유공자들은 국민 세금을 축내는 괴물집단'이라고 매도하는 망언·망동은.

누군가의 언급처럼 필자 역시 과문한 탓인지 모르겠지만 그들이 지금껏 어떤 부끄러움이나 일말의 죄의식, 보편의 상식에 바탕해 부패하고 부당한 사회악과 싸워본 적이 있다는 이야기를 들어본 바가 없다. 오히려 불의한 권력에 기대 그 울타리 역할을 자처하며 형성한 그들의 기득권을 악착같이 지켜내려는 근성만을 여과없이 드러냈을 뿐이다. 그들이 말하는 '민주 정당에서 있을 수 있는 다양한 해석', 혹은 '일부의 일탈'은 결코 아니다.

그들의 막말 퍼레이드에 보수 언론 조차 경종을 울렸다. 당 대표와 최고위원 등 지도부 구성을 위한 전당대회가 과격분자들에 휘둘려 멍석을 깔아준다는 탄식을 토해냈다. 후보 합동 연설회가 극성 세력들에게 장악돼 행사를 정상적으로 진행하길 어려울 정도라며 국민들의 혀를 차게 한다는 비판을 곁들여서다.

물론 해당 언론의 비판과 탄식은 당 지도부와 상대 후보를 향한 막말과 거친 욕설, 야유에 국한한다. 새파란 젊은 후보가 국가 원수인 대통령을 '민족 반역자'라며 씹히는 대로 내뱉고 나아가 "저딴게 무슨 대통령이냐. 저자를 우리의 지도자로 인정할 수 없다"는 패륜적 막말을 쏟아냈다. 비교조차 부끄러운 저급한 언설로 건전한 보수층과 대다수 국민들이 혀를 차고 있는 현실에 대한 언급은 어디에도 없었다.

오죽하면 삼권분립의 근간을 지켜야 할 대통령이 나서 "'표현의 자유'는 보장돼야 하지만 그에 대한 관용이 민주주의를 파괴하거나 침해하는 주장과 행동에까지 허용될 수는 없다"고 했을까. '표현의 자유'는 인간 본원의 권리이며 헌법이 명확히 밝히고 있는 기본권 중의 기본권이기도 하다. 그러나 그러한 표현의 자유가 일그러진 막말들을 아무렇게나 내뱉어도 되는 거라면 이는 쓰레기통에나 쳐 박아야 할 권원(權原·어떤 행위를 법률적으로 정당화하는 근거)에 다름없다. (2019.2.22)

훈장(勳章)

훈장은 국가나 사회에 공로가 뚜렷한 사람에게 그 공적을 표창하기 위해 수여하는 기장(記章)을 말한다. 포장(褒章) 또한 나라와 사회에 공헌한 사람에게 칭찬과 격려의 의미로 주어진다. 훈장 다음 가는 훈격(勳格)으로 가슴에 다는 휘장이다.

일제강점기를 전후해 의병과 독립운동, 광복에 관여한 우리의 순국선열들이 적지 않다. 목숨을 아끼지 않고 그 길에 뛰어들어 활동했는가 하면 가산을 털어 이들 활동가들을 도왔던 사례가 부지기수였다. 현대 들어서도 수많은 사건·사고와 관련해 위기에 처한 나라와 사회를 정상화시키고자 희생을 마다하지 않은 의로운 행위·행동들은 이어졌다.

나라는 그로 인해 희생되고 다친 이들에게 훈포장을 수여해 왔다. 훈장제도는 1900년 「훈장조례」(칙령)을 공포하면서 시행됐다. 당시 훈장은 금척대훈장(金尺大勳章·무등급), 이화대훈장(李花大勳章·무등급), 태극장(太極章·8등급), 자응장(紫鷹章·8등급) 등 4종이었다. 그러다 팔괘장(八卦章·8등급), 서성대훈장(瑞星大勳章·무등급), 서봉장(瑞鳳章·8등급)이 추가됐다.

대한민국 정부 수립 후에는 대통령령으로 '건국공로훈장령'(1949.4.27), '무궁화대훈장령'(1950.10.19), '문화훈장령'(1951.12.22) 등을 종류별로 공포·시행했다. 제3공화국 때 각종 훈장령과 포장령을 통합한 '상훈법'(1963.12.14)이 마련됐다. 이 법에 근거해 무궁화대훈장(무등급), 건국공로훈장(중장·복장·단장 3등급), 무공훈장(태극·을지·충무·화랑·인헌 5등급), 소성훈장(청조·황조·홍조·녹조·옥조 5등급), 근로공로훈장,수교훈장, 문화훈장(대한민국장·대통령장·국민장 3등급), 산업훈장(금탑·은탑·동탑 3등급)등 8종이 있었다.

상훈법은 그 뒤 몇 차례의 개정(1967.1.16, 1970.11.17, 1973.1.25, 1988.8.5)을 거쳐 훈장의 명칭을 일부 바꾸거나 등급 추가 등의 조정이 이뤄졌다. 훈장의 서훈 기준은 통상적으로 그 대상자가 국가와 사회에 미친 공적 내용 및 효과의 정도와 지위, 기타 사항 등을 참작해 결정된다.

대체적으로 훈포장은 그 기여한 바에 따라 수여되지만 과거 독재 등 불의한 정권 시절, 국가와 사회에 큰 해를 끼쳤음에도 남용된 경우가 있었다. 80년 5월 광주 학살의 주범인 전두환 일파에게 서훈된 훈포장이 대표적이다. 그들의 서훈을 박탈해야 한다는 여론이 높게 일고있는 터다.

올해 100주년을 맞는 3·1운동의 상징적 인물인 유관순 열사(1902~1920)의 독립운동 유공 서훈이 3등급(건국훈장 독립장)이라 해서 논란이 많다. 친일반민족행위가 인정돼 서훈을 박탈당한 동아일보 창업주 김성수가 2등급에 추서됐던 점과 비교된다. 상훈법 개정 등을 통해 바로 잡아야 할 서훈의 등급이 아닐 수 없다. (2019.2.11)

세월의 흐름

두강(杜康)은 옛적에 술을 잘 담그기로 유명했다. 중국 신화시대 황제(黃帝) 때 재인(宰人)이었으며 역사상 맨 처음 술을 만들었다고 알려졌다. 지금의 하남성 여양현 두강촌에 살았다. 이 지역이 바로 두강이 술을 빚은 곳이라 해서 마을 이름이 '두강'이다.

두강이 어느 날 직접 빚어낸 술 한 잔을 얼큰히 마신 뒤 멋드러진 시(詩) 한편을 지었는데 후세에 이렇게 전해온다.

술잔은 노래와 마주해야 하리(대주당가·對酒當歌)/우리 살이 길어야 얼마나 할까(인생기하·人生幾何)/비하여 아침이슬과 같건만(비여조로·譬如朝露)/가버린 날들이 너무 많구나(거일고다·去日苦多)…중략

중국의 후한 말 분열된 중국 대륙에서 유력한 군벌로 몸을 일으켜 천하를 종횡하다 그 아들 조비(曹丕)로 하여금 한(漢)을 대신할 새 왕조(위·魏)를 열게한 무제(武帝) 조조(曹操·155~220) 또한 '두강'을 소재로 '단가행(短歌行)'을 지었다.

근심스러운 일 잊기 어려운데(우사난망·憂事難忘)/무엇으로 그 근심을 풀려는가(하이해우·何以解憂)/오직 술(두강)이 있을 뿐일세(유유두강·唯有杜康).

'백구과극(白駒過隙)'이라는 말이 있다. 흰 망아지가 질주하는 것을 문 틈으로 보는 것처럼 '눈 깜빡할 사이'를 뜻한다. 불교 용어인 '찰나(刹

那)'에는 못 미치지만 '매우 짧은 순간'을 비유적으로 일컫는데 쓰이는 사자성어다. 장자(莊子)의 '지북유(知北遊)'와 사기(史記)의 '유후세가(留侯世家)' 등에 나온다.

노자는 일찍이 크고 넓은 '지도(至道)'에 대해 묻는 공자에게 "무릇 '도(道)'라는 것은 지극히 멀고 깊어서 말로 표현하기 어렵다. '박식(博識)'이 반드시 '참된 앎'은 아니며, '능변(能辯)'이 또한 반드시 '참된 지혜'는 아니다"고 했다. 그러면서 "사람이 하늘과 땅 사이에 살고있는 것은 비유하자면 문 틈으로 흰 말이 달려지나가는 것을 보는 것과 같은 순간에 지나지 않는다"고 덧 붙였다.

시간, 세월은 끊김이 없다. 태초부터 쉼없이 흘러가고 있을 뿐이다. 지난해가 무술년, 올해가 기해년이라고 함은 인간이 다만 편의를 위해 마디 마디를 구분해 놓은데 불과하다. 그 기해년이 시작된 지 벌써 20여일 넘게 지나갔다.

마중지봉(麻中之蓬). 삼(麻)은 뽕나무과의 한 해 살이 풀로 곧게 자란다. 반면 쑥은 이리저리 구불구불 어지럽게 싹을 뻗친다. 그렇게 어지럽게 자라는 특성을 지닌 쑥도 삼밭에 나면 저절로 꼿꼿해진다. 좋은 환경에 있거나 좋은 벗과 사귀면 자연, 주위의 감화를 받아 착한 사람(선인·善人)이 됨을 비유하는 말이다. 순자(荀子) 권학(勸學)편에서 강조하는 '사람을 사귈 때는 가려서 사귀어라'라는 교훈과 상통한다.

백구과극이라 하듯 '눈 깜빡할 사이'에 지나가버리는 시간과 세월 속에 좋은 사람, 나쁜 사람을 가려 만나고 사귀는 게 마땅하다. (2019. 01.21)

세월에 대한 착각

세월이 언제까지나 우리 곁에 머물러있을 줄 알았던 적이 있었다. 그 지난날의 착각 속에 가수 김창완이 불러 히트시켰던 '청춘'이라는 노래를 떠 올린다. 잔잔한 노랫말은 또한 반전에 가깝다.

언젠간 가~겠지/푸르른 이 청춘/지고 또 피는 꽃잎처럼…

예로부터 지금에 이르기까지 헤일 수 없이 많은 시인묵객들이 즐겨 시와 산문 등의 소재로 삼았던 달(月)을 벗 삼아 '달 밝은 밤에 창가에 기대어 청승맞게 젊은 연가를 읊조리던 때'도 있었다.

무술년 한 해의 끝자락. 매년 불가역적(不可逆的)으로 변함없이 돌아오는 이 때쯤이지만 가는 세월 붙잡지 못해 앙앙불락하는 마음을 감추기 어렵다. 그래서 날 버리고 간 님은 용서할 수 있어도 날 버리고 가는 세월에 대한 용서는 불가(不可)하다. 이미 지나간 날들을 다시 잡으려 허둥대는 빈 손짓은 잔뜩 분장한 어릿광대의 가엾은 손장난에 다름없다. 그렇게 가는 세월은 차라리 보내주는 게 자연의, 세월의 섭리다. 아무리 그런다 해도 속절없이 흘러가는 세월의 무정함을 생각하면 허전한 마음뿐이다.

'시불가실(時不可失)'이라는 말이 있다. 풀이하면 '한번 지난 때는 다시 오지 않는다'다. 중국 춘추전국시대(春秋戰國·BC770년~BC221년)의 전국책(戰國策) 진책(秦策)4에 나온다. 당시 초(楚)나라 황헐(黃歇)이 진

(秦)나라 소왕(昭王)에게 "적을 안이하게 대하면 안되고, 좋은 시기를 놓치면 안된다(적불가이 시불가실·敵不可易 時不可失)"고 충언했던데서 유래했다.

얼마전 재계순위 30위 안팎의 코오롱 그룹 이웅렬 회장이 경영에 손을 떼고 "'청년 이웅렬'로 돌아가 새로운 창업의 길을 가겠다"며 전격 선언하고 나섰다.

그는 "그동안 금수저를 꽉 물고 있느라 입을 앙 다물었다. 이빨이 다 금이 간 듯 하다. 이제 그 특권도 책임감도 내려 놓는다"고 사퇴의 변을 밝혔다. 그는 특히 '시불가실(時不可失)'이라는 사자성어를 남겼다. "때가 한번 지나가면 다시 오지 않는다"는 의미를 담아 "지금 아니면 새로운 도전의 용기를 내지 못 할 것 같아 떠난다"는 속내를 털어 놓은듯 하다. 그는 만인이 우러러 보는 회장의 직함에서 내려와 청년 창업가로 변신해 원없이 해보고 마음대로 안 되면 망할 권리까지 이야기했다.

그가 언급한 것처럼 이 회장은 전형적인 '금수저'다. 금수저는 커녕, 은수저, 동수저 축에도 못 끼어 천생 흙수저일 수밖에 없는 일반 서민들의 입장과 처지가 180도 다르다. 거기에 상속세 탈세 혐의로 검찰 수사를 받고 있는 이 회장이라면 '시불가실'의 의미는 반감되고 만다.

올 한해도 딱 하루만 남겨두었다. 기해(己亥)년인 내년은 '황금돼지의 해'라고 한다. 시위 떠난 속절없는 세월의 흐름 속에 '한번 지난 때는 다시 오지 않는다'는 말을 되 새겨보며 무술년 한 해를 마무리할 때다. (2018.12.31)

페르미 역설

엔리코 페르미(Enrico Fermi, 1901~1954)는 물리학이 이론과 실험으로 세분화하기 직전의 마지막 물리학자다. 이론 물리학과 실험물리학에서 탁월한 업적을 남긴 그의 여러 업적 가운데 돋보이는 게 원자폭탄 제작에 주요 역할을 한 부분이다.

그는 세계 최초의 원자로 설계 및 원자로 내 원자 핵분열 과정에서 엄청난 에너지가 나온다는 사실을 처음 확인했다. 그리고 원자로 내 핵 연쇄반응을 인위적으로 조절, 이를 힘(원자력)으로 이용하는데 성공했으며 이는 2차세계 대전 기간 미국의 원자폭탄 제조에 결정적 요인이 됐다.

베타 붕괴 이론을 통해 '약력(weak force)'이라는 4번째 힘이 자연계에 존재한다는 사실을 증명하고 중성자를 이용해 새로운 원소를 만드는 연구 영역을 개척하기도 했다. 이런 업적들로 1938년 노벨물리학상을 받았으며, 천재 물리학자로 명성을 얻게 됐다.

그런 페르미와 관련해 회자됐던 일화가 있다. '외계의 지적 생명체'존재 여부다. 왕성하게 활동하던 시절, 페르미는 우주와 관련해 여러 의문을 품었다. 그만의 방정식으로 계산해 '우주에는 100만개의 문명이 존재해야 한다'는 가설에 바탕해서다.

'우주의 나이는 1백수십 억년에 이르고 우주 안에는 무수히 많은 항성들이 있다. 그 항성들은 지구와 유사한 행성들을 거느리고 있을 것이다. 그렇다면 지구의 인류와 비슷하거나 더 뛰어난 지적 생명체가 우주에 널리 분포해 그 중 몇몇은 이미 지구를 방문했어야 한다'.

1950년 무렵, 동료들과 식사 자리에서 페르미는 동료들에게 "그러면 그 지적 생명체들은 어디에 있겠는가?"라는 질문을 던졌다.

지구상 인류 외에 지적 생명체 존재 가능성 제기는 페르미가 처음은 아니었으나 그는 이를 '외계인의 존재 가능성'에 대한 문제로 단순화했다. 1975년에는 마이클 하트(Michael H. Hart)라는 과학자가 이에 관한 연구를 시작해 '페르미-하트의 역설'로 불리게 됐다.

외계인은 존재하지만 인류의 현재 지식 수준으로는 이를 확증할 수 없다. 혹은 지성을 가진 외계인은 존재하지 않거나 극히 드물게 존재하기 때문에 인류가 접촉할 수 없었다. 외계인이 지구를 방문했었더라도 인류가 그것을 알지 못한다. 모든 국가의 정부에 의해 외계인 발견 공표가 보류되거나 통제되고 있다. 또한 외계인은 인류의 예측 가능한 범위(137억 광년 이내의 거리)에 존재치 않아 광속의 장벽으로 흔적이 지구에 도달하지 않았을 뿐이다 등등.

페르미-하트 역설의 골자다.

올해 우주의'별'이 된 스티븐 호킹 박사도 살아 생전, 우주를 향해 비범한 상상력을 펼쳤다. 그 상상의 한 부분에 페르미가 역설한 것처럼 '무한의 공간이라 할 우주에 과연 인류와 다른 지적 생명체(외계인)가 존재하는가'라는 의문이 깊게 자리했었을 것 같다. (2018.12.17)

마리안, 개선문

프랑스 대혁명기에 화가 외젠 들라크루아(1798~1863)는 <민중을 이끄는 자유의 여신>이라는 제목의 그림을 그렸다(1830년). 그는 왼손엔 장총(長銃), 오른 손에는 프랑스 국기인 삼색기를 들고 혁명을 독려하는 자유의 여신을 형상화했다. 자유·평등·박애는 프랑스 혁명이 추구했던 바이며, 이를 제도적으로 담아낼 공화정의 가치였다. 삼색기는 파랑·하양·노랑의 세가지 색깔로 그 정신과 가치를 오롯이 담아냈다.

총과 깃발을 든 자유의 여신은 당시의 시대적 가치를 부여받은 여성 '마리안(Marianne)'으로 혁명 대중의 뇌리에서 실질적인 이미지로 떠올랐다. 들라크루아의 그림 속 자유의 여신은 대중의 소망과 가치를 피워낼 마리안이라는 구체적 여성으로 변용됐다. 프랑스를 의인화한 가공의 인물인 셈이다.

마리안은 1848년 2월 혁명 때 프랑스 공화국의 상징으로 굳어졌다. 그리고 1999년 9월부터는 프랑스 정부 공식문양으로 채택되고 흉상으로 만들어졌으며 전국 3만6천여 곳의 관공서 입구마다 세워져 있다.

마리안은 파리 나시옹 광장에 있는 '공화국의 승리'라는 동상을 상징하기도 한다. 프랑스의 화폐인 프랑화와 유로화 우표에도 자리하고 있다. 프랑스의 또 다른 상징인 프랑스 수탉(프랑스 민족과 역사, 토지, 문화를 상징)과 대비된다.

그렇게 프랑스 공화국을 상징해오던 마리안의 흉상이 파괴됐다. 마리안 흉상은 파리의 대표적 문화재인 개선문 안에 조각돼 있었다. 개선문 외벽의 부조상에서 본뜬 것이다. 프랑스 혁명의 정신을 담은 마리안 흉상의 훼손에 적잖은 프랑스인들이 충격을 받은 것으로 알려졌다.

현재 프랑스를 뒤 흔들고 있는 이른바 '노란조끼(Gilets Jaunes)' 시위대의 폭력사태가 빚어낸 참상이다. 급격한 유류세 인상을 반대하던 공화국 시민들이 반정부 시위에 나선 게 폭력 사태의 원인이다. 유류세 인상에 현 마크롱 정부의 친기업 정책들에 대한 비판까지 곁들여지면서 시민들의 분노가 증폭됐다. 정권의 존립을 위협하는 지경에 이르렀다는 말도 나왔다.

흥분한 노란 조끼 시위대의 일부가 파괴한 건 마리안 흉상 뿐 아니다. 개선문 안 전시공간의 소형 개선문 모형이 부숴지고 나폴레옹의 두상은 목이 잘린 채 나뒹굴었다. 시위대는 개선문 내 전시공간의 기념 주화는 물론 그 안에 보관돼있던 현금까지 털어갔다. 개선문 외벽에 스프레이나 페인트 등으로 '우리가 깨어나고 있다', '마크롱 퇴진' 등의 낙서도 남겼다. 나폴레옹 1세가 세운 개선문은 에펠탑과 함께 파리를 상징하는 대표적 명소다.

서민 경제에 적잖은 영향을 미칠 유류세 인상 등 반서민 정책을 주도한 친기업 성향의 마크롱 정부가 프랑스 혁명의 정신과 가치를 상징하는 조형물 파괴 등의 참사를 낳았다. 팍팍한 서민의 삶이 오래 전의 혁명 정신과 충돌했다. (2018.12.10)

증오범죄

배우이자 영화감독인 마티와 카소비츠(Mathieu Kassovitz)는 '증오(Hate·La Haine)'라는 제목의 영화로 칸영화제 감독상(1995년 제48회)을 수상했다.

르포르타주 형식의 흑백영화다. 인종차별과 소외계층의 불만때문에 범죄와 폭력이 만연한 파리 근교 지역을 배경으로 복수를 결심한 소년들의 하루를 그렸다.

아랍계 소년 압델이 경찰의 폭력으로 혼수상태에 빠지자 그가 살던 빈민지역 일대에서 폭동이 일어난다. 폭동은 시가전으로 번지고 경찰은 계엄령을 선포하기에 이른다. 그날 밤 한 경찰이 총을 분실했다. 압델의 친구 빈츠가 이를 주워 압델이 만약 죽는다면 그 총으로 경찰을 쏘겠다고 맹세한다.

빈츠의 단짝 친구 사이드와 위베르는 거리를 돌아다니다 경찰에게 체포당한 뒤 밤늦에 풀려난다. 그리고 방송을 통해 압델이 죽었다는 소식을 듣는다. 새벽녘에야 집으로 돌아가면서 빈츠는 위베르에게 총을 건네고 잠시 후 총성 한발이 거리의 정적을 깨운다. 인종차별을 둘러싼 증오의 감정이 인간의 집단을 어떻게 갈라놓는가를 사실적으로 묘사해 호평을 받은 영화다.

'증오(憎惡)'는 상대를 향한 강한 혐오감이 분노와 겹쳐져 나타나는 심리적 상태다. 역겨움이나 분노는 순간적이지만 증오는 오래 지속된다는 특성을 지닌다. 외부 자극에 대한 일시적 반응인 일반적인 감정과 다르다. 감정은 시간이 지나면 다소 약화되지만 증오의 감정은 참을수록 더 커진다는 점에서다. 증오감이 밖으로 표출되면 공격적인 충동으로 이어져 상대를 파괴하는 힘으로 작용한다. 전쟁에서는 적을 향한 증오가 보복이나 복수하려는 에너지를 제공하기도 한다.

증오심은 대상 집단을 경멸하고 악의 집단으로 규정짓는다. 증오의 감정이 극에 달하면 동정과 연민이라는 포용력이 없어지고 자신의 무자비한 행위·행동에 죄책감을 느끼지 못하며 고통도 동반되지 않는다. 증오를 느끼는 상대의 기쁨이 나의 고통이기 때문에 상대의 고통을 유발해 나의 기쁨으로 치환하는 것이다. 인류 역사에서 빈번했던 상대 국가, 상대 민족을 대상으로 한 대량학살은 이에서 연원한다.

보복 욕구에 바탕한 증오심, 증오의 감정은 폭력, 살상 등 '증오범죄((hate crime)'의 원천이다. 인종, 성별, 성적지향은 물론 국적, 종교를 달리하는 상대나 집단을 향해 특히 강하게 발현된다.

잔혹성과 집단성을 띠는 증오범죄가 기승을 부리고 있다. 얼마 전 미국 펜실베니아 주 피츠버그의 유대교 사원에서 발생한 총기 참사는 증오범죄의 대표적 사례다. 개인간, 집단간 증오범죄의 밑바탕에는 분열과 갈등의 언어로 이를 조장하는 지도자나 세력들의 영향도 적지 않다. 도널드 트럼프 美 대통령의 잇달은 '증오연설(hate speech)'이 그에 영향을 미쳤다는 일부 언론의 비판적 보도가 눈길을 끈다. (2018.11.5)

깨끗한 손, 훌륭한 국가

국가나 공공단체가 특정한 공익사업을 위하여 보수 없이 국민에게 의무적으로 책임을 지우는 노역. '부역(賦役)'의 사전적 풀이다. 왕조시대에는 성곽이나 관아를 짓는 공사를 할 때 백성들을 무보수로 뽑아 쓰던 일이 다반사였다. 이를 '부역 징발'이라고 했다.

근현대 들어서도 한때 이런 강제 노역이 있었다. 70, 80년대 독재시절에 새마을운동이나 산림녹화 사업 등에 주민들을 강제동원하고 홍수나 산사태 등 재해가 발생하면 해당 지역에 민방위 소집을 통해 인력을 확보해 일을 시키곤 했다.

우리의 역사에서 가장 치욕스럽고 뼈아픈 경험 가운데 하나가 일제(日帝) 강제 징용이다. 태평양 전쟁을 일으켜 동아시아 각 국에 씻을 수 없는 해악을 끼친 일본 정부 혹은 일본군에 의해 조선인들이 강제적으로 징발당해 노역이나 군역(軍役)에 처해졌던 흑역사를 말한다.

강제 부역과 달리 일제에 빌붙어 앞잡이 노릇을 마다하지 않았던 자발적 부역자들도 적지 않다. 친일부역자, 친일반민족행위자들은 유감스럽게도 해방된 조국에서 변신을 거듭, 살아남아 대물림하며 오늘날까지 민족정기를 흐리고 있다. '친일청산(親日淸算)'을 하지않은 민족이 겪고 있는 또 다른 쓰라림이다.

2차 세계대전 당시 나치 독일에 짓밟혀 온갖 억압을 받은 프랑스 역시 우리와 비슷한 경험을 안고 있다. 그러나 프랑스의 전후 처벌은 확연히 달랐다. 70년이 훨씬 지난 지금도 나치 전범(戰犯)이나 나치 부역자들을 추적, 발본색원함으로써 나라의 정기를 되 새우고 있을 정도다.

우리에게도 친일부역자, 친일반민족행위자를 처벌하려는 시도가 있었다. 반민족행위특별조사위원회(반민특위). 친일파의 반민족행위를 처벌하려고 제헌국회에 설치됐던 특별기구다. 그러나 반민특위 활동을 보장할 특별법은 대한민국 정부 수립 전에 미(美) 군정에 의해 인준을 거부당했다. 정부 수립 이후에는 이승만 정권의 방해공작으로 '반민특위'가 성과를 거두지 못한 채 와해당하고 말았음은 알려진 바다.

5·18민주화운동기록관이 지난 11일부터 '프랑스의 나치 부역자들'이란 이름의 전시회(동구 기록관 3층 전시실)를 열고 있다. 12월 30일까지 계속될 전시회에는 2차 대전 당시 프랑스에서 나치에 협력했던 부역자들의 반역행위와 나치의 반인도적 범죄 등 프랑스 국립기록보존소가 소장한 각종 자료가 전시된다.

전시회 목적은 5·18광주민주화운동과 관련 있다. 권력을 친탈한 불의의 세력들이 자국민을 상대로 저지른 최악의 학살에도 책임을지지 않고 버젓이 살아 행세하는 어처구니없는 일을 강조하기 위해서다.

프랑스의 나치부역자 처벌은 "깨끗한 손만이 훌륭한 국가를 만들 수 있다"는 금언에서 비롯된다. 친일·부일 협력자 등 민족반역자는 물론 5·18학살자 처벌도 못하고 있는 우리나라는 과연 '훌륭한 국가'인가. (2018.10.15)

'비움'과 '채움'

중세 르네상스 시대 최고의 예술가, 미켈란젤로가 '다비드(다윗)상'을 완성하던 날 수많은 사람들이 다비드상을 보기위해 피렌체로 몰려 들었다. 다비드상을 가리고 있던 천이 걷히고 5미터 높이의 다비드상이 모습을 드러내자 사람들은 일제히 탄성을 내질렀다. 도저히 인간이 만들었다고 생각할 수 없는 작품이었기 때문이다. 다비드상에 압도된 대중들은 일제히 무릎을 꿇고 신에게 드리는 감사의 기도를 올렸다.

미켈란젤로가 다비드상을 만들기 위해 조각한 대리석은 원래 돌의 결이 특이했다. 어떤 부분은 푸석거리고 어떤 쪽은 단단해 돌을 쪼아내기가 무척 어려웠다. 그로 인해 당대의 내로라하는 조각가들이 조각해보려고 나섰다가 포기해버리는 바람에 수십 년 동안 방치된 별 볼일 없는 돌에 불과했다. 그런 대리석으로 모든 이들의 탄성을 자아내고 경외감을 금치 못할 공전의 작품을 만들어 낸 것이다.

사람들이 미켈란젤로에게 어떻게 그토록 훌륭한 조각품을 만들어 낼 수 있었냐고 물었다.

이에 대한 미켈란젤로의 답이 또한 걸작이라 할 만 했다. "나는 돌 속에 갇혀있는 다비드만 보고 그를 가리고 있는 불필요한 부분을 제거했을 뿐이오."

'애플'의 창업자인 스티브 잡스가 회사에서 쫓겨났다가 회사가 망할 위기에 처하자 다시 복귀했다. 회사에 복귀한 그가 회사를 살리고자 맨 처음 시도한 것은 새로운 제품을 만들어내는 것이 아니었다. 불필요한 제품을 제거하는데 중점을 두었다.

수십 종류에 달하던 너절한 애플 제품을 전문가용, 일반인용, 최고 사양, 적정사양으로 분류해 4가지 상품으로 단순화했다. 물론 그 이후 출시된 제품들도 하나같이 심플한 것들이었다. '선택과 집중'이라는 의사결정에 바탕해 불필요한 제품을 제거하고 제품을 단순화함으로써 다 죽어가던 회사를 살려냈다.

몸에 좋다는 보약보다는 몸에 해로운 음식을 삼가는 게 낫다고 한다. 근육을 키우는 대신 불필요한 살을 빼려는 노력이 중요하다. 누군가를 사랑한다면 그가 원하는 것을 들어주기에 앞서 그가 싫어하는 것을 하지 말 일이다. 행복은 욕망을 채우려 하기보다는 욕심을 버리는데서 그 모습이 보인다.

아리스토텔레스는 "현명한 사람은 쾌락이 아니라 고통이 없는 상태를 추구한다"고 했다. 쾌락은 보태는 것이고 고통은 제거하는 것이다. 그래서 현명한 이는 '보탬'을 갈망하는 대신, 제거함을 지향한다고 한다. 어떤 장점을 갖출까 고민하지 말고 어떤 단점을 없앨까 부터 궁리를 하라. 깊은 깨달음은 간결하다. 큰 가르침은 시대를 관통한다. 큰 가르침은 또한 사람들의 삶의 영역에 두루 좋은 영향을 미친다.

필자의 지인이 '채움'보다는 '비움'이 중요하다고 강조하며 전해준 옛 지혜들이다. 이를 실천에 옮기기 쉽지 않지만 한번쯤 생각해볼만한 교훈들이 아닐 수 없다. (2018.10.8)

‘지식의 저주’

필자가 대학을 다니던 무렵의 일로 기억한다. 전공이 아닌 교양으로 선택해 들은 과목의 교수는 해외 유학파로 꽤 학식 깊고 학덕 높았다. 그러나 그 교수의 강의를 두세 차례 듣고 난 뒤 곧 싫증이 났다.

강의 내용이 지루할 만큼 딱딱했던 데다 어쩌다 강의 시간에 늦어 뒷자리에 앉으면 교수의 목소리마저 작아 강의 내용을 제대로 듣지 못하기 일쑤였다. 필자만이 느끼는 감정으로 생각했는데 시간이 지나면서 다른 학생들도 그 교수의 강의에 실망감을 드러냈음을 알게 되었다. 학습능력을 제대로 갖추지 않은 수강생의 분별없는 학습 자세가 근본 문제였겠지만 교수의 강의는 외람되게도 필자의 기대에 못 미쳤던 듯하다.

‘알버트 아인슈타인에게 물리학을 배우면 안된다’는 우스갯 이야기가 있다. 아인슈타인이 누구인가. 중세의 과학 발전에 새로운 이정표를 썼다는 아이작 뉴튼 이래로 근·현세의 물리학 판도를 재정립한 이가 바로 그다. 원자폭탄 개발의 이론적 근거가 된 상대성 이론과 관련된 공식($E=mC^2$)은 100여년이 훨씬 넘은 지금도 ‘불멸의 공(功)’으로 회자되고 있을 정도다.

그가 상대성이론을 발표하고 3년 뒤 스위스 베른 대학에서 강의를 시작했다. 그러나 수강생들의 기대와 달리 열역학법칙의 기본조차 제대로 설명하지 못했다. 명성에 비해 형편없는 강의로 학기말에 3명의 수강생만 남았고, 다음 학기엔 수강신청자가 1명에 불과해 강의가 폐지되는 지경에 이르렀다. 한참이 지나 쮜리히의 스위스 연방대학 교수에 지원, 시범강의에 나섰으나 또 한 번의 실망스러운 강의로 대학 학장까지 혀를 내둘렀다.

'아인슈타인 삶과 우주'의 저자 월터 아이작슨은 "아인슈타인은 절대 학생들에게 영감을 줄 수 없는 선생이었다. 그의 강의는 혼돈 그 자체였다"고 언급했다. 물리학 이론에 있어서 역사상 초일류 학자가 정작 학생들에겐 배움을 제대로 전달하지 못한 최악의 선생이었던 셈이다.

와튼스쿨의 유명한 조직심리학자 애덤 그랜트 교수도 "내가 하버드대학에 입학했을 당시 노벨상과 퓰리처상을 수상한 저명 교수들에게 뛰어난 가르침을 받으리라 기대했는데 입학 후 한 달이 지나고 그것이 대단한 착각이라는 걸 깨달았다. 그들은 최악의 선생님들이었다"고 회고했다.

그랜트 교수는 최고급 전문가와 최악의 강사의 차이는 '지식의 저주(curse of knowledge)'에서 비롯된다고 설명한다.

전문가 본인은 어떤 이론에 대해 너무 잘 알고 있지만 상대는 정작 이를 모를 수 있다는 사실을 생각조차 하지 못한 채 강의에 나선다는 것. 가르침을 받으려는 학생, 배움에 목말라 하는 수강생들이 자신과 같은 배경지식을 가지고 있을 거라는 인지적 오류다.

말하는 법, 설명하는 법, 제대로 전달하는 법. 소통(커뮤니케이션)의 문제는 최고급 지식인, 학자, 전문가들에게도 중요하다. (2018.10.2)

호르헤 수도사

호르헤 수도사는 고대로부터의 전해져 오는 비밀을 감추어야 했다. 나이든 장님인 그에게 비밀 유지는 숙명의 의무였다. 그 비밀 공개로 엄숙해야할 세상이 경박하고 잔망(孱妄)스러워지는 것을 막아야 한다는 자기 확신 가득한 광신도적 기질은 애초에 문제가 되지 않았다.

움베르토 에코는 세계적 베스트셀러 소설, '장미의 이름'에서 경박함으로부터 세상을 방어하려는 수도사의 기이한 행적을 들춰냈다.

소설의 키워드는 아리스토텔레스의 시학(詩學) 제2권. 존재가 확실한 제1권과 달리 단지 있을 것으로 추정되는 2권은 세상에 공개돼서는 안될 '금서(禁書)'로 규정됐다. 비극을 주제로 한 1권에 비해 2권의 대체적 주제는 인간의 즐거움과 행복에 관한 논고였다. 인간에게 굴레를 씌우고 옭아매는 신(神)의 계율과 말씀을 조롱하고 풍자하는 내용은 희극에 가까웠다.

세상에 단 한 권 남은 시학 2권은 이탈리아 북부 한 수도원(도미니크)의 도서관, 비밀의 방에 깊이 감춰져 있었다. 그 수도원에서 수도사들이 잇달아 죽는 의문의 사건이 발생했다. 에코 특유의 발군의 소설 구성력과 기발한 추리력에 의해 살인 사건의 전말은 드러난다. 사건 원인 규명에 나선 수도사(아드소와 윌리엄)들은 수도원의 실세, 늙은 수도사 호르헤가 쳐놓은 죽음의 그물망에 그들이 잇달아 희생됐음을 알아 차렸다.

죽은 수도사들은 하나같이 손가락과 혀가 검게 변한 채 시신으로 발견됐다. 그들의 죽음은 비밀의 방에 감춰진 금서에 발라놓은 치명적인 맹독 때문이었다. 비밀의 방에 들어가 금서를 넘겨보려던 수도사들의 손가락에 맹독이 묻고, 책 페이지를 넘기려 혀에 침을 바를 때 맹독이 스며들면서 죽음에 이른 것이다. 금서에 맹독을 발라놓은 이는 호르헤였다. 그 누구도 금서를 보지 못하게 하고 설령 책을 읽었더라도 내용이 세상에 알려지지 않게 입을 봉하려 죽게 만들었다.

사건의 원인을 알아낸 수도사들은 호르헤를 범인으로 지목하고 금서를 빼앗으려 했다. 그러나 호르헤는 금서를 찢어 씹어 삼키며 수도사들과 몸싸움을 벌였다. 그 과정에서 등잔불이 넘어져 도서관은 불길에 휩싸인다. 금서를 찢어 입에 삼킨 호르헤는 '모든 것은 신의 뜻'이라는 절규와 함께 불길 속으로 뛰어들어 죽어간다.

비극이 아닌 희극에 관한 아리스토텔레스의 시학 2권은 결코 공유되어서는 안 된다는 신념(?)의 소유자 호르헤. 그로 하여금 의도된(고의 혹은 미필적) 살인을 저지르게 한 신념의 정체성은 무잇일까.

살인사건의 비밀을 알아낸 수도사들은 죽음을 불사했던 호르헤의 얼굴에서 '가짜 그리스도'의 얼굴을 보았다고 했다. 자신의 신념만이 진리이며 가치라 여기고 그것을 지키려 망상과 집착에 사로잡혀 있는 이들. 호르헤 수도사처럼 '가짜 신념'을 고수하는 이들은 오늘날에도 적지 않다. (2018.9.11)

가면을 쓴 사탄?

'루시퍼(Lucifer)'는 악마군단을 지배하는 지옥의 왕으로 묘사된다. 단테의 '신곡'에 세 개의 얼굴, 여섯 개의 날개를 가진 괴물로 나온다. 루시퍼는 악(惡)의 상징인 '사탄(Satan)'과 동일시된다. 원래는 천계(天界)의 치천사(熾天使·천사의 아홉 계급 중 첫 번째) 가운데 한 명으로 천사 중에서도 가장 아름답고 위대해 그만큼 신(神)에게 사랑을 받았다. '빛을 내는 자', '새벽의 샛별'이라는 별칭을 얻었던 이유다.

그러나 신의 사랑에 자만한 그는 휘하의 많은 천사들을 이끌고 신의 자리를 빼앗으려고 나섰다가 노여움을 사 천계에서 추방당하고 지옥으로 내쳐졌다. 루가의 복음서에는 "예수께서 '나는 사탄이 하늘에서 번갯불처럼 떨어지는 것을 보았다'…10:18)"라고 해 사탄의 지옥 추방을 증명하고 있다. 밀턴의 '실락원'에 따르면 이 때 추방된 것은 루시퍼 만 아니라 그를 따랐던 반역천사들도 함께였다고 한다.

대천사(大天使) '미카엘(Michael)'은 신에 대해 '쿠데타(?)'를 감행하려 했던 루시퍼와 맞서 싸워 이를 물리쳤다(요한묵시록 12:7~9). 루시퍼가 그리스도교의 대표적 악, 사탄이라면 이교도에서의 사탄으로 '벨제블(Beelzebul-파리의 왕, 히브리어로는 바알제붑·Baal-Zebub)'도 있다(마태오복음서). 그런가 하면 '벨리알(Belial)'은 정의와 빛이라는 숭고한 존재와는 인연이 없이 그리스도와 정반대에 있는 존재다. 이름의 어원(語

源)은 '무가치'를 의미하는 히브리어다. 밀턴은 벨리알에 대해 "타락한 천사들 중 그만큼 악덕을 사랑한 비천한 자는 없다"고 했다.

사탄은 그 여러 불림(이름·名)과 더불어 '방해자', '적대자'란 뜻을 지닌다. 보통명사로는 개인이나 국가의 적대자를 가리키며, 고유명사로 쓰일 때는 초자연적 존재로서 '귀신들의 우두머리'를 지칭한다. 곧 하느님을 대적하거나 사람들을 유혹해 하느님을 대적하게 만드는 '악한 영(靈)'의 우두머리인 셈이다.

전두환 전 대통령의 '사자명예훼손' 혐의에 대한 광주지법 형사재판이 오늘 예정돼있다. 그는 5·18민주화운동 당시 헬기사격을 목격했다는 고(故) 조비오 신부를 비난한 혐의로 불구속 기소된 상태다. 그의 회고록을 통해 '광주사태 당시 헬기 기총소사는 없었던 만큼 조비오 신부가 헬기사격을 목격했다는 것은 왜곡된 악의적 주장이다. 조 신부는 성직자라는 말이 무색한 파렴치한 거짓말쟁이다'고 기술했다. 그는 故 피터슨 목사가 찍었던 당시 軍헬기 사진도 가짜라며 두 사람을 '가면을 쓴 사탄'이라고 까지 했다. 그의 재판정 출석 여부는 아직 미지수다.

전 전 대통령의 죄상은 익히 알려지고 확정된 바다. 그만 부정하고 있다. 광주의 양심, 조비오 신부를 '사탄'이라 하는 그는 그러면 천사일까.
(2018.8.28)

부모의 사랑, 자식의 효(孝)

"얘야, 3만 원만 주고 가면 안 되겠느냐."

팔순을 넘긴 아버지는 또래 노인들과 어울리면서 항상 공술만 얻어 마셔 오던 터였다. 미안한 마음에 그날 아들에게 용돈을 받아 술이라도 한 잔 살 요량이었다.

"없어요."

그러나 회사에 출근하려던 아들은 아버지의 눈치스러운 청원을 박정(薄情)하게 거절한 채 집을 나섰다.

때마침 설거지를 하다 부자간의 서먹한 대화를 듣고 있던 며느리가 밖으로 달려 나가 남편을 멈춰 세웠다.

"여보, 돈 좀 주고 가요." "뭐하게?" "아이들 옷도 사 입히고 동창 계모임도 있어요." 남편은 안 주머니에서 5만원 가량을 꺼내 헤아리며 '담배 값이 어쩌네', '차 값이 어쩌네'라고 투덜거렸다. 남편의 투덜거림을 무시한 채 아내는 차비만 빼고 몽땅 빼앗아 집으로 돌아왔다. 그리고 그늘진 얼굴로 거실 벽에 기대어 힘없이 앉아계신 시아버지께 그 돈을 내밀며 "아버님, 이 돈으로 친구분들과 드시고 싶은 소주도 드시고 공원으로 놀러도 가세요"라고 말했다. 수년 전 상처(喪妻)하고 자식에게 변변한 대접도 받지 못한 채 쓸쓸히 지내오던 시아버지는 며느리의 속 깊은 처사에 쏟아져 나오려는 눈물을 애써 참았다.

그날 저녁 남편이 퇴근하고 돌아와 아내에게 "왜 아이들 옷이 변변치 않고 얼굴에는 땟국물이 질질 흐르냐?"고 질책했다. 그 다음날도, 그 다음날도 날이 갈수록 아이들의 입성은 초라해지고 손등이며 얼굴 등에 꾀죄죄함은 더 해갔다. 마침내 남편은 "여편네가 하루 종일 집에서 무얼 하길래 애들 꼴이 저 모양이냐?"고 벌컥 화를 냈다.

남편의 성난 목소리를 듣고 있던 아내는 "당신은 뭣때문에 아이들을 떠 받들듯 곱게 키우려고 해요? 저 아이들을 곱게 키워봐야 당신이 아버지에게 용돈 3만 원을 냉정하게 거절했듯이 우리가 늙어서 '3만 원만 달라'고 해도 거절당할 게 뻔한데"라고 맞받아 쳤다.

폐부를 찌르는 아내의 일침에 기가 질린 남편은 아무소리도 못한 채 늙은 아버지의 방문을 열고 들어가 무릎을 꿇었다. 그러나 아버지는 아들의 무정(無情)함을 까마득히 잊고 "회사 일이 힘들지 않으냐? 환절기에 감기 조심해라"고 아들 건강을 걱정했다. 불효했던 자식을 오히려 걱정해주는 아버지의 한없는 사랑에 아들은 엎드려 오열을 쏟아냈다.

'한 부모는 열 아들을 키울 수 있으나 열 아들은 한 부모를 봉양(奉養)키 어렵다'는 속담이 있다. 자식의 효(孝)가 아무리 지극하다 한들 부모의 사랑에는 결코 미칠 수 없다는 의미에 다름 아니다. 부모의 한없는 사랑의 무게에 비해 자식의 부모에 대한 보잘 것 없는 효(孝)의 가벼움을 꾸짖는 금언(金言)이기도 하다.

필자와 가까운 지인이 공유 밴드에 올린 글의 재구성이다. 부모님 살아계실 때 효도를 다 했는지 후회스럽다. (2018.8.13)

수오지심을 알았던 정치인

맹자는 사람이 가져야 할 네 가지 덕목(4단·端)을 이야기했다. '측은지심(惻隱之心)'을 보면 인(仁·어짊), '사양지심(辭讓之心)'을 보면 예(禮·예의),'시비지심(是非之心)'을 보면 지(智·지혜)를 알수 있다.

맹자의 4단 논정 가운데 '수오지심(羞惡之心)'은 특히 '의(義)'의 단서라고 했다. '수오(羞惡)'라는 글자의 뜻은 자신의 잘못을 부끄러워하는 의미를 담고 있다. 수오지심은 올바름에서 벗어난 것을 미워하는 마음, 의는 그런 마음이 안정되어 형성된 덕(德)이다.

한 정치인이 유명을 달리했다. 그것도 보통의 죽음이 아니라 고층 아파트에서 몸을 던졌다. 뜻밖의 소식에 적지 않은 사람들은 황망하고 안타까운 마음을 금할 길 없다는 속내들을 털어놓았다. 누군가는 왠지 모를 의분을 드러내고, 또 누군가는 한국 사회 특유의 비극 아닌 비극이라며 비통함을 감추지 않았다.

노회찬 정의당 원내대표. 노 의원은 허익범 특검이 수사 중인 드루킹 관계자로부터 불법 정치자금을 받았다는 의혹으로 수사 대상에 올랐다. 특검 소환까지 거론되던 가운데 여야 4당 원내대표단 미국 방문을 마치고 귀국한 다음날인 지난 23일 투신해 삶을 마감했다.

노의원은 투신하기 전 3통의 유서를 남겼다. 2통은 가족에게, 그리고 1통은 그가 속한 사랑했던 조직 등에 전한 회한의 언어가 담겨있었다. 평생을 나름 올곧고 반듯하게 살아보려 애썼을 그의 유서에 적혀있던 글은 이랬다.

"누굴 원망하랴. 참으로 어리석은 선택이었으며 부끄러운 판단이었다." 그를 극단의 선택으로 몰고 가게 한 원인이었던 불법정치자금 수수에 대한 짙은 후회인 듯 했다. 그리고 "잘못이 크고, 책임이 무겁다. 법정형으로도 당의 징계로도 부족하다"며 그렇게 스스로에게 불가역적 책임을 물었다. 사람들은 '진보정치의 아이콘', '큰 등대 같았던 사람'이라는 말들로 그의 죽음을 안타까워 했다.

우리 정치판은 정치인들이 판을 키운 것인지, 유권자들이 이에 호응한 것인지 비공식적 '쩐(전·錢)'이 지배하는 곳이다. 공직선거법, 정치자금법 등의 규정(선관위 신고 등)에 따르지 않은 자금을 받거나 하면 법령 위반일 수밖에 없다. 노의원은 경제적공진화 모임 회원들이 모아 준 돈을 정상적인 절차를 거치지 않고 선관위에도 신고하지 않은 채 받아 '불법의 덫'에 걸렸다. 그게 어리석은 선택, 부끄러운 판단이라는 개결(介潔)스런 자책으로 작용했다.

온갖 불법 자금을 받고도 파렴치하게 보란듯 행세하는 저급한 정치인들이 판을 치는 마당에 고인은 수오지심을 알았던 정치인이었다. 오늘 마지막 길을 떠나는 그를 더욱 가슴아파하는 까닭이다. 부패하고 염치없는 정치판에 날선 풍자와 촌철살인의 해학으로 사이다 같은 청량감을 주던 그의 기지넘치는 입담도 더 이상 들을 수 없게 됐다. (2018.7.27)

생존자 편향의 오류

창업을 해서 성공할 확률은 1%도 안 된다고 한다. 그러나 우리 주변에는 성공한 사업가와 관련된 정보만 회자(膾炙·사람들의 입에 자주 오르내림)되기 일쑤다. 이 때문에 창업과 경영이 쉽다고 착각하거나 성공한 사람들이 겪었던 실패의 경험이나 사건들에 대해서는 생각하지 않는 경우가 대부분이다.

투자의 경우도 마찬가지다. 주식시장에서 대박을 터뜨렸다는 성공한 이들과 그로 인해 유명해진 이들. 그들의 성공적인 이야기와 정보만을 접하는 관계로 자신도 그들처럼 될거라는 착각에 빠져 가장 중요한 '리스크'를 정확하게 인지하지 못한 채 무리한 투자를 했다가 손실을 입게 된 이들이 적지 않다.

이른바 성공한 회사(사람)의 일반화된 '생존자편향(Survivorship Bias)의 오류'는 2차 세계대전과 연관이 있다. 대전 당시 미군은 전투기의 피격율을 줄이기 위해 전투에서 생환한 전투기들을 대상으로 분석에 들어갔다. 생환한 전투기 대부분은 날개와 꼬리 부분에 총(포)탄이 집중돼 있었다. 따라서 총탄이 집중됐던 날개와 꼬리 부분을 장갑 등으로 보완하면 전투에서 살아남을 가능성이 크다고 판단했다.

그러나 대체적인 그러한 분석·보완과 달리 그 작업에 참여했던 한 수학자는 전혀 다른 주장을 펼쳤다. 외상이 집중된 날개와 꼬리가 아니라 조종석과 엔진 부분을 보강해야 한다는 주장이었다. 전투에 참가한 비행기는 기체 전체가 적의 총탄에 피격당할 확률이 비슷하다. 조종사가 탄 조종석과 엔진부분에 총탄의 흔적이 없음은 그 부분의 피격은 치명적이어서 생환하기 힘들다. 기체의 가장 핵심인 조종석과 엔진 부분이 아닌 날개와 꼬리부분을 피격당해 그나마 생환 가능했을 거라는 이야기다.

이 수학자는 다른 전문가들이 내놓은 자료가 편향된 데이터에서 비롯된 오류임을 지적한 것이다. 그의 날카로운 지적 덕분에 전투기의 조종석과 엔진 등 핵심 부분 보다는 쓸데없는 부분에 장갑 등으로 보완하려했던 오류를 피할 수 있었다.

죽은 자는 왜, 어떻게 죽었는지 말이 없을 수밖에 없다. 실패자도 자신의 실패가 어디에서 비롯됐는지 알려주는 사례가 아예 없거나 드물다. 그보다는 성공 사례가 훨씬 선전효과가 있고 자랑스럽다. 전투에서 살아남은 자의 무용담이나 사업에 성공했다는 이의 휘황한 신화만 거론될 뿐 전사자나 사업 실패자의 뼈저린 체험이 세상에 알려지지 않음은 생존자 편향의 오류를 유발하는 주요 원인일 수 있다.

세상 일이란 마음먹은 대로 이뤄지기가 어렵다. 마찬가지로 사람이 하고자 하는 일, 사업 등도 성공보다는 실패로 끝나는 경우가 다반사다. 성공한 사람의 그럴듯한 이야기에만 빠져 '자신도 하게되면 그럴 수 있다'는 '과신(過信)의 오류'를 지양하고 실패한 이들의 체험에 귀를 기울여 앞날의 지혜로 삼는 게 필요하다. (2018.7.23)

'사슴섬' 간호일기

작은 사슴처럼 슬픈 눈망울이 아름다웠다. 사면이 바다로 둘러싸이고 사슴을 닮은 그 섬은 물 맑고 산이 고왔다. 그러나 예쁜 모습을 형상으로 해 붙여진 이름과 달리 섬이 가슴깊이 품고 있는 애환은 주절주절 풀어내도 다함없는 우물이라 할만 했다.

작가는 '당신들의 천국'을 통해 그 섬에 갇혀 살아야 했던 이들의 멍에와 한(恨)들을 세상에 알렸다. 세상 사람들은 썩어 문드러진 속살, 그로 인해 강제된 천형(天刑)과 병마(病魔)의 질기디 질긴 사슬에 얽매인 사람들을 어느 정도는 인식하기에 이르렀다. 겉보기로 풍광 수려한 섬에 종속인들이 꿈꾸는 유토피아를 향한 열정과 그것을 배반하는 메커니즘 간의 갈등이 있었다는 사실을. 그리하여 섬을 배경으로 한 그들만의 천국은 인간과 사회에 대한 진지한 성찰을 요구함으로써 감추어진 진실이 드러나는 어떤 계기가 됐다.

보리피리 불며/봄 언덕/故鄕 그리워/피-ㄹ 닐리리…(중략)

짓무르다 못해 뭉텅 뭉텅 떨어져 나간 손가락 없는 손으로 써 내려간 시인의 '보리피리'역시 절망과도 같은 한많은 삶들의 여러 넋풀이 가운데 하나였다. 반생을 내쳐 온전한 인간으로 살아갈 수 없었던 시인은 '봄 언덕'에서 기억 아스라하게 떠나온 고향을 그렸다. '꽃청산'에서는 아무 근심걱정 없던, 그러나 기억마저 지워져버린 어렸던 나날들을 피울음으로 회고했다.

시인이 섬으로 강제로 끌려가던 그 때에도 황톳길은 붉은 먼지 어지럽고 더위는 숨막히게 온 몸을 내리 눌렀을 터다. 적막강산에 내 던져진 시인이 그나마 고단한 몸을 잠시라도 뉘인 곳은 사슴의 눈망울처럼 슬픔을 간직한 '소록도(小鹿島)'라는 섬이었더랬다.

작가와 시인의 짙은 고뇌의 내력이 깃든 작은 '사슴섬 간호일기'가 출간됐다. '문둥병'에서 '나병(癩病)', '한센병'으로 매번 이름이 바뀐 천형의 삶을 살아가는 한센인들과 함께한 백의의 천사들의 경험담이다. '무슨 빌곳없는 죄를 지었기에 저런 병에 걸렸나'하며 소름을 감추지않은 일반인들의 편견과 씨름해온 소록도 사람들의 이야기이기도 하다.

국립소록도병원 간호조무사회가 주관해 발간한 간호일기는 이번이 13번째다. 1993년 첫 발행을 시작으로 2015년 12번째 책을 발간했다가 3년만에 신간을 선보인 셈이다. 창간호부터 12번째 책에 게재됐던 글 가운데 63편, 병원 개원 100주년을 맞아 소록도를 다시 찾은 간호조무사 동문들의 글 8편, 자원봉사자들이 써낸 이야기 등 총 93편이 수록됐다.

소록도에 머물며 한센인들을 치료하고 돌보았던 간호조무사들의 이야기. 간호업무를 하면서 체험한 한센인들의 고달픈 삶과 애환, 고통과 몸부림. 그들의 눈에 비치고 마음에 다가왔을 소회는 전문 작가의 글, 전문 시인의 시가 표현했던 바와 또 다른 울림으로 세상 밖에 전해질 듯하다. (2018.6.18)

디케의 눈이 가려진 이유

'디케(Dike)'는 그리스 신화에 나오는 법(法)과 정의(正義)의 여신이다. 새벽의 여신 에오스와 아스트라이어스의 딸인 '아스트라이어(Astraea)'와 동일하며 로마 신화의 '유스티티아(Justitia)'에 해당된다.

여신 디케는 헝겊으로 눈을 가린 채 한손에 칼이나 법전(法典), 다른 한 손에는 저울을 든 모습으로 그려진다. 눈을 헝겊으로 가린 이유는 인간 세상에서 재판을 할 때 치우침 없이 객관적으로 판결을 내린다는 의미다. 칼이나 법전을 들고 있는 것은 법(법률)을 엄격하게 적용하고 해석해 집행하겠다는 의지의 표현이다. 저울은 옳고 그름을 가르는데 편견을 버리고, 공평해야 함을 강조하는 법과 정의의 잣대다.

우리 대법원 앞에도 여신 디케(아스트라이어)의 조각상이 서있다. 눈을 가리고 법전과 저울을 들었지만 우리 고유의 전통의복인 한복을 곱게 차려 입었다.

헌법과 법률, 양심에 따라 정의를 곧추 세워야 할 대법원이 혼란 상태에 빠졌다. 양승태 전 대법원이 박근혜의 BH(청와대)와 거래 아닌 거래를 한 것 아니냐는 의혹이 제기되면서다. 양 전 대법원장 시절의 사법행정권 남용의혹 관련 특별조사단이 공개한 조사보고서가 충격파를 던졌다. 보고서에 양승태 대법원이 상고법원 설치를 위해 법원행정처를 통해 청와대와 '재판 거래'를 한 것으로 의심되는 내용이 담겼다.

원세훈 국정원장 판결 선고나 집단해고된 KTX 승무원들의 소송, 과거사 국가 배상, 전교조 법외노조 효력 정지 등과 관련된 것이었다. 대법원이 이들 소송의 최종심 재판 진행과 선고에 관여해 당시의 청와대 의중에 맞는 판결을 유도하고 숙원인 상고법원의 입법을 위한 협상카드로 활용한 것 아니냐는 게 의혹의 골자다.

의혹이 사실이라면 초유의 '사법 농단'이 아닐 수 없다. 의심할만한 구석은 있다. 1, 2심 승소에 이어 대법원 승소를 굳게 믿었던 KTX 해고 승무원들은 최종심 패소 결정에 넋을 잃고 말았다. 과거사 국가배상, 원세훈 전 국정원장 등의 최종심 결과도 일반인의 법감정이나 정의와 상식에 비춰 이해하기 어려운 부분들이 있었다.

논란의 확산에 침묵해오던 양 전 대법원장은 기자회견을 자청해 "재판 거래는 결단코 없었다. 그런 얘기는 법관을 모욕하는 행위다"며 "대법원 재판에 대한 신뢰가 무너지면 나라가 무너진다"고 강하게 밝혔다.

정의의 여신 디케는 정의가 훼손된 곳에 재앙을 내린다고 했다. 양 전 대법원장이 밝힌 내용이 부디 사실이길 바란나. 그게 아니라면 헌법과 법률, 양심을 저버려 그 유례를 찾기 어려운 '사법 농단'으로 낙인찍힌다. 그리고 디케가 던지는 재앙의 불칼을 피할 수 없게 된다.

디케가 굳이 헝겊으로 눈을 가린 이유는 가장 공평하고 객관적이며 정의로워야 할 재판과 판결을 강조하기 위함일 터다. (2018.6.4)

망월동 가는 길, 이팝나무

'이팝나무'를 달리는 '이밥(흰 쌀밥)나무'라고도 한다. 꽃잎이 뜸 잘든 하얀 밥알처럼 생긴 때문이다.

옛사람들은 이팝나무의 꽃이 잘 피면 풍년이 들고, 그렇지 못하면 흉년이 든다고 했다. 꽃이 피는 시기가 입하(立夏)를 전후로 하는데다 논에 모를 심는 못자리 철에 물이 많이 필요하지만 수리와 관개시설이 변변치 않던 시절의 일기가 농사의 풍·흉과 관련이 깊어서였다.

이팝나무에는 또 가슴 아픈 전설이 깃들어 있다. 마음씨 고운 착한 며느리와 고약한 성질을 가진 시어머니와 관련된 이야기다. 어느 해 며느리가 집안의 큰 제사를 맞아 흰 쌀밥을 짓게 되었다. 혹시 밥을 잘못 지으면 시어머니의 성화와 야단이 불을 보듯 뻔했다. 걱정이 앞선 나머지 밥이 다 될 때쯤 솥뚜껑을 열어 주걱으로 떠서 밥알을 씹어보았다. 그 순간 부엌으로 들어오던 시어머니가 이를 보고 "아녀자가 제삿밥을 먼저 훔쳐먹는다"고 길길이 뛰며 야단을 쳐댔다.

자세한 연유를 설명할 겨를도 없이 야단을 맞은 며느리는 억울함을 참지 못하고 그 길로 뛰쳐나가 목숨을 끊었다. 뒤늦게 사연을 알게 된 마을 사람들은 며느리의 시신을 거둬 양지바른 곳에 묻어주었는데 그 무덤에서 나무 한그루가 자라나 싹을 틔우고 꽃을 피웠다. 그 꽃은 마치 하얀 쌀밥처럼 무더기로 피어났다. 쌀밥 때문에 목숨을 끊은 며느리의 넋이 한(恨)으로 남아 그 억울함을 세상에 알리고자 함이었으리라.

'영원한 사랑'이라는 꽃말을 가진 이팝나무는 전국적으로 천연기념물로 지정(8주)돼 있는가 하면 수령 200~500여년 사이의 노거수(20여주)로 보호받고 있기도 하다. 그 가운데 옛 승주군 쌍암면의 500여년 된 이팝나무가 가장 오래됐다(천연기념물 제36호). 꽃이 피기 시작하면 20여일간 잎이 안보일 정도로 향기로운 백색 꽃이 나무 전체를 뒤덮어버리는 이팝나무는 정원수나 가로수로도 인기있는 수종(樹種)이다.

5월 영령들이 잠들어 있는 망월동(북구 운정동) 가는 길 양 옆으로 이팝나무 꽃들이 만개했다. 80년 그 때만 해도 농로 수준을 겨우 면했을 그 길에 5월의 넋들을 위로하고자 누군가 한그루 두 그루 심어놓은 게 지금은 아름드리 나무들로 자라나 흰 쌀밥 같은 꽃들을 피워냈다. 이팝나무 꽃들은 풍년들어 배곯은 이들이 없는 대동(大同)세상을 바라며, 며느리의 한서린 넋을 달래는 마음으로 그렇게 망월동 가는 길을 흐드러지게 장식하고 있다.

38년 전 그날 민주, 인권, 평화에 바탕한 '사람 사는 세상'을 지켜내기 위해 총·칼로 무장한 불의의 세력에 맞서 일어선 의로운 이들에게 전해졌던 주먹밥도 이팝나무 흰 꽃과 같은 마음으로 정성스레 지어졌을 터다. 부조리한 세상을 촛불로 뒤엎고 나라다운 나라를 만들자는 초석을 다진 지 1년. 아! 5월이여. 망월동이여. 그 길에 피어난 이팝나무 흰 쌀밥 같은 눈부신 꽃들이여. (2018.5.17)

가이 포크스

매년 11월 5일이면 영국 전역에서 화려한 불꽃놀이와 함께 열리는 '가이 포크스(Guy Fawkes) 데이(Day)'는 두 가지 의미를 안고 있다. 왕과 귀족, 의회 관계자들의 무사함을 안도하는 것과 이들을 없애려 했던 계획의 실패에 대한 아쉬움이 그것이다.

가이 포크스는 1605년 의회 개원식날이었던 이날 의사당을 폭파시켜 왕과 대신들을 몰살시킬 계획을 세우고 그 실행에 들어갔다. 그러나 이른바 '화약 음모사건(Gunpowder Plot)'은 사전에 발각돼 성공하지 못했고 가이 등 음모 참여자들은 대역죄로 사지를 찢어 죽이는 능지처참형에 처해졌다.

갑자기 창궐한 전염병으로 의회 개원일이 연기되고 공모자 중 한 사람이 거사 계획의 전모를 밀고하는 바람에 실패로 끝나고 말았던 것이다.

가이 포크스의 거사는 신교(영국 국교회)에 대한 구교(가톨릭, 청교도)의 반발에서 비롯됐다. 왕위에 오른 제임스 1세가 종교계 대표들을 소집, 가톨릭과 청교도를 억압하겠다고 공식 선언(1604년)함으로써 신교와 구교의 갈등이 극에 달했다.

가이의 아버지는 원래 국교도였다. 어머니도 결혼하면서 국교회로 개종, 부모 모두 신교도였다. 하지만 가이가 여덟 살 때 아버지가 죽고 어머니가 가톨릭 신자와 재혼하면서 구교도 환경으로 바뀌었다. 그의 학창 시절 교사들은 독실한 가톨릭 교도들이었으며 친구들도 마찬가지였다.

구교도화한 가이가 개종을 강요하고 이에 반대하면 억압하는 신교 세력에 적의를 가지면서 왕을 비롯한 대신들을 처단하려고 사건을 꾸민 것은 자연스러웠을 터이다.

가이는 그의 사후(死後) 오히려 유명세를 탔다. 사건 이듬해인 1606년 1월 영국 의회가 왕의 무사함을 축하하는 의미에서 11월5일을 감사절로 정했는데 영국인들은 이날을 감사절이 아닌 '가이 포크스 데이'라 부르며 가이의 추모에 나섰다. 윌리엄 해리슨 에인스워쓰는 1841년 '가이 폭스, 또는 화약음모'라는 소설을 통해 가이를 기렸다. 1905년께 출간된 아이들용 소설 '옛 런던의 음모자인 가이 포크스의 어린 시절'에서는 가이가 액션 영웅으로 등장하기 까지 한다.

만화책 시리즈 출간(1982년)에 이어 2006년 영화로 제작된 '브이 포 벤데타(V for Vendetta)'는 가이를 '저항의 아이콘'으로 다시 태어나게 했다. 기묘한 미소와 붉은 볼, 양끝이 올라간 콧수염, 가늘고 뾰족한 턱수염이 그려진 가면을 쓴 가이 포크스는 '낭내의 체재에 대항'해 '혁명을 꿈꾸는' 강인한 인물의 상징이 된 것이다.

대한항공 직원 수백여명이 조양호 회장 일가의 퇴진을 촉구하는 1차 촛불집회에 이어 이번 주말에도 2차 집회를 갖는다. 집회에 참여한 직원 대부분은 '가이 포크스' 가면을 썼다. 그들 모두에게 저항의 아이콘, '가이 포크스'의 신령이 강림한 듯한 모양새다. (2018.5.11)

제3부

벌거벗은 임금님

판문점

경기도 파주시 진서면(津西面) 군사분계선 상의 취락. 옛 의주가도(義州街道)와 사천(砂川)내가 만나는 지점에 위치. 서울에서 통일로를 따라 북으로 50여 ㎞, 개성 동쪽 10㎞ 지점. 북위 37°57′, 동경 126° 40′ 40″.

지난달 27일 오전 9시30분 세계의 이목을 집중시킨 남북정상의 만남이 이루어진 역사적인 장소가 '판문점(板門店)'이다. 순 우리말로 '널문리'라 하는 판문점은 8·15광복 후나 6·25 전쟁 당시만 해도 이름 없는 한적한 시골마을에 불과했다.

이름 없는 한적한 시골마을은 6·25 휴전회담(1951년 10월25일)과 휴전협정(1953년 7월27일) 조인식이 진행되면서 세계사의 중요 장소로 각인됐다. 이후 명칭은 UN측과 북한측의 '공동경비구역(JSA)'으로 결정됐으며 휴전협정에 이어 남북 포로 교환도 이곳에서 이루어졌다. 판문점 공동경비구역 안에는 군사정전위원회 본회의장을 비롯해 유엔측의 '자유의 집' 등 10여채의 건물이 서있다.

사천내에는 판문점 서쪽을 돌아 흐르는 널문다리가 있다. 휴전 이후 남북이 갈라서면서 '돌아오지 않는 다리'라는 이름을 얻었다. 이 다리 부근에서 1976년 8월 18일 북한 경비군에 의한 도끼만행사건이 일어났다. 남쪽 경비를 맡고 있던 미군과 한국군이 민간 노무자와 전방 시야를 가리는 미루나무 가지를 베어내는 작업을 하던 중 북한군이 기습해 도끼 등으로 미군 장교 2명을 살해하고 경비병 9명에게 중경상을 입힌 참혹한 사건이었다. 이 사건으로 남북 사이는 또 다른 전쟁이 벌어질지 모를 초 긴장상태로 치달았다가 북한 인민군 최고사령관의 유감 메시지로 마무리됐다.

비극의 상징인 판문점에서 1971년 8월 남북적십자 예비회담, 1972년 7월 7·4 남북 공동성명이 발표되면서 한때 민족의 가슴을 뜨겁게 하는 장소로 떠 오른 바 있다. 1973년 6월 남북조절위원회가 결렬된 지 6년 반 만인 1980년 8월부터 8차례의 남북총리 실무회담이 열리기도 했다.

희비(喜悲)의 우여곡절을 안은 판문점에 또 다시 세계인의 관심이 집중되고 있다. 문재인 대통령과 김정은 북한 국무위원장의 역사적인 정상회담에 이어 북·미 정상회담 또한 판문점에서 열릴 가능성이 높아져서다. 지난 회담에서 문 대통령은 김 국무위원장에게 이곳이 북미 정상회담을 열기 위한 최고의 장소라고 설득했다고 CNN이 보도했다. 도널드 트럼프 미 대통령도 이곳에서 회담을 개최할 수 있다고 밝힌 바 있다.

어느 곳에서 열리든 두 번의 정상회담이 가슴 벅찬 결실로 이어져 한반도에 평화가 찾아오길 소망한다. 판문점 경비병력이 완전히 철수하는 날이 온다면 판문점 일대는 예전의 그 한적한 시골마을로 돌아갈 수 있으리라. 분단과 비극의 상징에서 '평화의 상징'으로 탈바꿈하면서. (2018.5.3)

평양랭면

'자줏빛 육수는 노을빛처럼 비치고, 옥색의 가루가 눈꽃처럼 흩어진다. 젓가락을 입에 넣으니 그 맛이 입속에서 살아나고, 옷을 더 입어야 할 정도로 그 차가운 기운이 온 몸을 뚫는다.'

조선 중기의 문신 장유의 시문집인 『계곡집(谿谷集)』(1643년)에 「자장냉면(紫漿冷麵, 자줏빛 육수의 냉면)」이라는 제목의 시(詩)로 표현된 냉면의 형상과 맛이다. 백석(1912~1996) 또한 그의 시, 「국수」(문장3권4호·1941.4)에서 "이 히수무레하고 부드럽고 수수하고 슴슴한 것은 무엇인가?"라고 냉면의 맛을 그려냈다.

냉면(冷麵)은 차게 식힌 국물에 국수를 말아서 먹는 음식이다. 『동국세시기(東國歲時記)』에는 메밀국수를 무김치와 배추김치에 말고 돼지고기를 섞은 것을 냉면이라 하며 음력 11월의 시절 음식으로 소개했다.

냉면하면 평양랭면을 손꼽는다. 19세기 말, 근대적 도시의 모습을 갖추기 시작한 평양시에 냉면 전문 식당이 생겨났다. 1910년대 대동강 변의 대동문 앞에 2층의 냉면집을 시작으로 10여년 뒤 시내 수십 곳에 냉면집들이 속속 들어섰다. 평양냉면집은 1920년대 초반 무렵 서울로 진출해 부벽루(낙원동), 백양루(광교와 수표교 사이에 위치), 동양루(돈의동)등 냉면 전문점이 이름을 떨쳤다. 평양냉면과 쌍벽을 이루는 게 '함흥냉면'이다.

평양랭면은 메밀가루에 녹말을 조금 섞어 반죽을 한 단단한 덩어리를 국수틀에 넣고 눌러서 뽑아낸 국수가 주요 재료다. 편육, 쇠고기 볶음, 오이채, 배채 등을 고명으로 골라 국수 위에 올린다. 쇠고기나 닭고기, 꿩고기 등을 끓여 만든 육수를 차게 한 국물에 동치미 국물을 붓고 식초와 겨자를 곁들인다.

함흥랭면은 감자나 고구마 전분으로 뽑아낸 국수에 홍어나 가재미를 썰어서 고추장과 마늘 등을 양념으로 비벼서 먹는다. 평양냉면, 함흥냉면 못지않게 남한에서는 진주냉면을 알아준다. 순메밀로 국수를 만들며, 삶은 쇠고기 수육을 썰어 그 국물을 냉면 육수로 한다. 북한에서 시작한 냉면(평양·함흥냉면) 붐은 1950년대 들어 남한 전역에서도 유행했으며 겨울철 별미가 아니라 사계절 어느 때나 맛볼 수 있는 음식이 됐다. 요즘은 불고기나 갈비 등을 먹은 뒤 후식으로 나올 정도다.

오늘 역사적인 남북 정상회담이 열리는 날이다. 회담 환영만찬 공식 메뉴로 평양 옥류관 냉면이 채택됐다고 한다. 남북 실무준비단이 지난 25일 합동리허설에서 평양냉면 제조 예행 연습을 했다. 판문점 북측 통일각에서 실제로 면을 뽑고 만찬장인 평화의 집까지 옮기며 맛의 변화 등을 꼼꼼하게 점검했다는 것이다.

이번 회담을 계기로 분단체제가 종식되고 남북의 허리를 끊어놓은 철책이 걷혀 언제든 평양에 가 '그지없이 고담(枯淡)하고, 소박(素朴)(백석의 표현)하다'는 냉면을 먹을 수 있었으면 좋겠다. (2018.4.27)

조조(曹操)의 무덤

중국 고대사에 등장했던 수많은 인물 가운데 조조(曹操·155~220)만큼 흥미로운 이도 드물다. 천하가 다시 나뉘어 이 군벌, 저 세력가가 설치던 후한(後漢) 말, '힘이 최고'인 시절의 한 가운데를 질주하며 천하를 상대로 사자후(獅子吼)를 토해냈던 그에 대한 평가는 2천여 년 가까이 흐른 지금도 부정과 긍정이 엇갈린다.

부정의 측면은 '난세(亂世)의 간웅(奸雄)'이요, '치세(治世)의 능신(能臣)'은 긍정 평가의 함의(含意)다.

조조는 원(元)·명(明) 교체기 나관중(羅貫中·1330?~1400)이 지은 '삼국지연의(三國志演義)'를 통해 한·중·일 3국에 널리 알려졌다. 삼국지연의는 진수(陳壽·233~297)가 쓴 정사(正史) '삼국지(三國志)'를 바탕으로 구전 이야기를 엮어 만든 소설이다. 작가의 빼어난 글재간은 '칠푼어치의 진실'에 '세 푼어치의 허구'를 더 했음에도 삼국지연의를 중국 4대 기서(奇書)의 맨 첫 번째에 올려놓게 했다.

후한을 이어 촉한(蜀漢)을 세운 유비(劉備), 오(吳)나라의 대제(大帝)로 등극한 손권(孫權)과 함께 삼국지연의의 주인공이었던 조조는 위(魏)나라 건국의 기틀을 닦았다. 4백년 왕조가 가진 정통성의 힘을 두려워해 살아생전, '황제의 길'로 나가지 않았지만 아들 조비(曹丕)에 이르러 한(漢)의 천하를 뒤엎고 새왕조를 여는 기반을 다져준 것이다. 조비는 아비 조조에게 태조 '무덕(武德)황제'라는 시호를 바쳤다.

조조는 타고난 여러 재능이 눈 부셨다. 전란(戰亂)의 시기에 걸맞게 무략(武略)·병략(兵略)적 재능이 당대 최고 수준이었다. 고래로 전해오는 유명 병법서(兵法書)들의 부족함을 보완해 주석을 달거나 직접 병서(그의 호(號)를 딴 맹덕신서·孟德新書)를 지어낼 정도였다.

병가(兵家)에 필요한 전략·전술 이론에 밝았고 그 응용이 뛰어났다. 출신·성분을 가리지 않고 능력있는 인물을 발탁해 적절히 배치함으로써 조직과 집단의 능력을 100% 발휘하게 만드는 통찰력과 안목을 한 예로 들 수 있다.

문학적 재능 또한 수위에 둘만 했다. 실제로 시(詩)와 부(賦)에서 이룬 뛰어난 성취로 그 유전인자를 물려받은 아들 조비(曹丕), 조식(曹植)과 더불어 '삼조(三曹)'라 불리어졌다. 동시대의 빼어난 학자·문인들에 비견된 것이다. 그 한 부분만이라도 일반인들이 지녔다면 '일가(一家)를 이뤘을 것 '이라는 말이 나올만큼 질투나는 재능들이었다.

자신의 무덤이 파헤쳐지지 않도록 가짜 무딤 72개를 만들게 했다는 조조의 무덤이 발굴돼 화제다. 중국 당국이 허난(河南)성 안펑(安豐)향 시가오쉐(西高穴)촌에 있는 동한(東漢)시대 무덤군에서 발견된 고분을 조조와 부인 2명의 무덤이라고 발표했다. 진위 논란에도 고고학계의 비상한 관심을 모으고, 일반인들의 흥미까지 유발시켰다. (2018.4.6)

언캐니 밸리(uncanny valley)

배우 오드리 헵번은 영원한 로망이다. 미모와 지적인 면으로 세계 뭇 남자들의 마음을 사로잡았다. '로마의 휴일(1953)'로 아카데미 여우주연상을 수상하며 일약 스타덤에 올랐다. '티파니에서 아침을(1961)' 등에서도 주연으로 열연, '현대의 요정'이라는 평을 받았다. 한 시절을 그렇게 풍미하던 초 미녀 오드리 헵번은 1993년 유명을 달리 했다.

그 오드리 헵번을 모델로 한 휴머노이드 로봇이 세상에 선을 보였다. '소피아'라는 이름의 로봇은 인간의 그것과 흡사한 질감을 느끼게 해주는 '플러버' 소재의 피부와 3D 센서가 내장된 눈을 가졌다. 대화 상대와 눈을 맞춰 그를 인식하고 희·노·애·락 등 인간의 수많은 감정 가운데 60여 가지 정도를 표현할 수 있다고 한다.

IT 기술의 고도화가 인간과 가까운 로봇을 출현시키고 있다. 이들 로봇에 대한 인간들의 감정도 다양한 반응을 보이는 형국이다.

'불쾌한 골짜기'로 번역되는 '언캐니 밸리(uncanny valley)'.

인간이 로봇이나 인간 아닌 것들에게 느끼는 감정과 관련한 로보틱스 이론이다. 인간의 로봇에 대한 호감도가 증가하다 어느 지점에 이르면 갑자기 강한 거부감으로 바뀌게 된다. 이 단계를 넘어 로봇의 외모와 행동이 인간의 그것과 구별이 불가능할 정도가 되면 다시 호감도가 증가해 인간에 대해 느끼는 감정의 수준으로 접근한다.

'인간과 흡사한' 로봇의 모습과 행동에 따른 거부감이 존재하는 영역이 '언캐니 밸리'다. 그러한 로봇이 인간 본연의 자연스러움과 동 떨어진 이상 행동을 보이는 관계로 인간과의 상호작용에 필요한 감정을 이끌어 내는데 실패하면서 생기는 인간 고유의 감정 골짜기라 할 수 있다.

한 덩어리 기계이기 보다는 사람에 접근한 로봇의 부자연스러운 행동과 표정이 사람의 뇌 부위를 자극해 혐오감이나 불쾌감을 야기한다는 이야기다.

'언캐니 밸리'논증은 에른스 옌치의 논문 'On the Psychology of the Uncanny(1906년)'에서 유래해 지그문트 프로이트의 'The Uncanny(Das Unheimiche)(1919년)'라는 논문에서 더욱 정교하게 구성됐다. 그리고 1970년께 일본의 로보티스트 모리 마사히로를 통해 세상에 알려졌다.

사람을 닮은 로봇 개발은 이미 오래 전부터 진행돼왔다. 알파고 등 일부 인공지능은 지적인 면에서 인간의 그것을 뛰어넘는 수준(특이점·singularity)으로 세상의 인간들을 경악시켰다. 급기야 인간의 인·적성, 감성 등을 살펴보는 인공지능(AI) 면접관까지 등장했다.

인간과 흡사하거나, 혹은 이를 넘어서는 지능에 인간 고유의 온갖 감정과 표현력, 완벽한 사람의 피부 등을 갖춘 로봇이 마침내 탄생한다면 인간들은 이를 과연 어떻게 받아들여야 할 것인가. (2018.3.22)

고르디우(아)스의 매듭

그는 마케도니아의 가난한 농부였지만 엄연한 왕가(브리게스)의 남은 후예였다. 고대 신화에 따르면 그는 어느 날 밭을 일구다 자신의 소달구지에 독수리가 내려앉는 것을 보고 장차 '자신이 왕(王)이 될 징조'라고 생각했다. 시바지오스(제우스의 아들) 신에게 이 징조의 의미를 물어보기(신탁·神託) 위해 소 달구지를 몰고 텔미소스로 가는 내내 독수리가 곁을 떠나지 않았다고 한다.

그 무렵 프리기아는 왕이 없었다. 통치자, 혹은 지도자의 부재로 혼란이 가라앉지 않았다. 프리기아인들은 언제쯤 자신들에게 바라는 왕이 나타날 것인가를 신에게 물었다. 그들의 간절한 기원에 신탁은 "이제 곧 소달구지를 타고 신전으로 한 사람이 올 것이다"고 전했다. 이에 응해 프리기아인들은 소달구지를 몰고 온 고르디우(아)스를 자신들의 왕으로 삼았다.

고르디우스는 이에 앞서 신전(神展)의 여사제에게 청혼을 해 결혼을 한 뒤 전설의 왕 미다스(마이다스)를 낳았다(또 다른 전승으로는 미다스 왕은 고르디우스와 키벨레 여신 사이에 태어난 아들이라고도 한다). 그의 손에 닿는 모든 것(사람이든, 물건이든)은 황금으로 변해 버린다는 전설의 왕이 미다스 왕이다.

프리기아의 왕이 된 고르디우스는 나라의 일신을 변모시키고자 '고르디온'이라는 새로운 도시를 건설해 그곳을 수도로 정했다. 그리고 자신을 왕으로 만들어준 소달구지를 신전에 바쳤다. 소달구지는 아주 복잡한 매듭으로 묶여졌다. 신탁은 이 매듭을 푸는 자가 '아시아(소아시아)의 지배자'가 될거라고 했다. 수많은 사람들이 찾아와 매듭을 풀려고 했지만 모두 실패하고 말았다.

알렉산더 대왕이 그 신탁을 듣고 찾아와 단칼에 매듭을 잘라버린 뒤 예언대로 아시아의 지배자로 군림했다. 그러나 한편으로는 매듭을 풀지 않고 끊어버린 탓에 그의 제국은 얼마가지 못하고 잘려진 매듭처럼 갈기갈기 분열되고 말았다는 안타까움도 전해 온다. 이른바 '고르디우스의 매듭'이 유래한 신화이다. 고르디우스의 매듭은 콜럼버스의 달걀과 함께 겉으로 아주 복잡해 보이는 문제를 뜻밖의 방식으로 간단히 해결해버리는 것을 이르는 말이기도 하다.

4월과 5월 예정된 남·북, 북·미 정상회담과 관련해 북한의 비핵화와 한반도 평화 정착 문제 등을 어떻게 풀어나갈 것인지를 두고 이런 저런 분석들이 제기된다. 문제를 상황에 맞게 단계적으로 풀어가느냐, 아니면 일괄 타결하느냐 등에 대해서다. 청와대의 핵심관계자는 '고르디우스의 매듭'을 인용했다고 한다. 복잡하게 꼬인 문제들을 하나씩 푸는 방식이 아니라 일괄 타결(단칼에 끊어 버리는)하는 방식으로 대화에 임하겠다는 것이다.

역사적인 양 정상회담으로 고르디우스의 매듭처럼 복잡하게 얽힌 한반도 상황이 일거에 해소되었으면 하고 바라는 국민들이 적지 않을 거다. (2018.3.19)

가성비(價性比)

'가성비(價性比)'는 가격 대비 성능의 줄임말이다. 소비자가 지급한 가격에 비해 제품의 외관이나 성능이 소비자에게 얼마나 큰 효용을 주는가를 나타낸다. 특정 상품이 소비자가 지불한 돈에 상응하는 외형적·심리적 만족감을 채워주는지 여부다.

제품 생산업체나 유통, 판매업체들은 빅데이터 등에 바탕해 소비자의 기호(입맛)를 살펴 물건을 만들어내거나 품질을 맞춘다. 이른바 마케팅 전략이다. 소득 양극화가 심화하면서 소비 역시 양극화 현상을 보인다는 분석이다.

대형마트 등 유통업계가 소득 수준을 겨냥한 프리미엄과 가성비 시장으로 양분되고 있는 게 대표적 예다. 상위 소득 가구를 위한 프리미엄 매장을 꾸며 고급 식료품이나 고급 가전제품 등을 선보이는가 하면, 중하위권 소득의 소비자를 염두에 두고 자체 브랜드로 개발한 중저가 상품을 내놓는 전략이 그것이다.

적은 비용을 들여 소비욕구를 채우고자 하는 이들을 상대로 한 '페이크슈머((Fakesumer)'도 판매 전략의 하나다. 페이크슈머는 '가짜'를 뜻하는 '페이크(Fake)'와 소비자를 뜻하는 '컨슈머(Consumer)'를 합한 용어다. 고가의 진짜 제품이 아닌 가성비 높은 가짜를 소비하는 이들을 가리킨다. 이들은 고가의 제품과 비슷한 가짜상품(짝퉁제품)을 소비하거나 진짜가 아닌 가상의 경험을 통해 대리만족하는 특징을 갖는다.

고가의 화장품 대신 그와 비슷한 성능의 '저렴이'화장품을 이용하고, 명품 패션이 아닌 '페이크패션(기존 디자이너의 제품 로고를 우스꽝스럽게 바꾸거나 인조 모피 등 재질을 바꿔 생산한 제품)'을 소비한다. 여행 관련 각종 서적들을 읽으며 진짜 해외여행을 하는 (가상)경험을 맛보고, 먹방(먹는 방송)을 보고 자신이 그 음식을 즐기고 있는 듯한 대리만족을 느끼는 것 등이다.

흔히 사람들은 '물건 값을 해야 한다'고 한다. 제값에 걸맞는 물건이어야 함을 의미하는 속어다. '가성비'를 제대로 풀이한 말이기도 하다.

이를 물건이 아닌 사람에 비유하자면 '밥 값'을 하고 있느냐와 연관된다. 물건이든 사람이든 제값을 해야 소비자와 그 사람을 상대하는 또 다른 이들을 만족시킨다.

2007년 대선 직전 한 사업가가 이명박 전 대통령(MB) 부인 김윤옥 여사에게 전달했다는 명품가방 의혹이 세간의 주목을 끌고 있다. 가방 자체가 고가의 제품인데다 그 안에 또한 거액이 담겨져 있었다고 한다. MB측에서 곧바로 돌려주었다지만 이 부분에 대한 검찰 수사의 칼끝 역시 심상치 않다. 만약 의혹이 사실이라면 결코 짝퉁이 아니었을 그 명품가방의 가성비는 어느 정도나 됐을까.

더욱이 본인의 비용을 한 푼도 들이지 않고 선물(?)받은 가방에 돈다발까지 가득 들어있었다니, 제품의 효용가치(가성비)는 서민의 상상을 불허했을듯 하다. (2018.3.15)

인연(因緣)

세상은 결코 혼자서 살아갈 수 없다. 더불어 어울려 살아가야 한다. 함께 살아가는 과정에서 사람들은 각종 '인연(因緣)'을 맺는다.

가장 기본적인 가족과의 피붙이 인연을 바탕으로 초·중·고교와 대학이라는 학창 시절을 보내며 친구간 우정과 동문적 유대감이 형성된다. 학업을 마치고 사회로 진출해서 맺어지는 이런 저런 인연 또한 사람의 한 평생 이어지게 마련이다.

그런 차원에서 인연이란 서로 불가분의 관계에서 맺어지는 '끈'이라고 할 수 있다. 사람들 사이에 맺어지는 관계나 어떤 사물과 관계되는 연줄이며 달리는 연고(緣故)라고도 일컫는다. 불가(佛家)의 표현을 빌자면 '인'은 결과를 만드는 직접적인 힘, '연'은 그것을 돕는 외적·간접적인 힘이다.

금아(琴兒) 피천득은 그의 수필 「인연」에서 이렇게 설명했다. "어리석은 사람은 인연을 만나도 몰라보고, 보통 사람은 인연인줄 알면서도 놓치고, 현명한 사람은 옷깃만 스쳐도 인연을 살려낸다." 사람들 사이의 인연이 어떤 무게를 지니는지 강조한 것이다.

단지 인간 뿐 아니라 자연계와 그 자연에 터를 잡고 살아가는 동·식물들도 여러 인연의 끈으로 묶어진다.

예를 들면 이렇다. 꽃이나 나무의 씨앗은 흙을 만나야 싹이 튼다. 또한 고기는 물을 만나야 숨을 쉰다. 그런가 하면 자연계의 가장 보편적 기상 상태의 한 예(例)라 할 비(雨)는 바다와 육지에서 피어오르는 수증기가 구름이 되고 바람을 만나 어우러지면서 형성된다. 그리고 대지에 단비를 내리거나 때로는 폭풍우로 변해 자연을 망치고 인간에 해를 주는 심술도 부린다.

옛 왕조시절, 가뭄이 들면 왕(임금)이 특정 지역에 나가 기우제(祈雨祭)를 지냈다. 자신이 나라를 다스리는 데 소홀함이 있었거나, 부족했는지 하늘에 자복(自服·스스로 알림)하면서 비를 내려달라고 정성껏 빌었다. 이러한 임금이라면 덕(德)이 있는 군주요, 훌륭한 군왕이다. 반면에 폭군이나 암군·혼군이 군림하며 백성들을 못살게 굴면 하늘이 경고삼아 극심한 가뭄, 지진 등으로 경고했다.

백성들이 인자하고 능력있는 군왕을 만나 배두드리며 안온한 삶을 사느냐, 아니면 앞서 언급한 폭군 등의 광포한 치세에 온갖 수탈과 착취를 당하며 찌든 삶을 이어가느냐도 다 인연이다. 물론 전자의 경우로 인연이 엮이는게 바람직함은 말할 나위 없다.

필자의 지인(한홍규. 광주시교육청 근무)이 보내준 '오늘의 글'에 따르면 인연의 싹은 하늘이 준비한다. 그 싹을 잘 키워 튼튼하게 뿌리내리게 함은 순전히 사람의 몫이다. 인연이란 내버려도 두어도 저절로 자라는 야생초 같은 게 아니라는 이야기다. 인내로써 공을 들여야 비로소 향기로운 꽃을 피우는 한 포기 난초와 같다. 사람은 사람다운 사람을 만나야 행복해진다. '좋은 만남'이 바로 인연의 순기능(順機能)적 '끈'이라 할 만하다.(2018.3.8)

엥겔계수

일정 가구가 가계(家計) 유지를 위해 지출하는 비용의 항목들은 다양하다. 아파트나 주택 등 살 곳을 얻거나 그곳에 살면서 전기, 수도요금 등 고정적으로 들어가는 주거비용은 대표적이다. 속옷에서부터 겉옷까지 가족들이 사계절 입고 다니는데 필요한 각종 의류비용 또한 마찬가지다. 식료품을 구입하기 위한 돈도 절대적 요소다. 이른바 의(衣)·식(食)·주(住) 비용이다.

이들 3가지 요소 가운데 '식'과 관련된 지표가 '엥겔계수(Engel coefficient-計數)'다. 가계의 소비 지출 중에서 식료품비가 차지하는 비율을 나타내는 지표다. 독일의 통계학자 에른스트 엥겔(Ernst Engel·1821~1896)이 '가계소득이 높아질수록 식료품비의 비중이 감소한다'는 가계 소비의 특징을 발견, 발표해 세상에 알려졌다.

엥겔계수는 가계의 생활수준을 측정하는 계측치이기도 하다. 식료품은 필수품이지만 일정 수준 이상의 소득에 이르면 더 이상 소비되지 않는 재화다. 따라서 가계의 소득이 늘어날수록 엥겔계수는 점차 감소하는 것으로 본다. 일반적으로 엥겔계수 20% 이하는 상류가구, 25~30%는 중류, 30~50%는 하류, 50% 이상은 최저 생활가구로 분류된다.

우리 국민의 엥겔계수는 1980년대 42.9%에서 1990년대 32.5%, 1995년 25.1%로 낮아지는 추세였다. 전체 국민의 소득수준이 높아지면서 엥겔계수의 수치가 줄어들었다는 이야기다. 그러나 외환위기 때인 1997년 들어 27.5%로 증가한 것으로 조사됐다. 외환위기로 실직자들이 급증하고 수입이 줄어 전체 소득 수준이 하향되면서 여가생활을 위한 소비 지출을 억제한 때눈이었다.

외환위기 이후 엥겔계수 수치는 다시 줄어 2007년 11.8%까지 떨어졌다. 그러다 2008년 12%대로 반등한 뒤 지난해 14%대에 이르렀다. 전년의 같은 기간보다 0.2% 상승한 것이며, 1~3분기 기준으로는 2000년 13.9% 이후 가장 높은 수치다. 한국은행이 최근 발표한 국민계정 통계에 따르면 지난해 1~3분기 전체 가계의 국내 소비지출은 전년에 비해 3.3% 증가한 573조6천688억원이었다. 식료품 및 비주류 음료품 지출 비용은 78조9천444억원으로 4.7%늘어났다.

선진국 수준이라 하는 소득 3만불에 근접했거나, 웃돈다는데 엥겔계수 수치가 높아지는 이유는 무얼까. 전문가들은 가계의 월평균 경상소득 증가율은 제자리(2015년 3분기~2017년 2분기 0~1%대) 인 반면, 물가 상승률이 급등(2015년 1.7%, 2016년 2.3%, 지난해 3.4%)한 때문으로 분석했다. 1988 서울하계올림픽, 2018 평창동계올림픽 등 양대 올림픽을 모두 치러 바야흐로 명실상부한 선진국의 반열에 오르려는 시점에 급등한 생활물가가 발목을 잡은 듯하다. (2018.3.5)

벌거벗은 임금님

우화에 간혹 등장하곤 하는 임금님은 벌거벗었다. 그는 욕심이 아주 많았다. 덴마크 작가 한스 안데르센이 발표(1837년)한 동화를 모르는 이는 거의 없을 거다. 거짓말쟁이 재단사와 그의 친구가 짜고 세상에서 가장 멋진 옷을 만들어 주겠다며 불경(不敬)스럽게 임금님을 속여먹은 이야기를.

그들은 "임금님께서 장차 입을 옷은 '입을 자격이 없고 어리석은 사람들에게는 보이지 않는' 특별한 옷"이라고 사기를 쳤다. 임금님은 그를 위한 특별한 옷을 만들어주겠다는 말에 기뻐하고 작업실을 내주었지만, 한편으로는 신하들에게 그들을 감시하도록 명령을 내렸다. 감시를 맡은 신하들의 눈에도 재단사가 만드는 옷이 보이지 않았지만 자신들의 어리석음이 드러날까 봐 "과연 멋진 옷이 만들어지고 있구나"하고 입을 모았다.

임금님은 재단사가 다 만들었다고 입어보라며 권하는 전혀 보이지 않은 옷을 입을 수밖에 없었다. 자신 또한 어리석은 사람이 되지 않기 위해서였다. 그리하여 임금님은 '입을 자격이 없고 어리석은 사람들에게 보이지 않는 새 옷'을 입고 거리행진을 벌이기까지 했다.

이 우화는 아주 오래전 중국 진시황이 죽자 그의 유조(遺詔)를 위조해 태자 부소(扶蘇)를 죽인 뒤, 어린 호해(胡亥)를 2세 황제로 만들어 놓고 호가호위하려던 희대의 간신, 조고(趙高)의 '지록위마(指鹿爲馬·사슴을 가리켜 말이라 함)'와 맥락을 같이 한다. 조고는 어리석은 호해를 '주지육림(酒池肉林)'에 가둬놓고 자신이 천하의 권력을 움켜쥐려고 신하들을 상대로 시험에 나섰다.

어느 날 사슴 한 마리를 어전에 끌어다 놓고 호해에게 "폐하, 저것은 참으로 좋은 말입니다. 폐하를 위해 구해다 놓았습니다."했다. 어안이 벙벙해진 호해가 "무슨 농담을 그렇게 하느냐"고 하면서 둘러선 중신들에게 "제공(諸公)들이 보기에 저것은 말이오? 사슴이오?"하고 물었다. 조고의 권세가 두려워 대부분의 신료들은 '말'이라고 했으나 지조있는 일부는 '사슴'이라고 답했다. 물론 '사슴'이라고 정직하게 말한 신료들은 죄를 씌워 죽여버렸다.

벌거벗은 임금님을 본 한 아이가 "임금님이 발가벗었다"고 외치고 나서야 임금과 신하들의 어리석음이 드러났다. 조고의 무도함과 호해의 어리석음 또한 전국 각지에서 일어난 변란으로 진(秦)의 천하가 철저하게 도륙되고 해제낭하는 과정에서 여지없이 실체를 내 보였다.

촛불혁명으로 무너진 전 정권의 최고책임자와 그에 빌붙었던 세력들의 온갖 어지러운 행적이 세상에 까발려진지 오래다. 그 이전 정권의 각종 비위·불법도 한꺼풀씩 벗겨지고 있는 중이다. 박-최의 국정농단에 이어 국정원 특활비, 다스(Das), BBK 등등. 그 옛날 벌거벗은 임금의 어리석음에다 부정과 불의까지 더 해진 조고 등 신료들의 행태와 오버랩되는 동서고금의 반면교사다. (2018.2.9)

가난한 날의 행복

김소운(金素雲)은 「가난한 날의 행복」(1978)이라는 제목의 수필에서 가난한 가운데서도 소중하게 피어난 '따뜻한 부부애(愛)'를 감동적으로 그려냈다.

3편의 에피소드로 이루어진 희곡적 수필은 옴니버스 소설 같은 느낌을 준다고 전문가들은 평했다. 가난한 시절을 함께 한 부부간 소박한 사랑의 기억이 살아가는데 얼마나 큰 힘이 되어주는가를 잔잔하게 일깨워주는 교훈적 성격의 경(輕) 수필이다.

'빈천지교 불가망(貧賤之交不可忘·가난하고 천할 때 사귄 친구를 잊어서는 안된다), 조강지처 불하당(粗糠之妻不下堂·술지게미와 쌀겨를 먹으며 가난을 함께 한 아내를 내보내서는 안된다)'<후한서(後漢書) 송홍전(宋弘傳>이라는 옛 교훈과 일맥상통하는 바다.

수필은 세 쌍의 가난한 부부의 일화를 통해 삶의 진실을 이야기 했다. 첫 번째 에피소드에 나오는 한 문구(文句)는 수십 년이 지난 지금도 자주 회자(膾炙·사람들의 입에 오르내림)되면서 곧잘 글제(-題)의 하나로 인용되곤 한다. '왕후(王侯)의 밥(따뜻한 밥 한 그릇), 걸인(乞人)의 찬(간장 한 종지)'. 실직한 남편을 대신해 회사에 다니는 아내를 위해 남편이 차려놓았던 밥상 위에 놓인 작은 메모였다. 쌀이 떨어져 아침을 굶고 출근했던 아내는 늦은 점심을 먹으러 귀가해 그 메모를 보았다. 쌀은 어찌 어찌 구했지만 반찬거리까지 마련치 못한 남편은 달랑 간장 한 종지인 초라한 밥상을 그렇게 과장되게 표현했다. "이걸로 우선 시장기만 속여 두오"라며 덧붙인 메모에 아내는 빈한함 속에서도 행복감을 느꼈다.

두 번째 가난한 시인 부부의 일화와 사업에 실패해 사과 장사로 나선 역시 가난한 부부의 이야기도 '따뜻한 부부애'가 주제어였다. 배우자에 대한 믿음과 사랑, 그와 함께 환한 아우라를 뿜어내던 사랑을 잊지 말아야 함을 담담하지만 빛나는 언어들로 풀어냈다.

일제 강점 상태를 벗어난 광복과 6·25종전(終戰) 후, 60~70년대. 나라도 가난하고 국민 대다수도 가난할 수밖에 없었던, 그래서 일상이 가난이었던 시절의 이야기는 지금도 진진한 울림을 준다. 그리고 이제는 세계 상위권의 경제 대국으로 성장한 나라. 국민 삶의 대체적인 수준도 그에 비례해 나아졌지만 양극화의 그늘은 오히려 더 짙게 드리워졌다. 그 영향으로 가짐과 없음의 차이 또한 더욱 뚜렷해지는 추세다.

부자 나라, 가난한 국민. 결혼과 부부의 사랑, 믿음에 대한 가치관이 40여 년전과 전혀 다르게 변한 가운데 '졸혼'과 '황혼 이혼'이 보편용어화했다.

이런 상황이라면 '부부애는 서로 살찌워 가야 속살이 깊어진다'는 말이 무색해질 정도다. '왕후의 밥, 걸인의 찬'이라는 멋드러진 문구도 그 의미가 이미 오래전에 퇴색해 옛 소설 속의 빛바랜 문구가 되고 말았다. (2018.2.2)

역린(逆鱗)

용(龍)은 기린(麒麟), 봉황(鳳凰)과 더불어 신성(神聖)·상서로움을 상징한다. 제왕이나 군주를 비유적으로 지칭하는데 쓰는 용어이기도 하다.

신성 외에 두려움의 동물이지만 유순한 성질로 인간과 친화적이어서 용을 길들이면 인간이 타고 다닐 수 있다고 했다. 그러나 길들인 용이라도 신체 가운데 딱 한 곳, 절대 건드려서는 안 될 부분이 있다. 턱 밑에 한자 길이의 '거꾸로 솟은 비늘'. 바로 '역린(逆鱗)'이다. 이 역린을 잘못 건드리면 용의 분노를 유발해 그를 길들인 사람조차 죽음에 이르게 한다.

역린이라는 말은 중국 전국 시대 한비자(韓非子)의 명저, 한비자 '세난(世難)'편에 나온다. 그 세난 편에 "군주한테는 역린이 있은즉, 군주를 설득하고자 하는 이는 역린을 건드리지 않아야 성공한다"고 써 있다.

문재인 대통령이 박수현 청와대 대변인을 통해 '분노의 심정'을 내보였다. 다스(Das), BBK, 국가정보원 특수활동비(특활비) 등 급진전 중인 일련의 검찰 수사와 관련해 이명박 전 대통령이 지난 17일 기자회견을 자청해 한말씀(?)을 하신데 대해서다. 기자들을 불러 질문도 받지 않은 채 3분여 남짓, 자신의 심정만 밝힌 그의 말의 대강은 이랬다. "최근 역사 뒤집기와 보복 정치로 대한민국 근간이 흔들리고 있다. 적폐 청산이라는 이름으로 진행되고있는 검찰수사는 보수를 궤멸시키고 이를 위한 정치 공작이자, '노무현 대통령의 죽음'에 대한 정치보복이다"고.

청와대는 그의 기자회견에 즉각적인 반응을 하지 않았다가 다음날인 18일 박 대변인이 문 대통령의 고강도 입장을 내놨다. 문 대통령은 이날 청와대 참모진 회의에서 참모진 보고를 받고 이 전 대통령의 부당한 내용에 공식적으로 반박이 필요하다고 지시했다는 것이다. 문 대통령은 "이 전 대통령의 정치보복 언급은 문재인 정부의 집권배경, 국정 운영기조에 대한 우리의 자존심을 깔아뭉개는 것으로 '분노의 마음'을 금할 수 없다"고 밝혔다. "대한민국의 대통령을 역임하신 분으로서 말해서는 안 될 사법질서에 대한 부정이고, 정치 금도를 벗어나는 일이다"고도 했다.

한 보수 언론은 문 대통령의 분노와 관련해 "그의 가슴 속에는 두개의 화산(火山)이 있다. '노무현'과 '빨갱이'다. 이 전 대통령이 그 중의 하나(노무현의 죽음)에 불을 댕겼다"는 보도를 내 놓았다. 이·박 정권의 수많은 가려진 진실은 삼척동자도 알고 있을 정도다. 이를 호도하려 함은 '손바닥으로 하늘 가리기'에 불과하다. 검찰 포토라인이 더욱 가까워진 전직이 줄기차게 까발려지는 그의 의혹을 방어하겠다며 현직의 역린을 건드린 대가는 감춰졌던 진실의 공개로 밝혀질 터다.

에밀 졸라는 일찍이 "진실을 땅에 묻으면 스스로 자라나 마침내 무섭게 폭발한다"고 했다. (2017.1.22)

권력과 행사

모든 권력의 쟁취가 반드시 부당한 것만은 아니다. 반대로 정당치 못하게 쟁취한 권력자가 그 행사를 꼭 부당하게 사용했다고만 볼 수 없다.

대한민국 근·현대 제도권 권력의 형성과 행사에는 빛보다 그늘이라는 굴곡이 많았다. 일제 강점 상태에서 '타의에 의한 광복'이란 근원적 흠결을 안은 나라가 남북으로 나뉘고 독립국가로의 출범 또한 평탄치 않았던 것은 그에서 연원한다.

우상화와 함께 일당 독재 체제로 달려간 북(北)과 달리 남(南)은 외견상 근대적 민주주의 절차를 따라 정상적인 법률국가의 기틀을 마련했다. 제헌 헌법을 토대로 한 대통령 중심제의 정치 체제는 그러나 그 절차에 처음 참여한 이들의 태생적 불순과 부정의 야합이 어우러지면서 장기집권의 유혹을 불러 일으켰다. 그리고 그러한 권력 유지를 위한 온갖 불법과 부당은 결국 패망으로 귀결되고 말았다.

불의의 집단을 패망시킨 혁명(4·19)의 기운을 억누르고, 또 다른 부당한 권력 쟁취 및 행사에 나선 박정희 정권은 민주공화국 체제에 회의를 야기했다. '과(過)보다는 공(功)을 기억해야', '후진국에서 선진국으로의 도약기' 등의 듣보잡 논리로 뒤틀린 두둔의 힘 또한 기세가 쉽게 꺾이지 않았다. 광주의 5월을 피로 물들였던 찬탈세력의 뒤 끝과 시민들로 하여금 촛불을 들고 일어서게 한 전두환 정권, 그 정권의 불의와 무능, 그에서 비롯한 온갖 적폐는 상징적이다.

그 질펀한 적폐의 쓰레기는 그토록 많은 피를 흘리고 희생을 치르며 끝내고자 했던 비열하고 음습한 '불임(不姙)의 시기'에 배태됐다는 점에서 결코 용납되선 안 된다. 그 시기 불의한 권력과 불순한 자본의 짬짜미는 경제질서의 심각한 왜곡을 유발하고 오늘날 불균형 성장, 일그러진 분배의 근원으로 작용했다. 밖으로 대한민국을 대표한다는 거대기업이 국내에서는 '갑중의 갑'을 넘어 '울트라 슈퍼 갑'으로 군림하며 제어가 힘든 '재벌'권력으로 자리잡은 계기이기도 하다.

지난해 이 땅의 위대한 국민들은 끈질기게 연명해 온 불의의 정권을 단죄했다. 여항(閭港)의 갑남을녀들의 바램과 동 떨어진 권력을 행사하던 이들의 실체가 "대통령 박근혜를 파면한다"는 헌법재판소의 결정 이후 한꺼풀, 한꺼풀 씩 벗겨지고 있다. 바로 적폐 청산 작업을 통해서다.

이러한 청산 작업을 두고 지난 세월 서슬퍼렇던 여당에서 옹색한 야당으로 바뀐 보수 정당의 대표는 "마치 조선시대 망나니 칼춤을 연상시킨다"고 비판한 바 있다.

수십 년간 분단체제에 편승, 잘못 형성된 기득권을 세세년년 누려가고자 되잖은 '색깔론' 등을 전가(傳家)의 보도 삼아 일그러진 갑질을 해온 그들. 이 나라 모든 권력의 원천이며, 그 행사자인 국민을 유린한 이들이 과연 누구였던가. (2018.1.18)

왕후장상의 씨

왕(王)은 왕조시대에 한 나라의 지배자를 일컫는다. 후(侯)는 왕보다 한 등급 낮은 봉건체제에서 한 지역의 유력자들이다. 동양권의 '제후'라는 칭호는 중세 유럽의 공작, 백작, 자작 등 영주(領主)와 유사하다. 그런가 하면 장상(將相)은 장군의 반열에 오른 이들이나 재상 등의 고위직들을 뭉뚱거려 지칭한다.

고래로 왕후장상(王侯將相)의 유전자(씨)가 따로 있었던 게 일반적이다. 콩 심은데 콩 나고 팥 심은데 팥 나듯 한 번 왕족은 대를 이어 그 피를 물려받았으며 장상의 유전자도 마찬가지였다. 하늘에서 뚝 떨어져 왕후장상의 반열에 들기는 극히 희박했다.

왕조 말, 민란의 시기에 검수(黔首·일반 백성)의 몸으로 부패와 무능에 찌들었던 구체제를 무너뜨리는데 앞장서 새로운 권력층의 시조가 되려는 시도가 있기는 했다. 우리 역사에서는 고려조 명종 때(1176년) 망이(亡伊)·망소이(亡所伊)의 난(亂)이 한 사례다. 충청도 공주 명학소에서 신분제 타파를 주장하며 일어선 그들의 민란은 여늬 민란처럼 실패로 끝났다. 뒤이은 노비 만적의 난(1198년)에서도 왕후장상의 씨를 바꾸려는 안간힘이 있었다.

만적은 그와 같은 노비들에게 "왕후장상의 씨가 따로 있지 않다. 때가 이르면 누구나 할 수 있다. 노비 출신 이의민도 장상의 권력을 잡았지 않았는가"고 외쳤다. 그의 난이 비록 미수에 그쳤지만 포부만큼은 헌걸찼다.

그 자신이 황제가 되고 자손들에게 황족의 삶을 누리게 한 중국 한나라 고조 유방(劉邦)의 경우는 특이하다. 그에게는 알 수 없는 하늘의 운에다 그에 더해진 능력이 있었다. '운거영웅불재모(運去英雄不在謨·때가 이르지 못하면 영웅의 계략도 쓸모없지만), 시래천하개동력(時來天下皆同力·때가 오면 천하가 나서서 돕는다)'라 했던가. 유방은 왕후장상의 어떤 유전자도 없이 평민에서 황제, 그것도 한 왕조의 태조가 되었다.

오늘날 대한민국의 사정은 어떨까. 왕후장상은 아니더라도 고관대작, 혹은 가진 자와 하류계급의 못 가진 자라는 구분이 고착화하는 양상이다. 이 땅의 갑남을녀들은 지난해 촛불을 들고 광장으로 쏟아져 나왔다. 부패하고 무능한 정권을 무너뜨린 그들의 요구에는 저간의 여러 적폐 청산 외에 '양극화의 벽'을 허물어 보편적인 삶을 가능하게 하라는 명령도 담겨있을 터다.

어느 사회 비평가는 얼마 전 한 언론에 게재한 칼럼을 통해 이렇게 강조했다.

"한국 사회는 오랫동안 '개천 용(龍)' 타령을 하며 대다수의 존엄을 일상적으로 짓밟는 체제였다. '개천 용'이라는 말이 횡행하는 사회는 극소수 '용'에게 특권을 몰아주는 사회다. 또한 노력의 동기가 탁월성의 추구에 있는 게 아니라 멸시의 공포에 있는 사회다. 그런 사회에서 인간은 대체로 함께 참담해질 수밖에 없다." (2018.1.15)

갓 쓴 원숭이

'갓 쓴 원숭이'는 중국 초(楚)나라 항우(項羽)와 연관된 말이다. 옷차림 등 겉모습은 그럴 듯 해보이지만 속내나 됨됨이가 보잘 것 없는 사람을 비웃는 반의어(反意語)다. 사람이 써야 할 갓을 원숭이가 쓰고 있으니 어울리지도 않고 우스꽝스러울 수밖에 없다. 물론 원숭이가 이 말을 들으면 기분 나쁠 일이긴 하다.

항우는 '산(山)을 뽑아낼만한 용력(역발산·力拔山)'과 '세상을 덮고도 남을 기개(기개세·氣蓋世)'로 중국 고대사의 한 페이지를 장식했다. 빼어난 용력과 절륜의 무용, 하루 천리를 달린다는 오추마까지 있었으니 당대 천하에 감히 당할 자가 없었다. 진시황(秦始皇)의 세상을 무너뜨리고 패권을 잡아 '왕중 왕(王中 王)', '서초패왕(西楚覇王)'으로 불리웠다.

그러나 왕조를 열고 황제로 등극하지는 못했다.

그와 천하를 놓고 건곤일척의 싸움을 벌였던 한(漢)나라 고조 유방(劉邦)에게 패했기 때문이다. 수십 번의 싸움에서 번번히 이겼지만 마지막 전투에서 어이없이 자멸하고 말았다. 전투에서는 승자였으나 전쟁에서 패하고 만 셈이다. 그의 본거지인 강동의 입구, 오강(烏江)에서 사랑했던 여인 우희(虞姬)를 죽이고 최후를 맞을 때(해하 전투)까지는 어김없는 천하 제일인자였다.

그런 항우를 빗댄 '갓 쓴 원숭이'의 유래는 이렇다. 원래 항우는 진(秦)

왕조의 심장부, 함양을 무너뜨리고 유방을 비롯한 천하의 군벌들을 무릎 꿇린 뒤 고향인 팽성으로 돌아가려 했다. 함양은 지세로 보면 천험의 요새요, 천하를 통일했던 진나라가 짧은 기간이나마 세상을 다스린 중심지였다. 따라서 그곳에 머물며 계속해서 천하의 우이(牛耳)를 틀어쥐고 가야 마땅했다.

그럼에도 항우는 "입신출세해 고향으로 돌아가지 않으면 좋은 옷을 입고 밤 나들이를 하는 것과 같다"며 '금의환향(錦衣還鄕)'의 뜻을 굽히지 않았다. 이에 초나라 간의대부 한생(韓生)이 '팽성으로 돌아감'은 '당금(當今) 천하의 대세를 감안하지 못함'이라했으나 소용없었다. 결국 간언을 포기한 한생은 돌아서서 "원숭이를 목욕시켜 관(冠)을 씌운 꼴이군…"이라며 중얼거렸다.

원숭이는 아무리 관을 써도 사람이 못 된다는 의미로 항우의 어리석음을 에둘러 표현한 것이었다. 뒤늦게 그의 말뜻을 알아챈 항우는 격분해서 한생을 끓는 가마솥에 넣어 죽였다(팽살·烹殺). 말 그대로 '갓 쓴 원숭이' 짓을 해버렸다.

그 옛날, 천하를 종횡한 항우조차도 갓 쓴 원숭이 짓을 했다. 필자를 포함한 적지 않은 사람들 또한 그런 짓을 하는 경우가 종종 있다. 새해에는 옷차림과 겉모습, 속내와 됨됨이가 일치되는 삶을 생각해 본다. '갓 쓴 원숭이'가 되지 않겠다는 나름의 다짐이다. 해가 바뀌었음에도 여전히 '갓 쓴 원숭이' 같은 삶을 사는 이가 많은 듯해서다. (2018.1.11)

플랜더스의 개(계·契)

그림 그리기에 재능을 가진 어린 소년은 루벤스와 같은 화가를 꿈꾸었다. 성당에 걸려있는 루벤스의 그림('십자가에 들어 올려지는 예수', '십자가에서 내려오는 예수')을 보고자 했지만 그럴 수 없었다. 그 그림을 보는데 필요한 돈이 가난한 소년에게 있지 않아서였다.

일찍 부모를 잃은 그를 키워준 외할아버지와 함께 우유배달로 근근히 생계를 이어가던 소년 넬로, 그리고 전 주인에게 학대받고 내쫓겨 넬로에 의해 거두어진 개, 파트라슈. 파트라슈가 그들의 삶 속으로 들어와 우유배달 수레를 끌어주면서 일이 조금 더 쉬워졌지만 생계가 나아진건 아니었다.

넬로가 좋아했던 여자 아이 알루아의 아버지는 이를 마뜩찮게 여겨 방앗간 화재가 넬로의 짓이라며 거짓 소문을 냈다. 마을에서 가장 부자인 알루아의 아버지 눈치를 봐야하는 사람들은 그 말을 믿고 넬로에게 더 이상 일거리를 주지 않았다. 일거리가 끊겨 끼니를 거르는 상태에서 할아버지마저 돌아가시고 집세를 못내게 되자 넬로는 거리로 나 앉게 된다.

그리고 소년 넬로는 추운 겨울날 성당 안 루벤스의 그림 아래서 그가 유일하게 속마음을 털어놓고 이야기하는 친구인 개를 껴안고 얼어 죽은 채 발견된다. 어린 시절의 동화 '플랜더스의 개(A Dog of Flanders)'

는 소년과 개 사이의 진진한 우정과 함께 아름답고도 슬픈 이야기에 눈물짓게 한 감동으로 남아있다. 영국 여류작가(메리 루이스 드 라 라메)가 지은 동화는 사람과 동물 사이의 애정을 이야기 하며 동심의 세계로 이끌었다. 동심은 천진난만함으로 탐욕과 질투에 물들거나 눈먼 어른들의 세속을 질타하는 교훈적 내용을 품고 있었다.

그 동화 속의 순수한 마음으로 음습함을 깨뜨리려는 사람들의 모임이 구성됐다. 동화의 제목과 발음이 비슷한 '플랜다스의 계(契)'가 그것이다. (주)다스의 실제 소유주가 누구인지를 파헤쳐보자는 뜻으로 뭉쳤다. 여기서의 플랜다스는 원작 제목과 달리 플랜(plan)과 다스(Das), 즉 '다스 계획'이며 이 계획 실현을 위한 계모임이란 의미다. 공교롭게 동화 '플랜더스의 개', 주인공 넬로의 외할아버지 이름 또한 예한 다스(Jehan Daas)다.

국민재산되찾기 운동본부가 국민 계모임 형식을 빌어 형성한 돈으로 다스 주식 지분 일부(약 3%, 153억원 가량)를 매입하겠다는 목표를 세웠다. 운동 시작 3주만에 150억 원이 넘는 돈이 모아질 만큼 호응도가 높았다. 운동본부는 주식을 매입, 각종 자금의 흐름을 살펴볼 관련 장부 열람 등 상법상 주주권 행사로 (주)다스의 소유 구조의 실체를 파헤쳐 나갈 계획이다.

'플랜다스의 계(契)'모임 활동을 통해 '# 근데 다스는 누구꺼?'라는 항간의 오래 묵은 의혹이 해소될지 귀추가 주목된다. (2017.12.25)

양산보, 소쇄원

양산보(梁山甫·1503~1557)는 조선시대 문인이다. 담양군 남면 지곡리에 있는 소쇄원(瀟灑園)을 만들었다. 소쇄공은 그의 호(號)다.

담양 창평에서 태어난 그는 어린 시절(15세), 한양으로 올라가 당대 사림들의 우상이었던 조광조(1482~1519)의 문하생이 됐다. 2년 뒤 현량과에 합격했지만 나이가 어리다 해서 벼슬길에 나가지는 못했다. 그 해 스승 조광조가 기묘사화(己卯士禍)에 연루돼 귀양을 가게 되자 유배지까지 모셨다. 그리고 조광조가 사약을 받고 세상을 떠나자 충격을 받아 아예 벼슬길에 오르는 일을 포기했다.

스승의 죽음과 함께 귀향한 양산보는 소쇄원을 짓고 세속적인 것을 멀리하며 성리학에 몰두 하였다. 소쇄원은 처음에는 정자 한 채만 있었으나 말년에 이르러 원(園)의 형태를 갖춰갔다. 별서원림(別墅園林) 또한 직접 완성하지 못했다. 원래의 소쇄원은 임진왜란 때 불에 타버렸으며 지금의 소쇄원(사적 제304호)은 그의 손자 양천운이 훗날 재건한 것이다.

양산보가 소쇄원을 짓고 학문 수양의 터로 삼는 일에 송순(宋純), 김인후(金麟厚) 등 당대의 석학들도 참여했다. 송순은 양산보와 이종 사촌간, 김인후는 사돈이었다. 담양부사를 지낸 임억령(林億齡)과 인근 환벽당의 주인 김윤제(金允悌) 등도 이곳을 찾아 시를 읊고 글을 논하며 풍류를 즐겼다.

소쇄원은 물이 흘러내리는 계곡을 따라 정자 등을 지어 자연과 정원이 최적의 조화를 이뤘다는 평을 받는 조선 시대 대표적 정원이다. 제월당(霽月堂)과 광풍각(光風閣), 오곡문(五曲門), 애양단(愛陽壇), 고암정사(鼓巖精舍) 등 10여동의 건물이 갖춰져 있다. 비 개인 밤 하늘의 어스름한 달 빛(제월·霽月), 다섯 계곡(오곡·五曲), 햇볕 내리 쬐는 양지를 사랑(애양·愛陽)하는 표현을 담은 건물들이 풍취를 자아내 후인들의 발길이 끊이지 않는 명소가 됐다.

그 소쇄원에서 조선조 선비들의 삶을 들여다 볼만한 체험행사가 진행된다. 16일 전라도 지오그래픽이 진행하는 '소쇄처사 양산보와 함께 걷는 소쇄원'이라는 프로그램이 그것이다. 민간 원림의 원형을 간직한 명승 40호이기도 한 소쇄원에서 옛 선비들이 남겼던 발자취를 더듬어보고 편린적이지만 그들의 철학 및 사상을 이해해보는 시간을 갖게 한다는 목적에서 추진된 행사라고 한다. 행사에서는 선비로 나오는 이들이 고증을 마친 당시의 의복을 입고, 거사 밥상을 받는다. 소쇄원 48영을 담은 화폭도 소개될 예정이다. 문화체육관광부와 한국관광공사의 지원을 받은 대한민국 테마여행 10선 기획사업의 하나로 광주-담양-나주-목포를 잇는 8권역을 대표해 마련됐다.

500여년의 세월을 거슬러 올라가 유명짜한 명소에서 예스러움을 회고해보는 일이 의미있는 일일듯 싶다. (2017.12.15)

촉견폐일(蜀犬吠日)

중국의 후한 말, 하나였던 천하가 다시 분열을 시작했다. 중앙 정부의 권위가 무너진 틈을 타 세력을 모아 일어선 군벌과 야심가들의 오랜 쟁투기간을 거쳐 위(魏), 촉(촉한·蜀漢), 오(吳)라는 삼국 체제가 형성됐다.

삼국 중 촉한이 도읍을 정했던 곳은 지금의 쓰촨성(四川省) 청두(成都)다. 청두는 주변을 높은 산들이 둘러싼 분지형이다. 그런 연유로 항상 구름과 안개가 짙게 끼어 해를 보기가 드물었다. 촉나라의 개(犬)들은 해를 본 기억이 별로 없다. 모처럼 해가 뜬 날이면, 이를 이상히 여겨 짖어(폐·吠)대기 일쑤였다.

이른바 '촉견폐일(蜀犬吠日)', '견폐(犬吠)'란 말이 생겨난 유래다. 비슷한 맥락의 용어로 '월견폐설(越犬吠雪)'이 있다. 월나라 개가 눈을 보고 짖어댔다는 이야기의 고사다. 월나라는 중국의 춘추시대 오패(五覇·다섯 패자) 가운데 하나로 거론되던 나라. 오패는 제(齊)나라 환공(桓公), 진(晉)나라 문공(文公), 초(楚)나라 장왕(莊王), 오왕(吳王) 합려(闔閭)와 월왕(越王) 구천(句踐)을 가리킨다. 혹자는 진(秦) 목공(穆公), 송(宋) 양공(襄公), 오왕 부차(夫差) 등을 꼽기도 한다.

월왕 구천은 오왕 부차와 함께 '오월동주(吳月同舟)', '와신상담(臥辛嘗膽·거친 섶에 누워 쓰디쓴 슬개를 맛보다)'라는 고사성어의 주인공이기도 하다. 춘추시대의 패권을 서로 움켜쥐려고 싸우는 바람에 사이가 나빠진 오와 월나라 사람이 같은 배를 탔다는 상황의 비유가 오월동주다. 와신상담은 두 나라가 치고 박고 하는 싸움 도중에 있었던 일들을 빗댄 말이다.

그런 내력을 지닌 월나라는 따뜻한 남쪽 지방에 있어 또한 눈(雪)이 오는 날이 매우 드물었다. 눈을 거의 보지 못했던 개들이 어느 날 내린 눈을 보고 짖어대자 사람들은 '월나라 개(越犬)는 눈만 보면 짖는다(吠雪)'라고 했다.

촉견폐일, 월견폐설, 견폐는 흔히 식견이 좁고 어리석은 사람을 비유하는데 쓰는 말이다. 천하는 넓고 넓어 1년 내내 눈 부신 해가 떠 맑은 지방도 있고 추운 북쪽 지방에서는 많은 눈이 내린다. 그런 세상 밖의 눈도, 하늘의 해도 보지 못했다니 식견이 좁을 수밖에. 세상을 보는 안목이 좁으면 어리석기 마련이라 그와 같은 비하의 언어가 생겨났을만 하다.

'우물 안 개구리(정중지와·井中之蛙)' 또한 유사한 의미의 우리 속담이다. 장자(莊子) 추수(秋水)편에 나오는 '정저지와(井底之蛙)'를 우리 식으로 표현한 말일게다. 말 그대로 우물 안에서만 사는 개구리에게는 그 우물 속이 세상의 모두이며, 우물 입구를 통해 보이는 하늘이 모든 것일 수 있다. 한정된 시·공간, 틀에 박힌 고정관념에서 벗어나 넓고 크게 보고 듣고 배워야 한다. '촉견', '우물 안 개구리'가 되지 않으려면. (2017.12.08)

'끓는 물 속 개구리' 한국 경제

개구리는 사람들에 의해 여러 종류의 실험 표본으로 활용돼왔다. 염상섭의 대표적 소설 가운데 하나가 '표본실의 개구리'(1921년 '개벽'지에 연재)다. 지금 50,60 대들은 어린 시절 개구리를 잡아 학교에서 해부용으로 실험했던 기억도 있을테다.

사람들을 위한 실험용 동물이 어찌, 개구리 뿐이겠는가. 쥐와 원숭이, 돼지 등등 다수의 실험용 동물이 인간의 질병 극복을 위한 다양한 연구재료가 되고 있는 사례는 부지기수다.

사람들에 의한 '개구리 잔혹사'가 더욱 가슴 아픈 것은 실제 실험 목적의 활용 외에 어떤 상황을 비유하기 위한 '언급'에 동원된다는 점이다. 이른바 '끓는 물 속 개구리'라는 경구(警口)가 그렇다. 물론 '우물 안 개구리'라는 표현은 별도다.

사람들의 실험 실습 대상에서 언어 속으로 들어온 개구리. 아주 뜨겁고 심지어 끓고 있는 물에 개구리를 넣으면 깜짝 놀라 뛰쳐나온다. 반면 서서히 뜨거워지면서 끓는 물에 잠기면 위험한 줄 모른 채 있다가 죽게 된다는 이야기다. 서서히 일어나는 중요한 변화에 반응하지 못해 상황 대처 능력이 떨어지는 무능, 무관심한 이들을 은유적으로 표현할 때 회자되는 문구다.

염상섭은 '표본실의 개구리'를 통해 일제에 강점당해 식민지로 전락한

1920년대 우리나라 지식인들의 고뇌, 혹은 무기력증에 빠진 내면의 풍경을 그려냈다. 개구리 해부 장면과 소설 속 화자(話者)인 '나'의 상대 김창억, 그가 지은 3층 집 등은 다면적인 의미를 내포해 고도의 상징성을 띤다는게 후학들의 평가다.

그러나 실험과 언어 상 비유와 달리 개구리도 나름의 지혜와 감각이 있는 것으로 파악됐다. 현대 생물학자들이 연구한 바에 따르면 물이 데워져 뜨겁게 되면 개구리가 그대로 있는 게 아니라 뛰쳐 나온다고 한다. 19세기에 행해졌던 비슷한 실험에서는 물이 뜨거워질 때까지 개구리가 움직이지 않더라는 주장이 있지만.

지금의 우리 경제 사정을 '끓는 물 속 개구리'로 비유하는 경고들이 나온다. 전국민적인 금 모으기 운동 등으로 극복했던 IMF(국제통화기금) 외환 위기 이후의 경제 상황이 위기 재연 가능성을 우려케 한다는 것이다. 경상 수지 연속 흑자, 외환보유액(10월말 기준 3천845억달러), 순대외금융자산국 편입 등 대외건전성은 긍정적이나 저성장의 장기화, 양극화, 가계부채 급증 등은 대내 경제 펜더멘털에 빨간불로 작용할 수 있다는 일부 경제 전문가들의 경고다.

하루 아침에 수많은 직장인이 구조조정 당하고 그로 인한 가족 해체 등 나라 전체가 극심한 후유증을 앓았던 20년 전의 IMF 구조조정 사태. 다시 기억하고 싶지 않은 일이 재연되지 않도록 정부와 정·재계, 국민 모두가 각별히 긴장해야 할 때다. (2017.11.29)

반민특위, 그리고 적폐청산

'반민족행위특별조사위원회(반민특위·反民特委)'는 일제 강점기에 횡행했던 친일파와 그 부역자들의 반민족적 행위를 처벌하기 위해 제헌국회에 설치(1948년 9월 22일 법률 제3호로 공포된 반민법에 의거)됐던 특별기구다. 광복 후 친일 잔재에 대한 철저한 청산은 당연했다. 그러나 반민특위 활동은 척결 대상인 친일 세력들의 극심한 견제를 받아 와해되면서 어떤 성과도 없이 실패로 끝나고 말았다. 그로인한 우리 현대사의 뒤틀림은 질곡처럼 이어지고 있는 터다.

무엇보다 정신적인 면에서 민족정기를 되살릴 기회를 상실당했다. 외세, 특히 국권을 강탈한 일제 치하에서 호가호위하며 부와 권세를 누렸던 친일파들의 구차한 행적은 이후 도의와는 거리가 먼 힘가진 자에 빌붙은 기회주의적 처세의 표본이 되고 말았다. 민족적 자존심은 물론 어떤 간난을 무릅쓰고라도 빼앗긴 나라를 되찾겠다던 광복 의지를 짓밟아 버렸다는데서 그 폐해 또한 막심하지 않을 수 없다.

반민특위의 와해는 친일파의 온존과 그들의 여전한 득세라는 결과를 낳았다. 대대로 민족의 모범이 되었어야 마땅할 독립운동가들이 오히려 배척당하고 거세당하는가 하면 그 후손들은 헐벗고 굶주림의 세월 앞에 속수무책으로 방치되기에 이르렀다. 고약한 것은 그 친일파와 잔예(殘裔)들의 대를 이은 기득권 행사로 정의와 불의의 구분이 모호해졌다는 점에 있다. 특히 위기를 벗어나 한국 사회의 지배세력으로 변신한 그들의 군림은 민족주의 좌절의 원인으로 작용했다. 우리 정치, 사회, 경제, 문화 등 각 분야의 굴절과 비정상은 그만큼 뿌리가 깊고 질기다.

지난 겨울 엄동설한에 촛불을 들었던 시민들은 '나라다운 나라'를 건설하자는 열망으로 박근혜 정권을 붕괴시켰다. 촛불이 불사르고자 했던 1차적 목표는 전 정권 , 전 전 정권의 음습하고 뻔뻔했던 국정 농단이다. 궁극적으로는 친일세력들이 밀식·번성케한 각 분야의 온갖 '적폐(積弊)' 청산이 아닐 수 없다.

촛불시민들의 염원을 담아 출범한 새 정부가 적폐 청산작업을 진행 중이다. 짧지 않은 세월동안 불법공동체를 형성, 온당치 못한 부를 쌓고 불의한 권세를 휘둘러 온 이들은 이를 두고 '정치보복'이니, '과거 정권에 대한 복수'니 하면서 민심을 호도하느라 혈안이 돼 있다. 그들의 패악스러운 저항은 70여 년전 반민특위를 와해시켰던 친일세력과 그 부역·협력자들의 행적과 유사해 기시감(旣視感·데자뷰)을 느끼게 할 정도다.

지금까지도 나치 협력자들을 척결 중인 프랑스의 지성 알베르 까뮈는 일찍이 "어제의 범죄를 벌하지 않음은 내일의 범죄에 용기를 주는 것과 똑같은 어리석음이다"고 갈파한 바 있다. 그는 또 "'공화국 프랑스'는 결코 관용으로 건설되지 않는다"고도 했다. (2017.11.22)

풍연심(風憐心)

전설의 동물 가운데 '기(夔)'라는 동물이 있다. 옛 신화에 가끔 등장한다. 장자(莊子)의 추수(秋水)편에 그 유래가 나온다.

이 동물은 발이 하나 밖에 없다. 한 발로만 다니는 게 불편했다. 그래서 수십 개의 발을 가진 지네(오공·蜈蚣)가 부러웠다. 기가 닮고자 하던 지네 역시 부러워하는 동물이 있었다. 뱀(蛇)이다. 뱀은 발이 없어도 어디든 가고 싶은 데로 잘 다녔다. 굳이 힘들게 발을 떼지 않아도 뭍이든 물이든 갈 수 있다는 게 눈부셨다.

기와 지네가 부러워하는 뱀 또한 유유자적한 바람(風)을 부러워했다. 바람은 움직이지 않고도 멀리 멀리 갈 수 있었다. 그냥 바람 따라 물 따라 구름 따라 어디론가 싱싱 불어가는 바람이 무척 부러웠던 것이다.

그런 바람에게도 부러운 존재가 눈(目)이었다. 눈은 가만히 있는 상태에서 어디든 바라볼 수 있었다. 가고 싶고 보고 싶은 곳은 눈만 돌리면 미치는게 어렵지 않았다.

바람조차 부러워하는 눈이 한번은 마음(心)에게 물었다. "당신은 세상에 부러운 게 있습니까?". 눈의 물음에 대한 마음의 답은 정곡을 찔렀다. "내가 가장 부러워하는 것은, 외발 가진 '기'이다". 돌고 돌아 결국 '기'였다.

필자의 지인이 최근 기와 뱀과 바람과 눈과 마음들이 지닌 속내와 관련된 이야기를 전해주었다. 그 이야기가 가슴에 와 닿았다. 세상의 모든 존재는 어쩌면 서로가 서로를 부러워하는지 모른다. 자신이 갖지 못했지만 상대가 가진 것에 대해. 상대를 부러워하지만 자신 스스로가, 자신의 현재 상태가 가장 아름다운 것이란 걸 모른 채 그렇다는 깨우침을 주는 교훈이었다.

세상살이가 힘들고 괴로운 것은 자신에게 없고, 자신이 갖지 못한 것을 억울해하고, 자책하며, 상대를 부러워하기 때문이 아닐까. 빈자(貧者·가난한 사람)는 부자를 부러워하고, 부자는 권력을 쥔 자를 부러워하며, 권력자는 가난하지만 건강하고 화목한 사람을 부러워한다. 부자에게는 애써 모은 재물이 한순간에 흩어져 버리지 않을까 하는 노파심이 있을 터다. 권력자도 그 휘두르는 권세가 언젠가 바람 앞의 등불이 될 수 있다는 두려움을 떨쳐낼 수 없다. 빈자는 비록 가진 것은 없지만 부자와 권력자가 남 모르게 마음에 담아두고 사는 근본적인 두려움에서는 자유롭다

.

결국 자기에게 주어진 것, 자기 안의 아름다움을 소중히 여기고 아끼는게 진정한 깨달음을 얻는 것이다. 세상에서 가장 아름다운 것은 자기 자신이다. 더 가지고, 더 누리고 ,더 휘두르는 게 영원불변은 아니다.

'바람은 마음을 부러워한다 '. 풍연심(風憐心)은 그런 뜻이다. 세상에서 가장 아름다운 것은 빈자의 시샘, 질투, 부자의 노파심과 권력자의 두려움, 그 어느 것도 아닌 바로 '자신'이라는 교훈이다. (2017.10.20)

요절가수 김정호

윤심덕은 '사(死)의 찬미'를 부르고 현해탄에 몸을 던져 29살 짧은 생을 마감했다. 우리 대중 음악사에서 요절 가수와 유작에 대한 대중들의 폭발적 관심과 반응을 불러일으킨 최초의 사례가 바로 윤심덕이며, 사의 찬미다.

배호는 천상의 저음으로 사람들의 심금을 울렸다. 낮게 드리운 회색빛 하늘과 메말라 곧 나뭇가지에서 떨어질 듯한 낙엽이 처연한 요즘 같은 가을날, 그의 생음악이 그립다. 저음의 바이브레이션 창법으로 진한 호소력을 담은 그의 노래는 삼각지를 돌아서 가게 하고('돌아가는 삼각지'), 장충단 공원을 안개속에 잠기게 했다('안개 낀 장충단 공원'). 그랬던 그가 '마지막 잎새', '0시의 이별'로 팬들과 이른 작별을 하고 말았다. 그로 인해 빼어난 가수들의 '요절 신드롬'이 생겨났을 정도였다.

차중락 또한 '낙엽 따라 가버린 사랑'으로 당대 뭇 여성들의 마음을 사로 잡았었다. 잘 생긴 외모에 달달한 노래솜씨는 아직도 요절한 그의 기억을 생생하게 하는 요소다. 하수영은 '아내에게 바치는 노래'로 스타덤에 올랐다가 교통사고 후유증으로, 김인순도 '여고졸업반'을 대중들에게 깊이 새겨놓은 채 길지 않은 생을 마감하며 기억의 저 편으로 무대를 옮겨갔다.

단 한 장만의 음반만 남긴 유재하, 빅 히트곡이 된 '난 정말 몰랐었네'

후 간암으로 유명을 달리한 최병걸, '예정된 시간을 위하여'라는 노랫말로 일찌감치 죽음을 예감케 했던 장덕, 장현 남매도 요절 가수의 대열에서 빠지지 않는다.

그런가 하면 김현식은 한국 가요계가 너무 빨리 잃어버린 보석 가운데 한 명이다. '사랑했어요', '비처럼 음악처럼', '내사랑 내곁에' 등이 대중의 아낌없는 찬사와 호응을 받았으며 지금도 그를 추모하는 이들이 적지않다는 점에서 더욱 애절하다.

김광석은 '일어나', '서른 즈음', '거리에서', '먼지가 되어' 등 주옥같은 명곡으로 90년대를 풍미했다. 그의 이른 죽음 역시 우리 가요계의 큰 손실로 아쉬움을 주었다. 그와 장애를 겪던 외동딸의 사후 불거진 부인의 행실에 대한 논란으로 요즈음 저 세상에서의 자리가 편치 않을 듯하다. 어쨌든 요절 가수들은 우리 곁을 떠났지만 그들이 남긴 노래는 오랜 울림으로 남아 있다.

김정호 또한 천상 가객(歌客)이었다. 공전의 히트를 친 '이름모를 소녀'와 '하얀나비' 외에 유작 앨범 속에 '고독한 여자의 미소는 슬퍼' 등이 수록돼 전해온다. 광주시 북구가 그를 기리는 김정호 동산을 조성한다고 한다. 화강암 벤치에 앉아 기타를 치며 노래하는 실물크기의 동상과 음표를 형상화한 '하얀나비' 조형물, 바닥의 노랫말 등이 그것이다. 주민자치위원회는 김정호 노래 부르기, 통키타 연주 등 작은 추모음악회도 연다. 왠지 가을스러운 (?)그를 회고케 하는 행사들이 아닌가 싶다. (2017.10.17)

대한민국의 '마니 풀리테'를…

지금으로부터 25년 전인 1992년 이탈리아에 국민적 영웅이 나타났다. 안토니오 디 피에트로(Antonio Di pietro)검사였다. 피에트로 검사는 오래된 부패 청산의 일선에 서면서 전 국민의 열화와 같은 성원과 지지를 받았다. 그가 주도한 검찰 수사는 같은 해 2월17일 사회당 경리국장의 집을 수색해 현금 700만리라(우리돈 370만원)를 찾아내 압수하면서 시작됐다.

사회당에 정치자금을 대오던 밀라노의 한 청소대행업체가 사법당국에 고소하면서 진행된 수사에 따라 정·재계가 총체적으로 불법의 고리에 연루된 사실이 밝혀졌다. 수사 1년여 만에 1천여 명의 정치인과 고위공직자가 체포되고 전체 국회의원의 25%에 달하는 177명 또한 조사를 비켜가지 못했다. 무려 6천여 명의 인사가 수사 대상에 올라 그 가운데 2천993명이 부패혐의로 체포되었다. 수사 대상이었던 정·재계 인물들의 자살이 이어졌다.

"더럽지 않은 손은 없다'며 발뺌하던 사회당의 총리 출신 베티노 크락시 조차도 불법 정치자금 혐의가 알려져 해외로 망명하는 등 부패한 정·재계, 고위공직자들의 '불법공동체'는 추악한 민낯을 드러냈다. 피에트로의 뒤를 이은 게라르도 콜롬보(Gherardo colombo)검사 역시 수사의 고삐를 늦추지 않았다.

좌고우면하지 않고 이어진 수사 는 이탈리아 정치·사회 체제에 변혁의 큰 바람을 불러 일으켰다. 선거구제가 바뀌고 비례대표제가 폐지됐다. 각성한 유권자들은 2년 뒤 선거에서 정치 신인들을 중심으로 한 신당 포르자에 하원 의석(630석)의 절반을 훨씬 넘는 366석을 몰아주었다. 이로써 기득 정당이 몰락하고 안드레오티 총리가 물러나는 등 정계에 일대 지각변동이 일어났다.

이른바 '부패추방'운동으로 일컬어지는 '마니 풀리테(mani pulite·깨끗한 손)'는 그렇게 세상의 이목을 집중시켰다. 수많은 압박과 회유에 굴하지 않았던 '마니 풀리테'는 소신 뚜렷한 검사와 전 국민적 성원이 있었기에 가능했을 터다.

지난해 촛불 혁명을 바탕으로 새 정부가 출범한 이후 적폐청산과 개혁 작업이 이어지고 있다. 오래된 부패(적폐)의 주역이나 적극적 부역세력들의 후안무치한 반발의 강도가 그 어느 때보다 심해지는 형국이다.

문재인 대통령은 지난 10일 청와대 수석비서관·보좌관 회의에서 "'적폐청산과 개혁'은 사정(司正)이나 정치보복이 아니다"고 밝혔다. "권력기관과 경제 사회 등 전 분야에 걸쳐 누적돼 온 관행을 혁신하는 것은 나라다운 나라, 정의로운 대한민국을 만드는 것"이라고 강조했다.

대한민국의 '마니 풀리테'가 빛을 발하기 위해서는 새 정부의 강력한 의지와 촛불을 들었던 시민들의 지지가 다시 한 번 '정의 바로 세우기'라는 총합으로 모아져야 한다. (2017.10.13)

레짐체인지

‘앙시앵레짐(ancient regim)’은 프랑스 혁명(1789년) 이전 절대 왕정기의 사회체제를 일컫는다. 일반적으로는 ‘옛제도’를 의미하나 프랑스혁명 전의 ‘구제도’라는 특정개념으로도 쓰인다. 앙리 4세부터 루이 16세까지 17~18세기 부르봉 왕가가 왕권신수설(王權神授說:왕의 권한은 신에게서 부여받은 신성한 권한)에 바탕한 절대 권력으로 인민을 다스리던 시기다.

그 시기, 전 국민의 98%에 해당하는 시민·농민·노동자(제3신분)는 세금이나 병역, 노역 등 온갖 의무에 허덕여야 했다. 놀고 먹어도 되는 나머지 2%의 왕족과 성직자, 귀족들(제1,2신분)을 위한 절대 ‘을’이었던 셈이다. 그러나 영원불변할 것처럼 이어지던 완고한 왕정 체제는 프랑스 혁명으로 무너져 내렸다. 독립 자영농민과 소상공인 계층이 힘을 키워가면서 각 신분 계층 간 이익을 둘러싼 대립이 심각해지고 계몽주의 사상가도 문화적 비판 투쟁에 나선 결과였다.

당대의 정치가 E.J 시에예스(1748~1836)는 프랑스혁명의 정신적 지도자로 회자된다. 그는 <제3신분이란 무엇인가>이라는 제목의 저술(팜플렛)에서 “제3신분이란 무엇인가. 모든 것이다. 지금까지 정치질서에서 무엇이었던가. 무(無)다. 무엇을 요구하는가. 무엇이 되기 위해서인가”라고 격정적으로 토로했다. 그는 굶주리고 학대받는 하위 계층민에게 “시민권과 자유를 얻기 위해 일어서라"고 외쳤다. 혁명의 촉구였다. 그리고 '앙시앵레짐'은 붕괴됐다.

미국과 북한 사이의 긴장 국면이 이어지며 북한의 '레짐체인지(regim chang·정권교체)'라는 용어가 심심찮게 거론된다. 김정은 정권이 핵개발 및 핵도발이라는 위험한 진격을 멈추지 않으면서다. 외부의 위협으로부터 자위적 수단이라고 하지만 그 강도는 한반도 평화를 바라는 남한의 의도를 무색하게 만들고 세계 패권국을 자임하는 미국의 코를 직접적으로 건드리는 수준에 이르렀다. 미·북한 간에 주고받는 거친 언사는 이미 상식의 정도를 넘어섰다. 미국은 B-1B 랜서 전략폭격기 등 최첨단 폭격기의 한반도 위협비행과 핵 항모 발진 등 각종 전략 무기를 앞세워 "북한 정권을 완전 파괴시키겠다"는 발언을 서슴치 않는다. 머릿골 쑤시게 만드는 북한 지도부를 붕괴시킨다는 미 백악관 일각의 '레짐체인지' 전략이다.

한반도 정세가 그 어느 때보다 위기 속으로 빠져들고 있다. 중국과 러시아의 주판알 튕김, 자국 이익을 염두에 둔 일본의 얄팍한 계산도 엿보인다. 문재인 대통령은 '한반도에서 어떤 전쟁도 원하지 않으며, 그 운명은 우리가 결정한다'는 입장을 밝혔다. 위대한 촛불혁명으로 세상을 놀라게 한 국민과 그에 바탕한 새정부의 그러한 염원이 과연 이뤄질 수 있을까. (2017.10.3)

'윤두서를 만나다'

공재(恭齋) 윤두서(尹斗緖)는 조선 중기의 학문높은 선비였지만 자신의 초상화 그림으로 더욱 유명하다. 고산 윤선도의 증손이며 다산 정약용의 외증조부이다. 해남 녹우당에 보관돼있는 그의 자화상(국보 제240호)은 예리한 관찰력과 뛰어난 필력에 바탕을 둔 시대를 뛰어넘는 사실화로 정평이 나있다. 부리부리한 눈매와 위를 향해 올올이 뻗어올라간 수염이 후인들의 눈길을 사로잡을 정도다.

공재는 17세기에서 18세기로의 전환기에 조선 화풍(畵風)에 새로운 바람을 일으킨 선구자적 자리에 위치한다. 타의 추종을 불허한 걸작인 인왕제색도(仁王霽色圖)를 그린 겸재(謙齋)정선(鄭敾)을 비롯해 현재(玄齋) 심사정(沈師正)과 더불어 '조선의 삼재(三齋)'로 불리운다.

전통의 선비 집안 출신답게 학문에 매진해 숙종 19년(1693년) 진사시에 합격했다. 그러나 당시는 서인(西人) 득세기였던 관계로 남인(南人) 신분인 그는 벼슬을 포기하고 일생을 초야에서 학문과 시서화로 보냈다. 그가 서화에 열중해 남긴 그림들은 산수화, 도석인물화, 풍속화, 동물화, 화조화 등 다양하고도 범위가 넓었다. 해남의 종가에는 그의 유묵과 서적들이 온존해있고 유작들은 화첩으로 만들어져 보물(제481호)로 전해온다. 유작 가운데 목기를 깎는 장면을 담은 '선차도(旋車圖)', '돌깨기'와 나물캐는 여인을 그린 '채애도(採艾圖)'등의 풍속화가 있다. 농부들의 노동을 주제로 한 그림들로 실학이라는 새로운 사상으로 무장된 새로운 시대의 도래를 알리는 것이었다. 이들 풍속화는 훗날 김홍도, 신윤복 등에 의해 보편화된 18세기 풍속화에 적잖은 영향을 미쳤다.

그가 조선 중기 회화에 새로운 바람을 불어넣은 원동력은 화보, 서화가의 문집, 이론서 등 방대한 중국 관련서적을 섭렵한 경험에서 비롯됐다. 장남 윤덕희와 손자 윤용도 화업을 계승해 3대가 화가로 이름을 얻었다.

해남군이 지난 주말 그를 기리는 문화제를 열었다. 우리 미술사 최대 걸작 가운데 하나인 그의 자화상을 중심으로 한 '300년 전의 윤두서를 만나다'였다. 선생의 고택에서 차와 꽃을 올리는 다례제와 '공재 자화상의 밤'이라는 음악회가 개최됐다. 가야금, 대금 산조를 비롯해 판소리가 어우러지는 공연무대와 지역민 대동한마당도 곁들여졌다.

올해는 공재가 타계(1715년)한지 303주기가 되는 해다. 그가 시(詩)·서(書)·화(畵)를 통해 조선 중기 문단과 화단의 형성과 변화에 미친 영향은 크다. 당쟁의 여파로 벼슬길에 나서 평생 배우고 익힌 바를 펼쳐보이지 못했지만 오히려 초야에서 남긴 각종 유물, 유작들로 300여년 넘게 빛을 발하는 중이다. 당대 그의 삶의 한자락이 어떠했는지 옷깃을 여미고 돌아볼만큼 가치가 있다고 하지 않을 수 없다. (2017.9.28)

무등산 무돌길

무등산은 광주의 진산(珍山)이다. 광주시 북구와 담양군 남면, 화순군 이서면을 각각 경계로 한다. 80년 5월을 묵묵히 지켜보는 등 광주의 굴곡진 현대사를 보듬어 안아 왔다. 백제 때는 무진악(武珍岳), 고려조 들어서는 서석산(瑞石山)이라 했다. 서석(상서로운 바위)은 정상 부근의 주상절리대인 입석대, 광석대, 서석대를 말한다.

1972년 도립공원 지정에 이어 2012년 국립공원으로 승격됐다. 내년 4월 유네스코 세계 지질공원 등재를 위한 현장 실사와 서류 심사 등이 진행중이다. 정상 부근의 이들 상서로운 바위군과 주변 산자락에 분포한 각종 문화유적지, 고인돌 분포지, 공룡화석지 등 그 가치가 세계에 널리 알려도 될 만큼 충분하다.

특히 무등산을 한 바퀴 돌아볼 수 있는 '무돌길'은 옛정취를 고스란히 간직한 아름다운 길이다. 옛이름 무돌뫼에서 유래했다. 500여 년 전부터 무등산에 깃들어 살아온 이들이 생활길로 이용해오던 터였다. 소달구지를 몰고, 지게에 짐을 얹고, 혹은 항아리를 머리에 이고 대처(大處)로 찾아들거나 인근 마을을 왕래하던 삶속의 길이었다. 그만큼 선인들의 숨결이 녹아있고 고됨과 설렘과 기쁨이 배어있다 해도 과언이 아니다. 광주시 북구 구간을 비롯해 담양, 화순 구간 등 4구간, 15갈래의 길로 형성돼있다.

언제부턴가 후인들이 다시 그 길의 의미를 되새겨보고자 나섰다. 선조들의 숨결을 더듬어 보는 한편, 소중하고 아름답고 가치있는 무등산을 보호하며 그 속에서 하나가 되자는 속내를 담아서다. 도립공원, 국립공원에 이어 유네스코 세계 지질공원을 바라보는 시점에 그 길의 의미는 더욱 각별하다.

본보와 (사)무등산무돌길보호협의회는 지난 21일 뜻깊은 행사를 가졌다. '무등산무돌길 세계적 명품 브랜드화 사업' 업무 협약식이 그것이다.무등산무돌길보호협의회는 지난 2010년 무돌길 재개설 이후 '무등100경회', '무등산사랑포럼' 등 무등산과 함께하는 시민모임을 거쳐 올 5월 18일 법인 인가를 받았다. 본보와 협의회는 업무 협약을 계기로 무등산의 명품브랜드화를 위해 탐방로 정비, 전문 해설사 양성 등의 업무를 추진해나가기로 했다. 나아가 무등산 자락이 품은 여러 5·18사적지와의 사업 연계 등도 논의해나간다.

무등산은 그 산이 품고있는 광주시와 담양, 화순 군 등 시군민들에게 무엇을 요구하는 산이 아니다. 다만 그들을 넉넉히 보듬어 안고 한없는 사랑을 내어준다. 모나지 않고 딱딱하지 않으며 둥글고 무리없는 산의 형세, 그 대로다. 언제든 산을 찾고 예부터 지금껏 산에 깃든 이들을 감싸주는 관계로 영원한 어머니에 비견된다. '나눔'과 '베풂'이라는 공동체 정신으로 상징되는 무등산이 지역과 나라를 넘어 세계인의 가슴에 자리했으면 싶다. (2017.9.26)

마한인(馬韓人) 가족

우리의 역사에서 마한(馬韓)사(史)가 갖는 의미는 각별하다. 지금으로부터 1천500여 년 전 국토의 서남부, 광주와 전라·충청 지역 등 한강 이남에서 번성했던 고대사의 주요 축이었던 때문이다. 비록 국가 체제로 나가지 못한 부족연맹체였지만 54국에 이를만큼 강력한 토착세력에 의해 형성됐던 기록이기도 하다. 그만큼 나름의 독특한 정치·경제·사회·문화 체제를 구축했다.

고대사가 고구려, 백제, 신라라는 삼국 위주로 편제되는 바람에 빛이 가려진 바가 있으나 역사의 줄기 속에서 마한이 차지하는 의미는 중대하다. 기원전 1세기부터 5세기까지 600여 년간 한강 이남 지역을 지배한 기간은 삼국의 역사에 비해 결코 뒤지지 않는다는 게 학계의 연구 결과다. 인접한 동남부, 가야사보다 역사적 깊이와 관할 유역도 훨씬 크고 넓다. 혹자는 마한사를 백제사의 일부로 폄하하지만 근초고·근구수 왕 시절의 백제 전성기(4세기 후반)에 잠깐 군사적 열위 상태로 형식적 점령을 당했을 뿐이다.

마한 역사의 주요국들로 '일리국', '내비리국', '침미다례', '목지국' 등이 거론된다. 그 중에서도 영산강 유역을 중심으로 형성된 문화는 독특한 면모들을 보여준다. 특히 영암(시종 등)과 나주(반남) 등 영산강 내해와 외해를 지배한 내비리국과 일리국은 마한의 한 중심지였다. 독자적인 대형 고분과 각종 토기, 생활도구 등 이곳에서 발굴된 유물이 적지 않다. 학계도 비상한 관심을 갖고 연구에 몰입했을 정도다.

나주시와 영암군으로 이어지는 영산강 줄기 영동리 고분에서 성인 남녀와 아이 등 3명의 인골이 발굴됐었다. 마한시대인 1천수백 년 전에 살았던 한 가족으로 추정되는 이들 인골은 비교적 온전한 상태였다. 나주시와 복암리고분전시관은 학계와 손을 잡고 발굴된 인골을 토대로 당시 사람들의 얼굴과 신체 형태 등을 복원하는 작업에 들어갔다. '마한인의 가족'이라는 이름의 프로젝트에 따른 영산강 고대 문화권 인골 복원의 첫 사례다. 안면 골격에서 부터 피부, 의상 등까지 역추적해 복원에 성공했다. 고고학, 법의학, 해부학 계의 전문가와 디지털 그래픽(3D) 등 다양한 분야의 연구자들이 참여해 첨단기법으로 이뤄낸 성과다.

22일부터 나주시 복암리, 영동리 일대에서 시작되는 마한축제에서는 디지털 홀로그램을 이용한 인골 복원 과정이 대중에게 선 보인다. 대형 고분 속 다양한 옹관묘와 그 묘의 주인공들이 두르고 신었을 금동 띠, 신발 등 각종 유물들은 이미 고고학계의 비상한 관심을 끌었다.

이번 마한인 가족의 얼굴 복원 역시 마한의 역사가 지니는 의미와 함께 학계의 또 다른 성과로 기록될만 하다. (2017.9.22)

기회비용

사람은 살아가면서 모든 것을 다 가질 수 없다. 일상의 생활은 선택의 연속이다. 이것을 가지면 저것을 포기해야 하거나, 혹은 이것저것을 다 놓치는 경우도 생긴다. 주어진 환경은 물론 시간, 자금, 제한적이거나 선별적인 개인의 능력에서 오는 필연적인 결과라 할 수 있다. 최고의 권력자나 거대 재산가라 해도 모든 욕망과 희구를 채울 수 없는 것과 마찬가지다.

흔히 '기회비용'은 어떤 선택으로 인해 포기해야할 기회 가운데 그 나름의 가치를 갖는 기회 또는 그런 기회가 갖는 가치를 말한다. 어떤 재화에 내재된 여러 종류의 용도 중 하나만을 선택하고 나머지를 포기한 용도에서 얻을 수 있는 이익의 평가액이기도 하다. 선택된 하나의 비용은 포기한 다른 것에 대한 기회다.

오스트리아 경제학자 프리드리히 폰 비저는 그의 저서 '사회경제이론(1914년)'에서 '기회비용'의 의미를 설파했다. 프랑스 경제학자 프레데릭 바스티아도 자신의 에세이 '보이는 것과 보이지 않는 것(1850년)'에서 '깨진 유리창 '이라는 우화를 통해 초보적 수준에서의 기회비용의 개념을 우회적으로 다룬 바 있다. 어떤 가게 주인의 아들이 유리창을 깨자 아버지가 아들을 나무랐다. 이를 본 주변사람들은 "당신에게는 손해지만 다른 사람한테는 이득이오, 누구든 먹고 살아야 하는데 유리가 깨지지 않았다면 유리 장수는 어떻게 살겠소?"라며 가게 주인을 위로했다는 내용이다. 즉, 가게 주인의 손실은 유리 장수의 이득이 되는 상황을 놓고 보면 아들의 실수가 사회적으로는 경제활동을 촉진하는 순기능으로 작용할 수 있다는 의미다.

기회비용은 또한 '매몰비용(sunk cost)'과 내용면에서 맥락이 비교된다. 기회비용과 달리 매몰비용은 어떤 선택을 위해 실제로 지불된 비용(보이는 비용) 가운데 다시 회수할 수 없는 비용이다. 기회비용은 경제학을 이해하는 기본적인 개념이며 현실에서 항상 접하는 문제다. 선택에는 그만큼의 대가가 따르고 그 대가는 기회비용으로 측정된다. '공짜'로 얻은 것도 사실은 포기해야하는 다른 공짜가 반드시 존재한다. 예컨대 지인이 선물로 준 공짜 영화표에는 그 지인에게 언젠가 다른 형태의 선물을 해주어야 한다는 심리적 비용이 얹어진다. 이를 갚지 않더라도 그 공짜 영화표로 영화를 보는 시간에 다른 일을 하거나 오락을 즐기는 일을 포기해야 하는 상황이 생기기 때문이다. '공짜 점심은 없다'는 경제학의 기본 전제다.

하고 싶은 모든 일을 다 하고, 가지고 싶은 모든 것을 다 가질 수 없는 게 인생살이다. 기회비용을 최소화하는 지혜는 자신 앞에 놓인 수많은 경우의 수 가운데 그나마 가장 가치있고 소중한 것을 선택하는데 있다. (2017.9.12)

신의성실의 원칙(신의칙)

'신의성실의 원칙(신의칙)'은 법률적 규범이지만 비 법률적 측면에서도 널리 적용된다. 우리 민법은 제2조1항에 "권리의 행사와 의무의 이행은 신의에 좇아 성실히 하여야 한다"고 명시해놓았다. 공동체 생활의 구성원들이 상대방의 신뢰를 헛되이 하지 않도록 성의를 가지고 행동하라는 추상적인 법규범이다. 즉, 법률관계의 당사자가 형평에 어긋나거나 신뢰를 져버리는 방향으로 권리를 행사하거나 의무의 이행을 함으로써 상대방의 이익을 해쳐서는 안 된다는 의미다.

신의칙은 로마법에서 기인했다. 당사자의 신뢰관계를 기반으로 하는 채권법 영역에서 채권의 행사 및 채무의 이행 등을 규율한다. 근대 사법에서는 프랑스 민법이 처음으로 규정하였으며 이 원칙은 권리남용의 법리와 공통된 점이 많다. 권리의 행사가 신의성실에 반하게 되면 권리의 남용, 의무의 이행이 신의성실에 어긋나면 그에 따른 책임을 지게 된다.

신의칙은 법적 규범 이전에 무리지어 사는 사람들의 생활 속에서 공공의 질서를 유지하고 선량한 풍속을 담보하는 것이기도 하다. 공공의 질서가 무너지고 풍속이 어지러워지게 된다면 공동체 생활에 금이 가고 급기야는 붕괴돼 혼란과 무질서가 초래된다. 한편으로 신의나 성실의 구체적인내용은 때나 장소에 따라 변하는 것이기에 당대 사회의 상식이나 일반적 통념과 그 궤를 같이 한다고 볼 수 있다. 이런 측면에서 '권리

남용금지의 원칙(민법 제2조2항)','금반언의 원칙(제452조)', '사정변경의 원칙(민법 제628조)','(권리)실효의 원칙'등이 파생했다. 이들 파생원칙은 신의칙의 골자를 부정하기보다는 권리의 행사에 대한 법적 보호와 의무 이행의 법적 강제와 함께 공공성, 사회성을 강조한 데서 비롯됐다.

법원의 '기아차 정기 상여금은 통상임금' 판결과 과 관련해 '신의성실의 원칙'이 사람들의 입에 오르 내리고 있다. 판결의 내용을 두고 노조나 회사 쪽 모두 만족스럽지 못하다. 사측은 그동안 "노사 합의로 이미 임금이 결정됐는데 이제 와서 정기 상여금을 통상임금으로 적용해 달라는 것은 '신의성실의 원칙'에 위배된다"는 논리를 강조해왔다. 이에 반해 재판부는 "원고들은 근로기준법에 의하여 인정되는 권리를 행사하는 것이다"며 "원고들이 '마땅히 받았어야 할 임금'을 이제야 지급하는 것을 두고 비용이 추가적으로 지출된다는 점에만 주목해 '경제에 중대한 위협'이 된다고 관념하는 것은 적절하지 않다"고 밝혔다.

그러나 같은 기업의 같은 사안 임에도 1심과 2심의 판단이 서로 달랐던 이전의 사례에 비춰 이번 통상임금 판결에 신의칙이 원용된 걸 두고 '귀에 걸면 귀걸이, 코에 걸면 코걸이'냐는 비난도 나온다. '원칙없는 신의칙' 적용으로 법적 안정성이 흔들리고 있다는 지적이다. (2017.9.5)

그들의 전쟁놀음

"전쟁의 가치는 정치에 의해 결정되며 정치는 전쟁을 합리적으로 사용해야 한다"

그가 자신의 저서를 통해 강조했던 의미는 "'정치를 위해'서는 '전쟁을 적절하게' 활용해야 한다"는 뜻으로 곡해되기도 했다. 그로 인해 한동안 '전쟁의 사도', '폭력의 사도'라는 오명을 얻었다.

카를 폰 클라우제비츠(Carl von Clausewitz)는 19세기 초반 그 유명한 '전쟁론'을 썼다. 프로이센의 장군이자 전쟁 이론가이기도 한 그의 전쟁론은 철학과 정치학, 군사학 측면에서 전쟁의 본질과 속성을 해석하고 그 폭력성과 광기를 억누르려면 정치가 우위에 있어야 한다는 내용으로 이루어져 있다. '전쟁은 다른 수단들에 의한 정치의 연속'이라는 명제로 요약된다. 그의 전쟁론은 '손자병법'에 비견할만한 탁월한 전쟁이론서로 평가받기도 한다.

근·현대의 군사학자는 물론 혁명가, 정치가, 철학자들에게까지 적잖은 영향을 미쳤다. 실제 게릴라 전략의 뛰어난 이론가이자 실천가로 손꼽히는 로렌스 대령이나 마오쩌뚱, 체 게바라 등은 전쟁론의 '정치와 전쟁', '국민 전쟁'편을 학습했던 것으로 알려졌다. 마르크스와 엥겔스, 레닌도 그의 정치 이론을 연구한 바 있다.

80년 5월 광주에서 전쟁놀음이 있었다. 중화기 등 온갖 화력이 동원됐다. 개인화기인 M16 소총 실탄 수십만 발이 발사됐고 권총 사격도 잇달았다. 공수부대를 비롯한 1만여 명의 계엄군이 장갑차와 탱크를 몰고 광주로 들어와 사용한 무기는 이들 개인 화기 외에 M60, CAL50 기관총, (세열)수류탄, 대전차 로켓탄(66mm 로우), 클레이모어에 TNT폭약(1천200kg)까지 확인됐다.

이미 알려진 軍 공격헬기 AH-1J(일명 코브라)와 500-MD, UH-1 등에 20mm 벌컨포 실탄 1천500여발이 지급됐다. 그 뿐인가. 수원과 사천비행장 등에서는 공대지 폭탄 500파운드 2발과 기관포에 실탄을 가득 채운 F5-E/F 전투기가 출격 대기 명령을 받았다. 광주로 출격, 공중폭격을 감행할 뻔 했다.

전두환 등 신군부 일파가 광주에 대해 저지른 끔찍하고 가공할 軍기록들이다. 군내 사조직의 우두머리에 불과했던 그와 추종자들은 박정희라는 희대의 독재자가 사라진 권력 공백기에 쿠데타로 부당하게 정권을 탈취한 다음, 그에 반발한 광주로 총부리를 겨눴다.

전시(戰時)의 적국이 아닌 평화시에 가공할 무기를 동원해 수백여명의 자국민을 학살한 그들은 그야말로 전쟁놀음을 벌였다. 선량하고 무고한 시민을 상대로 전투를 치르듯 작전을 전개했다. 그런 작전을 지휘한 그들은 37년이 지난 지금도 '자위권 발동 차원', '계엄 하의 불가피한 조치', '광주 씻김 굿의 제물'이라는 말도 안 되는 언설을 늘어놓으며 여전히 후안무치한 발뺌을 계속하고 있다. (2017.8.31)

킬링필드, 택시운전사

캄보디아의 폴포트(Pol Pot, 1928~1998)는 공산혁명을 통해 민주 캄푸치아(1975~1978)를 만들고자 했다. 캄보디아 사회를 사회주의로 완전 개조하겠다는 것이었다. 크메르루주(Khmer -Rouge·붉은 크메르)라는 농촌에서 시작된 운동을 바탕으로 정권을 잡은 뒤 캄보디아 개조에 나섰다. 변형된 변증법적 유물론과 대중노선 등 급진적 사회주의 정책 및 반베트남 인종주의가 바닥에 깔렸다.

그 과정에서 수백만 명의 도시민이 시골지역으로 강제 이동되고 노약자와 환자, 어린이들은 영문 모른 채 말라리아와 풍토병에 걸려 죽어갔다. 이동 대열에서 이탈한 수천여 명이 괭이와 삽에 맞아 죽는 등 짐승보다 더 잔인한 취급으로 학살당했다. 크메르루주 집권 기간 동안(3년7개월여) 처형과 고문, 굶주림, 노동 등으로 전체 인구 800만 명 중 100여만 명 이상이 사라졌다. 이른바 '킬링필드(Killing Field)'라는 대학살극이다. 2차 대전 당시 히틀러와 나치당이 자행한 유대인 대학살이나 보스니아 내전 때 종족분쟁(인종청소)으로 20만 명 이상이 희생된 학살극도 홀로코스트(Holocaust), 혹은 유럽의 킬링필드로 불리운다. 인간이 얼마나 잔학해질 수 있는가를 보여주는 현대사에서 지우기 힘든 야만의 기록들이기도 하다.

캄보디아의 킬링필드와 80년 광주의 5월 학살극은 두 가지 공통점을 갖는다. 자국 정부(군대)가 자국민을 상대로 자행했으며, 그 잔인한 살육극을 외국 기자가 폭로했다는 점에서다. 킬링필드의 경우 캄보디아에 체류하고 있던 뉴욕타임스의 특파원 시드니 쉔버그가 쓴 '디스프란의 생과 사(한 캄보디아인의 이야기)'를 통해 세상에 알려졌다. 이 내용은 1980년 뉴욕타임스에 실리고 쉔버그는 퓰리처상을 수상했으며 이를 토대로 학살된 양민들이 매장된 곳을 뜻하는 '킬링필드'라는 제목의 영화가 제작되기도 했다.

개봉 후 최단 기간 700만 관객을 불러 모으고 1천만 관객 돌파를 눈앞에 둔 영화 '택시운전사'. 불의의 쿠데타로 정권을 찬탈한 신군부 세력과 그 부당한 지시를 받은 자국 군대가 80년 광주에서 자국민을 상대로 어떠한 일을 벌였는지에 대한 전 국민의 공감을 유발하는 모티브가 되고 있다. 도로가 봉쇄되고 전화선이 끊기는 등 외부와의 소통이 원천 차단된 채 고립된 섬으로 전락했던 광주.

이 땅의 뭇 언론과 지식인들이 눈 감고, 귀 막고, 입 닫고 있을 때 파란 눈의 외국인 기자는 '사실에 입각해 진실을 알린다'는 언론인의 소명을 다했다. 그와 그를 도와 광주에 숨어들어 촬영을 도운 택시기사 만섭, 그리고 "광주의 진실을 반드시 외부에 알려라"며 목숨을 걸고 협조한 이들. 모두가 '어둠을 이긴 빛'들이었다. (2017.8.17)

명견만리

'장막 안에 앉아 천리 밖 승패를 가름한다'.

중국의 고대 왕조 주(周)나라 건설에 앞장선 강자아(姜子牙·태공망 여상)가 지었다는 병가(兵家)의 최고서(書)라 할 육도삼략(六韜三略)에 나오는 병법의 문구다.

이 병서를 황석노인(여불위로 추정)으로 부터 전해 받고 통독한 뒤 병가의 최고봉에 이른 장량(張良·자방)은 진(秦) 제국 붕괴 후 천하를 놓고 초(楚)나라 항우와 건곤일척의 싸움을 벌인 한(漢) 고조 유방(劉邦)의 명참모였다.

장자방은 닭모가지 하나 비틀 힘이 없었지만 타고난 천재성에 육도삼략까지 읽힌 당대 최고의 병략, 지략, 전략가였다. 항우와의 싸움에서 싸움 머리에 나서기 보다는 군대의 뒤편 장막 안에 앉아 우이(牛耳)를 틀어잡고 대국을 주재했다. 싸움의 중대 고비마다 상대의 허를 찌르는 결정적인 전략적 조언을 하고 전투의 지침을 내려 유방에게 최후의 승리를 안겨주었다. 한 제국은 그렇게 탄생해 전한(前漢)에서 후한(後漢)까지 4백여 년의 번성을 누렸다.

'장막 안에 앉아 천리밖 승리를 가져오게 한다'는 태공망 여상의 병법상 진수는 단지 전쟁이나 전투에서만 응용되는 게 아니다. 오늘날 나라를 다스리는 지도자의 집권 방침, 기업 경영에 있어서 경영인의 사업 방략 등에 널리 적용된다. 그만큼 고금을 막론하고 참고할만한 가치가 있는 진리라고 하겠다.

이같은 진리를 논하는 육도삼략에서 육도(六韜)는 문(文)·무(武)·용(龍)·호(虎)·표(豹)·견(犬)도(韜)를 말한다. 삼략(三略)은 상(上)·중(中)·하(下)략(略)이다. 인간의 심리를 꿰뚫어보고 그에 맞춘 대응책을 펼치거나 사람의 그릇을 간파한 다음 이를 조직적으로 통솔·활용함으로써 나라의 다스림이나 기업의 경영에 원용하는 지침이라고 해도 과언이 아니다.

'장막 안에 앉아…'라는 의미는 '명견만리(明見萬里)'와 일맥상통한다. 사전적으로는 '만리 밖의 일을 훤하게 알고 있다'는 의미다. 관찰력이나 판단력 따위가 월등하게 날카롭고 정확함을 일컫는 말이다. 후한서(後漢書) 두융전(竇融傳)에 나온다.

문재인 대통령이 휴가 중 '명견만리'라는 제목의 책을 읽었다고 해서 화제다. 한 공중파 방송이 같은 이름의 프로그램에서 각 분야 유명인사를 조청해 전한 강의 내용을 엮은 책이라고 한다. 그의 일독 사실이 알려져 책 판매량이 급증하고 있는 가운데 문 대통령은 페이스북을 통해 "누구에게나 읽어보기를 권하고 싶다. 사회 변화의 속도가 무서울 정도로 빠르고 겪어보지 않은 세상이 밀려 오는 지금, '명견만리'할 수 있다면 얼마나 좋겠나"라고 독서 후 소감을 밝혔다.

역대 대통령들이 휴가 중 읽은 책은 매양 항간의 주목을 받는다. 이번 시즌은 '명견만리'인 것 같다. (2017.8.9)

방관자 효과

어떤 사람이 5~6명의 피실험자들을 불러 모아 문제를 냈다. 그리고 시험장 밖으로 나가는 순간 넘어져 크게 다치는 시늉과 함께 비명을 질렀다. 피실험자 가운데 누구도 그를 구하려고 나서지 않았다. 반면 피실험자 1명만 문제를 풀게 하고 똑같은 상황을 만들었는데 그는 주저없이 그를 구하기 위해 뛰쳐 나왔다.

이른바 '방관자 효과'라는 실험이다. 주변에 사람이 많으면 많을수록 책임이 분산돼 위험에 처한 사람을 돕는데 주저하는 현상을 말한다. 달리는 '구경꾼 효과'로 일컫는다.1964년 3월 13일 미국 뉴욕의 퀸스 지역 주택가에서 발생한 강도 살해사건에서 유래됐다.

그날 밤 일을 마치고 귀가하던 키티 제노비스는 강도가 휘두른 칼에 무참하게 살해당했다. 칼에 찔린 그가 비명을 지르면서 "도와달라"고 외쳤지만 인근 주택가에 살던 누구도 구조의 손길을 내밀지 않았다. 아예 창문을 닫고 외면하는 경우도 있었다. 뉴욕타임스가 2주 뒤 "살인을 목격한 38명은 아무도 경찰에 신고하지 않았다(Thirty-Eight Who Saw murder Did't Call the Police)"라는 자극적인 제목의 기사를 내보내 세간의 이목을 끌었다. 실제로 목격자는 38명이 아닌 12명이었지만 그녀가 무참하게 살해당하는 35분 동안 그들 가운데 누구도 구조의 손길을 보내지 않았다.

사회심리학자 존 달리와 빕 라테인은 몇 년 뒤 이 사건이 지닌 사회적 현상에 대한 연구결과를 내놓았다. 그들은 모호한 상황에서 서로에게 책임을 미루는 방관자 효과가 일어나는 원인으로 '책임감 전가/분산(diffusion of responsibility)'을 거론한 바 있다.

자신이 굳이 나서지 않아도 누군가 도와줄 거라는 심리적 요인에 의한 방관자 효과. 살해당한 피해자 제노비스의 이름을 딴 '제노비스 신드롬'은 우리 사회에도 온존한다.

얼마 전 서울에서 음주뺑소니 차량에 부딪쳐 쓰러진 20대 여성을 누구도 돌아보지 않았다고 한다. 사람은 혼자가 아니라 무리지어 어울려 산다. 그 사회에서 자신을 포함한 누구나 위급, 위기의 상황에 처해 도움의 손길이 필요할 때가 있다. 그러한 상황을 목도했을 때 '방관자 효과'로 이를 외면하기 보다는 적극적으로 나서서 구조의 손길을 내미는 게 필요하다. 그게 공동체 사회의 덕목이며 불의를 예방하는 '감시자 효과(Observer effect)'다. (2017.7.31)

낙수효과, 분수효과

내년도 최저 임금안 대폭 인상(전년대비 16.4%오른 7천530원)을 놓고 찬반논란은 여전하다. 노동계는 당초 목표치(1만원)와 거리가 멀다는 입장인 반면, 경영계는 기업활동을 위축시키는 처사라며 반발한 바 있다. 경제 영역에서 '분배'가 중한지, '성장'이 먼전지는 노동계와 사용자 간의 해묵은 우선 다툼이다. 이는 정권의 성향(진보와 보수)에 따라서도 다른 양상을 보인다.

이전 정권에서의 경제정책은 신자유주의에 터잡아 '낙수효과'에 방점을 두었다. 이른바 기업친화적인 정책의 발로였다. 낙수효과(Trickle-down effect)는 고소득층의 소득증대를 통해 민간의 소비 및 투자를 늘려 경기의 선순환을 유도함으로써 저소득층의 소득을 올린다는 이론이다. 컵을 층층이 쌓아놓고 물을 부어 흘러내리게 한다는 점에서'적하효과(滴下效果)'라고도 한다.

이 용어는 농담에서 시작됐다. 미국의 대공황 당시 윌 로저스라는 유머작가가 하버트 후버 대통령(제31대)의 대공황 극복을 위한 경제정책을 비꼬면서 세간의 용어로 자리잡았다. 그는 "상류층 손에 넘어간 모든 돈이 부디 빈민들에게도 낙수되기를(trickle down)를 고대한다"고 말했다. 윌 로저스의 비꼼처럼 낙수효과는 고소득층의 배만 불리고 경제불평등을 더욱 악화시킨 꼴이 됐다는 게 저간의 평가다.

이와 대비되는 '분수효과'는 저소득층의 소득을 높여 총수요를 진작시키고 이것이 경기활성화로 이어지게 하는 데 역점을 둔다.

영국의 경제학자 케인즈는 불황극복을 위해서는 민간소비를 끌어올리는 게 중요하다고 역설했다. 저소득층이나 중산층에 부과되는 세금인하를 통해 민간소비를 자극해야 한다는 주장을 그 내용으로 한다. 세금인하 등으로 고소득층의 수입을 늘리기보다 저소득층 등의 가처분 소득을 늘려주는 게 소비 성향을 높일 수 있다는 것이다.

복잡한 경제 이론이 아니라도 장기화하는 불황에 중산층과 서민들의 삶은 힘들다. 처분할 소득이 줄어든 판에 아파도 참고, 추워도 입는 것을 포기하고, 먹는 것도 줄여나가야 할 판이다. 일한만큼 벌지못하고 노동의 가치 또한 존중받지 못하는 터에 삶의 질이 나아질리 없다.

최저임금 대폭 인상으로 중소기업, 영세자영업자, 소상공인의 타격이 우려된다. 그러나 더 이상의 가치인 소득불평등 완화, 공정 경제 구현, 사람답게 살 권리 보장을 위해 정부와 노·사가 함께 고민해나가야 할 때다. (2017.7.25)

아가위꽃

마르셀 푸루스트의 '잃어버린 시간을 찾아서'에는 '아가위꽃'의 향기가 짙게 풍긴다. 주인공 마르셀의 꽃이라 할 만큼 화자(話者)는 이 꽃을 자주 언급했다. 산사나무라고도 하는 이 꽃은 유럽에서는 5월의 꽃으로 회자된다. '계절의 여왕'이라는 호칭을 부여받은 5월의 아가위꽃. 꽃은 봄에서 여름으로 넘어가는 5~6월에 흰색으로 핀다.

아가위꽃은 시경(詩經) 소아(小雅)편에 나온다. 흔히 형제간의 우애좋음에 비유된다. 그와 관련해 이런 구절들이 있다. 형제가 한 자리에 함께 할 때에는(형제기구·兄弟旣具)/화기애애하고 서로 친애하니(화락차유·和樂且孺)…(중략)나, 형제가 화합한 상태에서는(형제기흡·兄弟旣翕)/서로 즐거워하니(화락차담·和樂且湛)…(중략) 등이 그것이다. 조선왕조실록(중종 14년·1519년)에도 아가위꽃의 기록이 있다. "전라도 흥양현(興陽縣·고흥군의 옛 이름) 점암리에 아가위꽃과 배꽃이 곳곳마다 피었다"했다.

형제간에 우애 좋기로는 백이(伯夷)와 숙제(叔齊)가 유명하다. 중국 주(周)나라 때의 전설적인 형제 성인(聖人)이다. 그들은 죽음까지도 같이 했다. 주나라 무왕이 은(殷)나라 주(紂)왕을 멸하자 '신하가 천자를 토벌했다'며 서우양산(수양산)으로 들어갔다. 반역의 나라인 주나라 곡식을 먹기를 거부하고 고사리만 캐먹다가 끝내 굶어 죽었다. 유가(儒家)에서는 이들을 청절지사(淸節之士)로 크게 높였다. 동이족의 나라, 은의 고죽국 왕자들로 은을 정벌한 한족(漢族)국가인 주를 받아들일 수 없었으리라. 백이와 숙제는 아버지가 죽은 뒤 서로에게 후계자를 양보하다 두 사람 모두 나라를 떠났다. 결국 가운데 아들이 왕위를 이었다는 고사의 주인공으로 '아름다운 형제애'가 돋보인다.

다산 정약용과 그의 형 손암 정약전 또한 형제간의 정이 자별했다. 손암은 다산에게 정신적 멘토였고 학문의 스승이었다. 조선의 22대 왕 정조(正祖)와 함께 다산의 삶과 학문에 깊은 영향을 미쳤다. 다산에게 손암은 아내보다, 자식보다, 다른 형제와 친척들보다 더 특별한 존재였다. 학문을 즐겨 같이 논의하는가 하면, 산천을 유람하며 형제 이상의 지기(知己)를 다지곤 했다. 봉은사에 머무르며 경의과(經義科)를 익히는 동안 다산은 자신과 형과의 우애 관계를 '아가위꽃'에 비유한 시를 짓기도 했다.

아가위꽃 피고 지는 시절에 손암과 다산을 통해 형제애를 생각해본다. (2017.7.17)

미필적 고의

범죄 결과의 발생 가능성에 미치는 정신적인 작용(심리상태)은 범죄의 귀속과 형량 결정에 중요한 영향을 미친다. 이는 형법 각 조문이 규정(구성요건해당성)하는 죄의 행위와 연계된 심리상태(고의 여부)로 '범죄론'의 핵심이기도 하다. '고의(故意·intention)'는 자신의 행위가 일정한 결과를 발생시킬 것을 인식·인용하는 것을 말한다. '과실'과 구분해 형법상 중요한 의미를 갖는다. 우리 형법은 원칙적으로 '고의의 경우만' 처벌하고 '과실의 경우'에는 처벌하지 않기 때문이다(제14조).

예를 들어 보험금을 탈 목적으로 자신의 집에 방화하거나, 사람을 죽일 생각을 갖고 총을 쏘는 심리상태라면 방화(죄)와 살인(죄)에 대한 '(확정적) 고의'다. 이에 준하지만 범죄사실의 발생 가능성을 인식하고 이를 인용하면 '미필적 고의(불확정적·조건부 고의)'에 해당한다.

앞의 예에서 특정인을 죽일 의도로 총을 쏠 때 옆 사람이 맞을지도 모르지만 '맞아도 할 수 없다'하고 방아쇠를 당기는 사례를 이른다. 이는 '인식있는 과실'과 차이가 있다. 자신의 사격 솜씨가 뛰어나 옆 사람을 맞힐리 없다고 생각하고 쏘았는데 결과적으로 그가 맞는 상황이 발생한 경우가 그것이다. 옆사람 사망이라는 결과의 발생을 부정한 관계로 (미필적)고의가 아닌 '인식있는 과실'로 본다. 결과 발생 가능성을 인식했지만 그 가능성을 '긍정'했느냐, '부정'했느냐에 따라 '미필적 고의'와 '인식있는 과실'로 구분된다. 이는 '살인'죄로 처벌하느냐, '과실치사'죄로 처벌하느냐의 차이다.

정치권에서 '미필적 고의'가 화두다. 지난 대선 과정에서 국민의당 당원이 제기했던 문재인 대통령 아들 준용씨의 특혜 의혹과 관련한 제보 조작건을 두고서다. 국민의당은 자체 조사 결과, '당원 혼사 저지른 행위'라고 발표했다. 이에 대해 더불어민주당 추미애 대표가 "윗선의 책임을 덮으려는 '머리자르기', '미필적 고의'다"는 입장을 내놓았다. 해당 당원의 제보 조작을 윗선에서 몰랐을리 없다는 의미다. 알고도 이를 묵인·방조했을 가능성이 있어 '미필적 고의'에 해당한다는 이야기다.

국민의당은 "(정부와 집권 여당인 민주당이) 검찰에 '수사 가이드 라인'을 제공한 것이다"며 국회 일정을 전면 보이콧하고 나섰다. '울고 싶은데 뺨 맞은 격(?)'으로 발끈할 일이 아니다. 이를 추경안과 정부조직개편안 처리 등 국회의 책무와 연관시키는 것도 문제다. 검찰 수사에 맡기고 공당으로서 할 바는 해야 마땅하다. (2017.7.12)

제4부

최고의 선(善)은 물과 같다

호남유배인 기초목록

호남은 예로부터 유배의 땅(?)이었다. 국토의 서남부에 치우친데다 육지에서 멀리 떨어진 외로운 섬들이 많아서였을까. 나라에 중죄를 지은 이들이 심심찮게 변방의 호남 땅으로 유배당해 왔다. 멀리 고려조의 이규보가 그랬고 조선 중기의 조광조 등이 뒤를 이었다. 한때 예송논쟁의 중심에 섰던 송시열은 남인과의 당쟁에서 밀려 정읍으로 쫓겨나 사약을 받았다. 노수신 또한 을사사화·양재역 벽서사건으로 순천과 진도에서 유배생활을 했다. 다산(정약용)은 강진에서 수백여 권의 책을 집필, 실학사상의 자양분을 피워냈으며 면암(최익현)은 피 토하는 심정으로 망해가는 나라의 불운을 지켜보았다.

고려와 조선왕조 등 왕조시기에 호남지역에 유배됐던 928명의 면면을 담은 책이 선 보였다. '호남유배인 기초목록'이 그것이다. 화순과 강진, 순천, 진도, 신안 흑산도를 비롯해 전북 부안, 제주 등이 유배지였다. 책은 유배인들의 이름과 생몰연도, 유배를 오게된 연유 및 인물평을 곁들였다. 지역문화교류호남재단이 최근 펴냈다. 재단은 또 조선 중기 역사에서 주요 인물로 꼽히는 20여명을 다룬 '호남관련인물 선집2'도 내놓았다. 김인후, 기대승, 유희춘, 고경명, 임제 등 호남사람들에게 친숙한 역사 인물의 내력을 더듬어볼 직·간접적인 자료들을 담았다. 그들의 행적과 당시 사회 전반의 흐름들을 알 수 있는 행장, 묘지명, 신도비명 등이다.

하서(김인후)는 문묘와 장성의 필암서원, 남원의 노봉서원에 배향될 정도로 조선 중기의 대학자였다. 퇴계(이황)와 학문을 같이했으며 성리학의 진수를 두고 이항에 반론을 펴고 고봉(기대승)의 논리에 동조했다. 32세에 퇴계의 제자가 된 고봉은 퇴계와 서한을 주고받은 12년 가운데 8년 동안 사단칠정(四端七情)과 관련해 그 유명한 서간논쟁을 벌였다. 제봉(고경명)은 원래 문관이었지만 난(亂·임진왜란)을 당해 의병을 이끌고 나라의 기틀을 지켜내려 장수가 되어 왜적에 맞서 싸우다 전사한 호남의 자랑이다. 유희춘은 그의 호(號) 미암(眉巖)을 딴 일기(미암일기)로 더 유명하다. 일기를 통해 아내 송씨에 대한 애틋한 정을 표현했다. 백호(임제)는 조선 최고의 풍류남아로 손 꼽혔다. 황진이의 무덤가를 지나다 읊은 '청초 우거진 골에 자는가, 누웠는가 …(생략)'라는 시조는 지금도 사람들의 입(인구·人口)에 오르내린다. (2017.7.10)

시스티나 성당, 그리고 합창단

시스티나 성당(Sistina Church)은 교황이 머무는 바티칸 시국에 있다. 교황 식스토 4세(Sixtus PP.IV·212대)가 성모에게 바친 성당이다. 새 교황 선출을 위한 '콘클라베'가 이곳에서 열린다. 건축가 조반니 데 도르티가 설계해 1473년 공사에 들어가 1481년에 완성했다.

성당은 르네상스 시대를 이끈 천재화가 미켈란젤로가 그린 '천장그림'으로 유명하다. 성당 내부의 벽화나 천장화(天障畵·천장그림)는 하나같이 걸작들이다. 좌우 벽면의 '예수의 생애'와 '모세의 생애'등 12점의 벽화는'르네상스 회화의 보고라 할만하다. 산드로 보티첼리, D.기를란다요, L.시뇨렐리 등 당대의 거장들이 3년여에 걸쳐 그렸다. 특히 미켈란젤로는 율리우스 2세와 바울로 3세의 명에 따라 천장화, 제단화(祭壇畵), 측벽화(側壁畵)를 제작했다.

천장 중앙에 '창세기', 그 주위에 '12명의 무녀(巫女)와 예언자', 벽면과 네 모퉁이에는 '그리스도의 조상', '이스라엘 백성의 역사'라는 작품을 남겼다. 측벽화는 천사, 그리스도를 중심으로 한 심판, 묵시록의 7천사, 지옥을 격렬한 터치로 표현해냈다. 고전적 측면의 측벽화, 천장화와 함께 바로크 회화 탄생에 선구적 역할을 한 제단화로 르네상스 전성기를 전후한 위대한 걸작들이 성당 안에 모이게 된 것이다.

시스티나 성당의 이름을 딴 합창단이 광주가톨릭평화방송 주관으로 9

일 오후 7시 광주문화예술회관 대극장에서 공연을 한다. 교회 초기부터 활동한 합창단의 역사는 1500여년에 이른다. 교황 식스토 4세에 의해 1471년 재조직된 뒤 지금까지 교황의 전례 의식 등 전속 합창단 역할을 맡고 있다. 조반니 피에르루이지, 루카 마렌지오, 크리스토발 모랄레스, 코스탄조 페스타, 조스캥데 프레와, 야코프 아르카널트 등 르네상스 시대의 유명 음악가들이 소속돼 명성을 이어갔다.

현재의 지휘자는 교황 베네딕토 16세가 임명한 마시모 팔롬벨라 몬시뇰이다. 성인남성과 소년 60여명으로 구성된 합창단이 '하늘아, 위에서 이슬을 내려라', '하느님, 당신께 제 영혼 들어 올리나이다', '라소의 마니피캇' 등 9곡을 선보인다. 본 공연에 앞서 광주가톨릭평화방송 피아트 도미니 소년합창단은 '아베마리아','주여 임하소서' 등 4곡을 공연한다. (2017.7.6)

마한(馬韓)

침미다례, 내비리국, 초리국, 신지, 읍차…

마한은 진한, 변한(변진)과 더불어 국토의 서남부지역을 차지했던 우리 고대사의 토착세력이었다. 중세 이전의 고대사는 고구려, 백제, 신라 등 3국 체제로만 서술되고 거론돼왔다. 그러한 학습과 인식의 형성은 아마도 일제 강점기와 특정 목적을 지닌 현대 정치사의 왜곡된 교육 방식 탓이 적지않을거다.

의도적이든 비의도적이든 3한의 역사는 결코 외면하거나 소홀히 다뤄져서는 안될 부분이다. 고조선 붕괴 이후 한반도에 어떤 세력이 존재했으며 이 세력들을 바탕으로 북방의 고구려와 남방의 백제, 신라가 어떻게 형성되었는지 파악하는데 핵심 고리인 때문에서다.

고구려, 백제, 신라의 그것과 달리 서술이나 언급의 정도가 약하지만 마한은 54국 체제로 진한(14국), 변한 등 3한 중 가장 세력이 컸다. 토착민을 바탕으로 한 부족연맹 체제에서 국가 체제로 나아가지 못했지만 연맹을 고리로 그 세력의 범위가 전라도를 중심으로 경기, 충청도까지 미쳤다. 특히 지금의 나주 반남 등 영산강 유역의 마한문화권은 노령산맥 이남에서 가장 독립적이고 독특한 특징을 지녔던 것으로 학계는 파악하고 있다.

4세기 후반 백제세력(근초고, 근구수왕 시절)권에 들어가기도 했지만 백제가 약화된 틈을 타 독립운동을 벌이기도 했다. 영산강 유역에서 출토된 타날문 단경호, 유공광주소호, 무개고배라 불리는 독특한 토기를 비롯해 금동관, 환두대도, 금은장도, 도검 등 유물들은 이곳에 형성됐던 수준높은 정치·문화적인 힘의 한 단면이라 할 수 있다. 보다 선진화된 문화와 강력한 군사력을 앞세운 백제의 지배하에 들어가면서 그 역사가 망실된 부분이 없지 않지만 분명 재조명되는 게 마땅하다.

역사는 '현재와 과거의 대화'라 했다. 아득히 먼 옛날 우리 지역의 역사와 문화, 정치적인 힘의 형성과 발전상을 더듬어감은 오늘의 정체성 확립에 필수적이다. 역사에 대한 선행 학습과 탐색이 필요한 이유다. 현재 마한사에 대한 지역의 고고학적 연구는 미미한 상태다. 역사학적 해석은 학계의 몫이지만 학문적 성과라 이르기 민망할 정도다. 지역 출신 연구학자들도 거의 없다고 한다.

새 정부가 출범하면서 가야사 복원을 국정과제로 내 세웠다. 그 보다 훨씬 세력이 크고 독자적인 문화권을 형성했던 마한의 역사와 그 중에서도 영산강 유역의 고대사에 대한 국가적인 관심이 덜할 이유가 없다. 마한사 복원. 지역의 학계와 지자체, 나아가 정부의 전폭적인 관심이 있어야 한다. (2017.7.4)

증거조작

증거(證據·evidence)'는 사건의 실체를 규명하는 열쇠고리다. 그 증거가 불변의 사실에 입각해 뚜렷하다면 사건 해결에 '스모킹 건(결정적 증거)'이 될 수도 있다. 어떤 사실을 증명할 수 있는 근거인 증거는 (소송) 법적으로는 법정에서 사실의 존부(存否)와 관련한 확신을 주는 자료이기도 하다.

법규적용의 대상이 될 사실 인정의 자료로 성격에 따라 인적·물적 증거, 서증(書證), 직접·간접 증거(정황증거), 본증(本證), 반증, 본래증거, 전문증거, 단순증거, 종합증거 등으로 구분된다. 이 같은 의미를 지닌 증거가 조작된다면 어떨까. 사실을 왜곡하고 실체 규명을 가로막는 그러한 행위는 명백한 범죄다. 민형사상 사건에서 증거조작은 배상이나 범죄의 결과인 형벌의 가중사유로 작용한다.

정치·경제·사회 등 제반 분야에서 증거조작이 심심치 않았지만 특히 우리 근현대 정치사의 증거조작은 '흑역사'로 선연하다. 특정 정권의 출현과 유지 및 그에 부역한 불법공동체의 기득권 강화에 톡톡한 역할을 해냈기 때문이다.

'새정치'를 화두로 창당했던 국민의당이 최대의 위기에 몰렸다. 구태정치의 전형이라 할 '증거조작'의 본당으로 떠 올라서다. 지난 대선(19대) 막바지에 제기한 문재인 대통령 아들 준용씨의 입사 특혜 의혹은 그야말로 허위 내용이었다. 국민의당이 당시 무슨 대단한 의혹을 밝혀낸 것처럼 대대적으로 문제 삼고 나섰으며 더불어민주당은 명백한 '허위 사실'이라며 검찰에 고소고발 했었다. 이에 따른 검찰 수사가 진행되자 '조작의 일선에 섰던 당사자가 이 같은 내용을 자작한 것'이라고 지도부가 밝혔다.

사태의 심각성을 깨달은 당 지도부는 기자회견과 함께 대국민 사과와 철저한 자체 진상조사를 다짐했다. 그러나 사과와 다짐은 공허하다. "직접 당사자 외에 선대위 관계자들, 당 지도부 등 그 윗선은 알지 못했다"는 등의 발명에 '꼬리 자르기'라는 비난이 이어진다. 가관은 "차제에 논란이 계속돼온 특혜 채용에 대해 특검을 통한 의혹 규명도 필요하다"는 '물타기' 식 주장이다.

멀리 독재 정권시대에 심심찮게 발표되곤 했던 간첩 사건의 증거조작은 익히 알려진 바다. 18대 대선 과정에서 국정원의 댓글 사건 또한 가까운 과거의 수치스러운 기록이다. 국민의당 증거조작은 이 나라 주인인 국민 전체의 의사를 왜곡시키고 헌정질서를 유린하려한 중대 범죄에 다름없다. '새정치'가 아니라 '헌정치', '어둠의 공작정치'를 지향했던 행위에 대한 검찰의 철저한 실체 규명과 당 차원의 준엄한 책임 추궁은 당연하다. (2017.6.30)

사법시험

사법시험은 '개천의 용(龍)'을 탄생시키는 관문에 비견됐다. 요즘의 언어로 치면 '흙수저'들의 '희망 사다리'라 할만 했다. 가진 것도 빽도 있을 리 없는 출신들에게 합격만 하면 신분이 달라지고 부와 권세가 보장되는 단단한 줄이었던 셈이다.

그 때문에 수많은 수험생들의 질끈 동여맨 머리띠에 'Boys, be ambitious(소년이여, '대망'을 품어라)'라 쓰인 문구의 '대망'이기도 했다. 헌법, 민법, 형법 등 기본 3법에 소송법(민사, 형사)과 상법, 선택과목, 영어(TOEIC등으로 대체). 권당 1천여페이지를 훌쩍 넘기는 난해한 법률 서적 수십여권의 회독(回讀)에 더해 끊임없이 생산되는 판례 숙지까지. 그것을 향한 학습은 그 자체로 지난한 고행의 길이었다.

시골이든 도시든 학창 시절 공부 좀 한 덕에 '수재'소리를 듣던 학생들에게는 주변에서 심심찮게 그 공부의 권유가 이어졌다. 시골 출신 가난한 고학생이 퀴퀴한 냄새나는 손바닥만한 하숙방 혹은 자취방에서 수년간 각고 끝에 눈물의 합격 통보를 받았다는 이야기는 주요 뉴스거리였다. 그 시기 숱한 '성공 신화'의 한 축을 담당한 바도 있다. 없는 살림 쪼개고 허리띠 졸라매가며 뒷바라지했던 부모님들의 노고는 또 얼마나 자주 회자됐던가.

1차(객관식), 2차(주관식), 3차(면접)의 치열한 변별과정을 거치는 동안 그 어떤 외부의 관여나 입김이 작용할 수 없고 오로지 성적으로만 당락이 결정되기 때문에 감동이 더했다. 힘있고 잘 나가는 부모를 둔 덕이 수시로 작동하는 근래의 시험 유형과 확연히 달랐다. 온갖 연줄과 연고로 얼룩진 우리 사회에서 그나마 공정 경쟁을 담보할 수 있는 몇 안되는 시험이었다는 점에서다.

물론 병폐가 많았다. '조금만 더 하면 될 것같은데…', '몇 점 부족해서…', '그간 어떻게 해온 공분데…'라는 부족함과 아쉬움이 '장수생'과 '고시 낭인'을 양산했다. '낙타가 바늘구멍 뚫기'보다 어렵다는 시험 관문을 통과하기 위한 오래고 힘든 수학 과정에서 좌절감과 생활고, 뒷바라지 해준 이들에 대한 미안함 등으로 극단의 선택을 한 수험생들도 적지 않았다. 그런 숱한 병폐와 함께 법률 서비스에 대한 사회적 수요가 증대하면서 선발 인원이 단계적으로 늘어나고 법학전문대학원(로스쿨) 제도 도입에 따라 사법시험은 폐지 수순을 밟아왔다.

지난해 마지막 1차 시험 합격자를 대상으로 한 2차시험이 지난 21일 치러졌다. 최종 선발 인원이 50명인 이번 시험을 끝으로 사법시험은 이제 우리 역사의 전설로만 남게 됐다. (2017.6.26)

플리바게닝

형사 피고인이 유죄를 인정하거나 다른 사람에 대해 증언을 하는 대가로 검찰측이 형을 낮춰주거나 가벼운 죄목으로 다루기로 거래하는 것. '플리바게닝(plea bargaining)'은 '유죄협상제', 또는 '사전형량조정제도'를 말한다.

보통 검사와 피고측 변호사 간의 유죄 인정을 조건으로 이뤄지며 이에 의할 경우 항소 등의 절차를 거치지 않고 판사가 협상된 형량을 선고한다. 미국은 수사·기소·재판 최종심까지 소요되는 비용을 절감하기 위해 이 제도를 적극 활용한다. 프랑스, 스페인 등의 일부 대륙법계 국가에서도 제한적으로 채택하고 있다. 그러나 이 제도는 사전 협상에 따라 실체적 진실 파악 포기, 같은 범죄에 대해 상이한 형벌, 피고인의 권익 보호보다 검찰의 수사 편의 증대와 함께 피해자의 입장이 고려되지 않는다는 문제점이 지적된다.

우리나라의 경우 플리바게닝에 대한 법적 근거는 없다. 다만 기소권과 관련한 검사의 재량을 폭넓게 인정하는 기소독점주의와 기소편의주의를 채택해 비슷한 형태의 수사, 기소가 암묵적으로 이뤄지고 있다고 볼 수 있다. 정부가 지난 2011년 7월 12일 국무회의에서 조직범죄 등의 가담자가 사건 해결 또는 공범 검거에 기여할 경우 기소 자체를 면제해주거나 형을 감경해주는 '사법 협조자 소추 면제 및 형벌감면제'를 의결한 바 있지만 반대 여론이 많아 유보됐다.

'국정농단'의 주역 최순실의 조카 장시호씨가 지난 8일 석방됐다. 국정농단에 연루돼 구속된 많은 이들 가운데 처음이다. 표면적인 이유는 구속기간 만료지만 검찰이 구속기간 연장신청을 하지않은 데 힘입은 바가 크다. 장씨는 검찰 특별수사본부와 박영수 특검팀에 최씨 소유로 알려진 '제2의 태블릿PC' 제출 등 최씨 행적을 둘러싼 여러 단서를 제공해 수사에 적잖은 도움을 주었다. '특검 도우미'로 불릴 정도였다.

그와 사촌인 최씨의 딸 정유라씨는 해외 도피 중 국내로 강제소환됐다. 그녀는 귀국 당시 국정농단 의혹에 대해 "자신은 억울하다", "특혜 받은 바가 없다"는 등의 입장을 밝혔다. 장씨는 검찰 수사에서 '특급 도우미'였지만 정씨로부터는 아직 결정적 단서를 확보하지 못했다. 국정농단 사태와 관련한 수사·기소·재판 과정에서 검찰과 장시호와 사이에 비공식적 '플리바게닝'이 있었거나 있을 수 있다.

귀국 직후 1차 영장이 기각됐다가 지난 18일 구속영장이 재청구된 정유라는 어떨까. 구속 수사든 불구속 수사든 결정적 단서 제공이나 증언 등 협조 여부에 따라 감안될 것 같다. (2017.6.20)

인간사 새옹지마

변방에 한 노인이 살고 있었다. 기르던 말(숫말)이 어느 날 울타리를 뚫고 달아나 버렸다. 동네 사람들이 이를 위로하자 노인은 "이 일이 복(福)이 될지 누가 알겠느냐"고 했다. 얼마 지나지 않아 도망갔던 말이 암말을 데리고 돌아왔다. 동네 사람들의 축하에 그 노인은 "그 일이 화(禍)가 될지 어찌 알겠소"라며 기쁜 내색을 하지 않았다. 며칠후 아들이 그 암말을 타다가 낙마해 다리가 부러지고 말았다. 동네 사람들이 다시 위로하려들자 "이 또한 복이 될 수 있는 일이오" 라고 했다. 후에 전쟁이 일어나 마을의 젊은이들이 전장에 나가게 됐지만 다리가 부러진 아들은 징집에서 면제됐다.

이른바 '인간사(人間事) 새옹지마(塞翁之馬)'란 말이 유래된 고사다. 길흉화복 등 사람사는 세상에서 앞날의 일은 언제 어떻게 변할 지 알 수 없다. 당장 발생한 결과만을 가지고 그에 연연해 일희일비할 게 아니라는 의미다.

지난해 촛불혁명의 염원으로 출범한 문재인 정부의 낙점을 받은 고위공직자들 가운데 '새옹지마'와 결부해 회자되는 이들이 있다. 윤석열 서울중앙지검장, 노태강 문화체육관광부 2차관이 대표적이다. 윤 지검장은 채동욱 전 검찰총장과 함께 박근혜 전 정권 초기 국정원 대선 개입사건 수사에서 윗 분(?)의 의도와 다른 수사 방향을 고집하다 찍혀 좌천의 쓰디쓴 맛을 보았다. 소신과 강골에 바탕해 진정한 검사의 길을 걷고자 했던 그에게 '정치 검찰'을 요구했던 정권에 내침을 당했던 것이다. 수사관들과 같이 먹던 '짜장면'을 잊지 못했던 그가 지난해 국정농단 사건 특별검사팀에 합류하면서 세간의 이목을 끌었다. 그리고 현 정부의 서울중앙지검장으로 발탁돼 진정한 '검찰개혁'의 선봉에 섰다.

노 신임 차관의 경우는 더 극적이다. 지금은 영어의 몸이 된 서슬퍼렇던 박 전 대통령이 '참, 나쁜 사람'이라고 직접 콕 찍어 내는 바람에 눈물을 감추고 옷을 벗어야 했던 그 였다. "다시 직원들을 만나게 되면 눈물이 날 것 같다"던 그를 지명한 새 정부는 후배들로부터 두터운 신망과 체육계 사정 및 평창 동계올림픽 등 현안을 잘 안다는 점을 강조했다. 정권의 부당한 찍어내기에 쉽게 굴하지 않던 소신 또한 주요 발탁 사유였으리라.

이밖에 그간 불의(不義)의 그늘에 가려있다가 빛을 보게 된 이들도 적지않다. 그렇게 발탁된 이들이 본의아니게 가려졌던 재능을 십분 발휘하리라 기대된다. 전 정권의 연이은 실정과 부당한 권력행사 등으로 '새옹지마'의 처지에 놓였던 대한민국에 다시 운(運)이 돌아온 조짐처럼. (2017.6.14)

칼의 노래, 그리고 장군

작가 김훈은 장군(충무공 이순신)의 고뇌와 죽음에 대한 사유를 회고했다. 소설 '칼의 노래'를 빌려서였다. '충무공-그 한없는 단순성과 순결한 칼에 대하여'라는 부제의 소설은 1인칭 시점이다. 임진왜란 당시 장군이 백의종군할 무렵부터 노량해전에서 전사할 때까지 2년여의 이야기를 그에 담았다. 전투를 전후로 한 심정과 혈육의 죽음, 권력의 덧없음과 폭력성 등을 그려냈다. 날카로운 칼의 모습을 통해 나라의 생사를 책임진 무장의 충(忠)·효(孝)보다 지극한 고독함과 삶의 무의미와 죽음이라는 현존 앞에서 고뇌하는 실존주의자의 의미를 되 새겼다.

그 김훈이 최근 "정의니 도덕이니 하는 모호한 관념들이 사회발전을 가로막는다"는 소회를 밝혔다. 그의 또 다른 소설 '남한산성' 100쇄 기념 간담회에서 그랬다. 병자호란을 배경으로 해 강력한 군대를 앞세운 청(淸)의 침입에 맞서 싸워야 한다는 척화파와 그 반대편에 선 주화파 간의 극렬한 대립과 분란을 다뤘다. 2007년 남한산성 초판을 낸 김 작가는 오늘의 상황을 당시에 빗대 '모호한 관념'들이 '사회발전'을 가로막는 '장애물'이라고 표현했다. 북한은 강한 무력을 가진 군사적, 정치적 실체며 이미 싸움과 대화의 대상인데 이를 두고 벌이는 '주적 논쟁'에 대해 "병자호란 때의 무지몽롱하고 관념적인 주화-척화 논쟁을 연상시킨다"는 비판이다. 사드(THAAD:고고도미사일방어)체계 배치를 둘러싼 중국과의 갈등 상황에 대한 현실론도 같은 맥락이었다.

그는 명량대첩 축제를 구경하고 돌아오던 길에 함께했던 김대중 전 대통령과의 대화를 소개하기도 했다. 김 전 대통령이 김 작가에게 "병자호란에서 주화파를 대표했던 최명길과 척화파를 대표했던 김상헌 가운데 어느 편이냐"고 묻고 "나는 최명길을 긍정한다"고 했다는 이야기다. 불굴의 민주투사 김 전 대통령이 "최명길을 긍정한다"고 한 언급과 관련해서는 "'타협할 수 없는 이념의 지향성'과 '당면한 현실의 절벽' 사이에서 몸을 갈고 인고의 세월을 버텨내며 길을 열어간 김 전 대통령의 생애를 생각했다"는 '못다한 말'도 덧 붙였다.

'칼의 노래'의 주인공인 장군의 검(劍)은 '쌍룡검'이다. 해모수의 용광검, 백제의 칠지도, 김유신의 사인검, 이성계의 전어도 등과 더불어 한국을 대표하는 명검 가운데 하나다. 그 검에 "쌍룡검을 만드니 천추에 기상이 웅장하도다. 산과 바다에 맹세한 뜻이 있으니 충성스러운 의분은 옛날이나 지금이나 같도다"라고 새겨져 있다고 한다. (2017.6.12)

다산의 『경세유표』

다산(茶山) 정약용(丁若鏞)은 조선 후기 대표적인 실학자다. 실학을 집대성해 부국강병의 꿈을 꾸었다. 우리 역사상 최고, 최대의 실학자이며 개혁가로 정평이 나 있다. 그가 배우고 익힌 학문의 범위는 깊고도 넓다. 후대의 어떤 학자도 이에 토를 달지 못할 만큼 상상을 초월한다. 조선 22대왕 정조(正祖)와의 특수 관계 때문에 정조 사후 유배당하지 않고 조정의 당상에서 국정운영에 매진했다면 후한말의 역사가 달라졌을 거라는 애석함이 있을 정도다. 역대 조선 왕 가운데 지혜와 안목, 개혁 성향에 있어 드물게 뛰어난 군주로 꼽히는 정조와 좀 더 오래 나라를 이끌었다면 하는 가정에서다.

그의 학문과 정치는 경세(經世·세상을 경영함)나 목민(牧民·백성을 어루만짐), 흠흠(欽欽·그들을 공경함)에 바탕했다. 세상을 실용적으로 더 나아지게 하고 백성들을 공경하며 아픔을 어루만져주어 그들의 살이를 보살피는데 목적을 두었던 것이다.

정조 재위 중 가장 이상적인 관료로서의 정치적 재능은 조야의 본(本)이 되기도 했다. 그가 남긴 다수의 저작들을 통해 엿보이는 정치관은 민본(民本)이다. 왕조시대에 주민자치 실현을 기도함으로써 시대를 앞선 인물로 평가받는다.

그는 '자찬묘지명(自撰墓誌銘·스스로 지은 묘지명)'에서 자신의 수많은 저술들에 대해 이렇게 평한 바 있다. "육경(六經)과 사서(四書)는 자신을 수양하는 것이고, 일표(一表)와 이서(二書)는 천하와 국가를 위함이니 본말이 갖춰졌다고 할 것이다"고.

육경과 사서에 관한 저술이 근본이라면 『경세유표(經世遺表)』와 『목민심서(牧民心書)』, 『흠흠신서(欽欽新書)』는 경세를 위한 구체적인 실천 방안이라 할 수 있다.

그의 『경세유표』 저술 200주년을 기념하는 학술대회가 지난달 말 강진군에서 열렸다. 낡고 오래된 나라를 새롭게 만들고자 했던 다산의 꿈을 재해석하고자 하는 취지였다. 강진다산실학연구원과 다산연구소가 공동 주최하고 강진군이 후원했다. 주제는 '다산 정약용, 강진에서 새로운 나라를 설계하다' 였다. 박석무 다산연구소 이사장은 『경세유표』에 담긴 개혁을 현재적 의미로 재해석하고 15개 과제로 정리해 기조 강연했다. 경세유표의 원래 제목은 「방례초본(邦禮草本)」이다. 당시의 관직 체제와 지방 행정조직 개편, 신분과 지역에 얽매이지 않는 인재 등용, 과세제도 합리화 등의 내용이 담겨있다.

이전과는 전혀 다른 나라 건설을 목표로 한 새정부에 개혁의 한 방향을 제시하는 모토가 될지 모르겠다. (2017.6.5)

통곡의 바다

유대인의 왕 솔로몬은 예루살렘에 장엄하고 아름다운 성전(聖殿)을 세웠다. 성전은 그 이후 잦은 전쟁 등으로 파괴되었으나 헤로데스 왕이 예수 그리스도 시대에 재건했다. 구약성서에 나오는 '통곡의 벽(Wailing Wall)'은 그 성전의 서쪽 벽(Western Wall), 높이 18미터의 돌담을 말한다.

예수가 죽은 뒤 로마군이 예루살렘을 공격해 많은 유대인을 죽였다. 이 처참한 광경을 지켜본 성벽이 밤이면 통탄의 눈물을 흘렸다. 유대인들 또한 성벽 앞에 모여 성전의 파괴를 슬퍼하며 눈물을 흘렸다 해서 '통곡의 벽'이라 불리우게 됐다.

'통곡의 벽'은 유대인과 팔레스타인 인들에게 오래된 분쟁 거리다. 유대인들에게는 '약속의 땅'인 이스라엘의 상징인 반면, 팔레스타인 측에도 바위 사원과 알 아크사 모스크에 속한 이슬람의 성지인 때문에서다.

도널드 트럼프 미국 대통령이 현직 대통령으로는 처음으로 '통곡의 벽'을 찾았다. 유대인 남성모자(키파)를 쓰고 그 벽에 손을 얹었다. 이곳에 대한 트럼프의 방문은 국제적 논란을 일으킬 가능성을 낳는다. 통곡의 벽이 있는 동 예루살렘은 이스라엘이 실질적인 점령국이지만 국제법상으로는 팔레스타인 자치령에 속한다. 트럼프의 방문은 미국 정부가 이스라엘의 입장을 지지한다는 내면을 드러낸 것이어서 팔레스타인을 비롯한 무슬림 세계의 반발을 불러올 수 있다. 트럼프의 통곡의 벽 방문이 이스라엘과 팔레스타인 간에 또 다른 분쟁 요인으로 번져 다시 통곡의 요인이 되지 않을까 우려된다.

'통곡의 바다(Wailing Sea)' 이야기도 있다. 2014년 4월의 어느 봄날, 수학여행 가던 수백여 명의 학생들 목숨을 삼켜버린 진도 맹골 앞바다. 빛바래 검게 녹슨데다 뒤틀리고 부서져 흉물스러운 모습으로 한(恨)서린 세월호가 3년여 만에 바다 깊은 곳에서 올라와 목포신항으로 옮겨졌다. 그리고 그날의 희생자 가운데 미수습자를 찾는 수색작업이 지리하게 이어지고 있다.

가깝고도 먼 이웃나라 일본의 NHK 방송이 세월호 특집다큐멘터리를 제작했다. '통곡의 바다~한국 세월호 사고 이후 어머니들의 3년'이 그것이다. 지난 21일 국내 방송에 이어 28일 세계 100개국에 송출했다. 조은화, 허다윤양의 어머니 등 미수습자 가족들의 눈물과 아픔, 그리고 기다림의 기록을 담았다. '통곡의 바다~' 제작책임자는 "세월호 사고는 아직 끝나지 않았다. 그래서 취재를 계속한다"고 프로그램의 취지를 설명했다고 한다.

그 바다는 여전히 통곡의 사슬을 끊어내지 못한 채 어둠의 바다 깊숙이 망자들의 한서린 그림자를 남겨 두고 있다. (2017.5.30)

말과 글

말과 글은 생각의 외연화라고 할 수 있다. 생각이 바르고 곧아야 말에 품격이 있고 글에 정연함과 무게감이 더 해진다. 또한 얕지않은 수양과 함께 오랜 독서와 사유의 과정이 깊을수록 정제된 생각, 풍성한 말, 달관한 글들이 선 보인다. 말과 글은 의식의 산물이며, 그 의식의 표현 양식이기 때문이다. 말의 속과 겉이 다르고 글에 대한 의식과 표현이 어긋난다면 허풍이요, 세상을 호리는 요언(妖言), 삿된 글에 불과하다.

생각은 내면의 은밀한 지점이라 그 실체를 짚어내기가 쉽지 않다. 말 또한 녹음이나 녹취에 의존하지 않고서는 오랜 시간 붙잡아두기 어렵다. 그러나 글은 기록으로 남는다. 그 형태는 지면을 통하거나 컴퓨터 화면이나 메일, 휴대폰 문자 메시지 등 다양하다. 예로부터 선인들의 글은 갑골, 죽간, 석판, 석벽에 이어 종이가 발명된 이후 수많은 서책 등을 통해 전해온다.

세상의 말과 글들은 어떤 쓰임이 있는가. 예수와 석가, 부처, 공자 등 성인의 말과 글은 그대로 고전(古典)이 된다. 역사에 길이 남을 빼어난 시인과 명문장가들의 그것도 후학들의 학습과 수양에 전범(典範)으로 작용한다. 동양의 글 쓰임은 윤리에 터잡아 아름다운 풍속을 드높이고 사람들이 지키고자 하는 도덕에 어긋나는 나쁜 마음과 나쁜 짓을 바로 잡아가는 죽비의 역할을 해왔다. 말하자면 비유로써 세상의 옳음과 그름을 경계하며 은유의 암시로 참과 거짓의 잣대를 삼는 것이다. 서양에서는 사고의 다양성을 담보하는 자양분이 되며 사유의 깊이를 더하고 폭을 넓혀 의지의 무게를 든든하게 해주는 길잡이로서의 기능이 톡톡하다. 이를테면 옛 전범을 본원으로 해 당대 사회가 추구하는 가치체계를 정립하고 그 문화의 지향점에 부합하는 수단이 되고 도구가 된다는 것이다. 물론 바람직스럽지 못한 부정의 측면에서 때로 특정 권위의 출현과 지탱을 위한 체제 이데올로기 형성에 기여하는 효용 가치도 있다.

여러 부류의 말과 글의 쓰임 가운데 고의적인 위악(僞惡)에 터잡아 세상과 더러운 거래에 차출당하는 사례도 적지않다. 얕은 배움(천학·淺學)과 변변치 않은 재주(비재·非才)에서 덧없이 나오는 말과 지망지망 써대는 깊이없는 글들이 그렇다. 그러한 말·글들은 고매한 정신세계에 타격을 가하고 세상의 순정한 질서를 무너뜨린다. 다듬어지지 않은 설익은 사고 혹은 사유를 바탕으로 한 말이나 글쓰기는 경계의 대상이다. 부끄러움으로 돌아보아야 할 반면교사(反面教師)다. 입밖으로 나온 말, 생각의 정영(精英)인 글. 거울을 들여다보고 자신의 옷매무새를 다듬어야 할 교훈이 아닐 수 없다. (2017. 5.26)

노무현입니다

그를 생각하면 가슴이 아리고 그리움이 밀려온다. 가슴의 격통은 진작 그를 알아보지 못했던 참회에서 비롯한다. 수십여 년의 세월 동안 세뇌 교육을 거쳐 다져진 우상을 향한 굴종에 익숙한 관습으로는 살아생전 그의 탈 권위에 거부감을 느낄 정도였다.

그의 진면목은 그가 아닌 누구나 알지만 아무도 제대로 알아보려 하지 않은 데 있었다. 알지 못한 채 '비난'에 가세하고, '비틂'에 동참했던 무지(無知)가 가슴을 후벼파는 진한 후회로 다가온다. 사람들이 알아주지 않았지만 누구보다 뜨겁고 치열하게 순수하고 강인한 열망으로 싸우며 버티던 그를 좀 더 깊게 가슴으로 공감하지 않았던 죄책감이었으리라.

그가 세상을 떠난 지 여덟 해가 되는 날(23일)을 앞둔 지난 20일 서울 광화문 광장에서 열린 '고(故) 노무현 전 대통령 서거 8주기 시민문화제'. 사람들은 자발적으로 모여 그를 추모하는 시간을 가졌다. 광장에 모인 1만5천여 명의 시민들은 그를 그리며 헌시(獻詩)를 낭독하고 눈물을 흘리며 '사람사는 세상'을 이야기 했다.

그를 기억할 이유가 있는 영화 '노무현입니다'가 만들어졌다. 감독 또한 여늬 사람과 마찬가지로 처음부터가 아닌 영화제작을 마무리할 때쯤에야 그를 알게 되었다고 한다.

그가 영화를 제작하게 된 소회는 다소 길었다. "'사람은 이래야 된다'는 걸 보여준 사람이다. '우리는 어느 순간 괴물이 되어 버렸고, 왜 괴물 사회에서 괴물이 되지 않느냐'고 구박했다. 하지만 그는 처음부터 사람이었고, 그 끝에서도 사람이기 위해 그 높은 벼랑 끝에서 뛰어 내렸다. 그 마지막 길로 사람으로서 자신의 존재와 실존을 지켜냈다. 이만큼 사람 본연의 모습을 생생하게, 명료하게 보여준 이가 또 있을까."

그는 '적색 알레르기'를 앓는 전 정권의 눈치를 보아가며 조심스럽게 영화를 제작했다고 밝혔다.

지난 2002년 대한민국 제16대 대통령 경선에 나서 극적인 반전과 역전, 기적을 써 내려간 그의 기록을 담은 영화. 그가 꿈꾸었던 세상은 '사람사는 세상'이었다. 외롭고 쓸쓸했지만 그의 꿈을 알아본 사람들이 하나 둘 늘어나고 공감대가 넓게 형성됐다. 우상과 권위의 지배를 받아오던 저간의 세뇌에서 문득 얻은 깨달음의 일섬(一閃)으로.

그가 오래전 이 땅에 남겨두었던 석과(큰 과일·碩果)는 먹지 않고(불식·不食) 씨가 돼야 한다. 그의 뜻이 변치않고 뿌리를 깊게 내려 가지가 번성해져야 하기 때문이다. 퇴보와 질곡의 사슬을 끊어내고 '나라를 나라답게, 사람이 사람답게'를 손모아 받치고 나가야 할 기틀을 마련하기 위해서도 그렇다. (2017.5.24)

나는 부정한다

대량학살. '홀로코스트(Holocaust)'는 인간의 폭력성과 잔인성에 바탕한 광기의 극단을 보여준 전형이다. 제2차 세계대전을 일으킨 히틀러는 '불량 인종을 청소한다'는 명목 아래 600여만 명의 목숨을 처참하게 살육했다.

일본군 731부대 운용과 관련한 또 다른 감춰진 진실도 마찬가지다. 캄보디아 내전의 이면을 들춰낸 '킬링 필드(Killing fields)', 보스니아 내전, 르완다 종족분쟁 과정의 학살 역시 인류사의 치욕으로 오래 오래 전해온다.

"거짓을 부정할 수는 있어도 책임을 피할 수는 없다". 영화 '나는 부정한다(Denial)'는 결코 지울 수 없는 역사적 사실을 바탕으로 만들어졌다. 홀로코스트의 진실공방을 다룬 법정드라마가 소재였다. 주류의 왜곡된 역사 인식을 부정하는데 촛점을 맞췄다.

히틀러 추종자, 반유대주의자(혹은 수정주의자), 인종차별주의자를 부정한 Denial. '홀로코스트는 없었다'는 아마추어 역사학자와 역사 바로 세우기에 나선 유대인 역사학자.

원고와 피고. '무죄추정의 원칙이 적용되지 않는 사법시스템(영미법·英美法), 보아디케아(Boadicea·고대의 여전사) 기마상, 페르소나 논 그라타(persona non grata·외교상 기피와 비호감 인물), 발언의 자유 남용금지는 극 전개과정의 추임새였다.

37년전 5월 어느 날, 광주가 겪었던 끔찍한 기억은 여전히 선연하다. 희생자와 그 가족, 시도민 전체의 집단 트라우마는 때로 발작으로 이어진다. 불법(不法), 불의(不義)의 공동체가 집단광기에 터 잡아 자행한 동족학살. 그 장본인들의 행태가 상처를 덧나게 하곤 한다.

참회와 반성이 아닌 '회고록'은 후안무치의 극단이다. 어설픈 면죄부가 그들의 뻔뻔함에 정당성을 부여했다. 부역자들의 추종은 더욱 그악하다. 총검에 난자당하고 곤봉에 두개골이 바숴졌던 엄연한 현실에도 '타의에 의한 폭동, 선동', '국가 전복 기도'였단다.

왜곡된 거짓을 이어받은 훗날의 정권도 이에 가세하는데 주저함이 없었다. 상징의 노래를 부르지 못하게 했으며 추도식의 정상화를 집요하게 방해했다.

지도자가 바뀌고서야 '참'이 '거짓'을 이기는 단초를 마련할 수 있었다. 모두가 노래를 함께 부르게 되면서 추도의 마음을 한데 모았다. 그날의 진상에 대한 철저한 규명, 왜곡 세력의 준동을 막을 법의 제·개정 및 제도의 정비라는 약속도 제단에 올려졌다.

기념식이 있었던 날 밤, 한 방송사의 앵커는 영화 '나는 부정한다'를 소재로 뉴스 브리핑을 했다. '모든 주장이 동등하게 대우받아선 안된다. 부정할 수 없는 진실은 존재한다'가 그 브리핑의 골자였다. (2017.5.22)

5월, 그날의 노래

사랑도 명예도 이름도 남김없이/한 평생 나가자던 뜨거운 맹세/동지는 간데없고 깃발만 나부껴/새날이 올 때까지 흔들리지 말자/세월은 흘러가도 산천은 안다/깨어나서 외치는 뜨거운 함성/앞서서 나가니 산자여 따르라/앞서서 나가니 산자여 따르라…

8년여 간 이어져 온 불의(不義)의 족쇄를 끊고 다시 불리워지게 된 '임을 위한 행진곡(임 행진곡)'을 모르는 이는 없을 것이다. '제창(齊唱)'에서 '합창(合唱)', 그리고 다시 '제창'이라는 복권 아닌 복권의 과정을 거친 '임 행진곡'은 80년 광주의 5월만큼이나 가슴 아픈 시간을 보내야 했다. 불의의 정권과 다시 대면하지 않아도 될 전 국가보훈처장(박승춘)이 그 뒷배였던 때문이다. 정권의 눈치나 보며 지내온 '영혼없는 공직자'들 또한 예외가 아니었다. 민주, 인권, 평화를 뼈와 살로 삼아 인본(人本)이 바탕이 되는 대동(大同) 세상을 소망하는 노래에 '불온(不穩)의 딱지'를 붙인 저간의 행태는 내키는 대로 '금지곡'을 양산했던 40여년 전 유신·군부 독재시대의 데자뷰였다.

한때 사람들은 몰래 숨어서, 목소리를 낮춰가며 나즈막이 읊조리듯 가사를 되뇌어야 했다. 어느 결에 곡(曲)이 음운을 조율하고 한(恨)도 스며들었다. 매년 그날이 가까워 오면 그 노래를 부르고 나서야 그나마 '가슴앓이'를 멈출 수 있었다.

아! 5월이여. 5월이여.'임 행진곡'만이 아니다. 5월에 같이 불러야 할 '오월가(歌)'도 있다.

꽃잎처럼 금남로에 뿌려진 너의 붉은 피/두부처럼 잘리워진 어여쁜 너의 젖가슴/오월, 그날이 다시 오면 우리 가슴에 붉은 피 솟네…

작사자와 작곡사를 일수 없었다. 당국의 탄압 때문이었다. 이후 프랑스 샹송 가수 미셸 폴라레프가 부른 '어느 할머니의 죽음('Qui a tue grand 'Manman)'을 번안한 것으로 알려졌다. 할머니가 소중하게 가꾸어오던 정원의 꽃밭을 무도한 개발자가 불도저를 동원해 파헤쳐버렸다. 상심한 할머니는 이 참담함을 슬퍼하다가 삶을 마감했다. 이름모를 꽃들이 피어나고 새와 나비들이 찾아들어 평온함으로 삶의 안식처가 돼주던 꽃밭의 헤쳐짐은 할머니에게 감당키 어려운 충격이었으리라.

그 끔찍했던 5월이 엄습하기 전만 해도 광주는 평온한 민주(民主)의 도시였다. 야욕을 감춘 신군부의 군홧발에 유린되면서 해침당한 할머니의 정원이 되고 말았다. 붉은 피 뿌려지고 젖가슴 잘리워진 채로. 새날은 왔는가. 산천은 아는가. 깨어있는 생각, 행동만이 그 앎을 지켜낸다. '민주', '인권', '평화', '대동'. 5월의 노래로 다시 한 번 다짐을 해야 한다. (2017.5.18)

대통령의 낭중지추

모수(毛遂)는 위기에 처한 나라를 구해낼 '담대한 재주'를 지녔었다. 그러나 누구도 그를 알아보지 못했다. 중국 전국(戰國) 시대 말기, 당대를 풍미한 사군(四君)의 한 사람으로 위엄을 날렸던 조(趙)나라의 평원군(平原君) 조차도 마찬가지였다.

천하 통일의 야욕을 불태우던 진(秦)나라가 조나라를 침범해왔다. 힘없는 조나라로서는 이웃 초(楚)나라에 지원군을 요청해야할 지경에 이르렀다. 왕(王)은 아우이자 재상인 평원군 조승(趙勝)에게 그 막중한 임무를 맡겼다. 평원군은 자신의 집에 수많은 식객을 거느리고 있었다. 모두가 명사요, 재주꾼들이었다. 그 가운데 20여명을 뽑아 임무 수행에 나서기로 했다. 19명은 선발했는데 1명을 채울 수 없었다. 빼어난 말재간과 번득이는 재치를 가진 인물이어야 하는데 눈에 띄지 않았던 것이다.

평원군이 고민하고 있을 때 모수가 자원하고 나섰다. 모수는 평원군의 집에서 식객으로 머문지 3년여였으나 평원군은 그를 알아보지 못했다. 그만큼 재주가 드러나지 않아서 였을까. '자신을 데리고 가라(자천·自薦)'던 모수를 보고 얼굴을 찌푸린 평원군은 "뛰어난 재주는 숨겨져 있어도 주머니 속의 송곳처럼 밖으로 튀어나오는 법인데, 그대는 내 집에 온지 3년이나 됐다. 내가 그대를 알아보지 못하는 게 그대의 재주가 별로여서 아닌가"라고 말했다.

이에 모수는 "군께서 저를 한 번도 주머니에 담아주지 않은 까닭에 튀어나오고 말고 할 겨를이 없었습니다. 이번에 주머니에 담아보면 송곳 끝뿐 아니라 자루까지 드러내 보이겠습니다"고 호기롭게 받아쳤다. 모수의 재치있는 답변에 반신반의하면서도 평원군은 그를 초와의 회담에 데려갔다. 그리고 모수의 활약으로 평원군은 초나라의 군사를 빌게 돼 위기를 넘기게 된다. '모수자천(毛遂自薦)'과 '낭중지추(囊中之錐)'라는 고사성어는 이(사마천의 사기 '평원군傳')에서 유래했다.

지난 10일 제19대 대통령 임무를 시작한 문재인 대통령이 '낭중지추'를 언급해 화제다. '주머니 속의 송곳'은 새정부의 청와대 총무비서관이 된 이정도 기획재정부 관료를 말한다. 그는 지방대를 나와 7급부터 시작해 기재부 행정안전예산심의관을 역임한 재정 전문가다.

문 대통령은 임종석 비서실장이 "공무원 사회에서 흙수저 출신 가운데 후배들이 가장 잘 되기를 바라는 분인데 어떻게 아셨느냐"고 묻자, "원래 '낭중지추'이다"고 답했던 것이다. 출신에 상관없이 누구든 노력해 재능이 알려지면 언제든 발탁될 기회가 주어진다는 점에서 대통령의 언급이 신선하다. (2017.5.16)

재조산하

전란(戰亂)의 뒤 끝은 참혹했다. 논밭은 황폐해지고 힘없는 백성들이 고단한 몸을 뉘었던 초가삼간마저 시커먼 재로 변하고 말았다. 동구 밖과 들녘 이곳저곳에 널려있는 검게 변한 시신들 위로 갈가마귀들은 퀭한 원을 그렸다. 게다가 돌림병 등 역병까지 잇달아 사람들이 사라진 텅빈 동네 어귀를 을씨년스럽게 원귀 서린 바람만 스쳐갔다.

임진년과 정유년 등 7년여에 걸쳐 전토(全土)를 유린한 임진왜란은 이 땅에 결코 지워지지 않을 참담함을 남긴 채 그렇게 끝났다. 그 기간 잘난 조정은 스스로 존재를 부정했다. 고단하기만 한 백성들의 눈물을 닦아주고 애달픈 삶을 돌보아야 할 혜민의 손길 또한 흔적을 감췄다. 많은 것 쌓아둠 없이 배곯지 않고 식구들과 오손도손 살아가는 것. 백성들의 크지않은 소박한 꿈 또한 앗겨버린 땅에서 희망이 남았을 리 만무였다.

장군의 눈가에 회한의 눈물이 맺혔다. 서애(西涯)의 미어지는 가슴 또한 별반 다르지 않았다. 그들이 주고받은 서신에 이런 글귀가 들어있었다. 재(再)·조(造)·산(山)·하(河). 피맺힌 한(恨)과 천년이 지난들 지워지지 않을 욕되고 치욕스러움 가득한 의미를 담아서였다. 피로 쓴 충무공의 『난중일기』와 서애의 『징비록』에 실려 후세에 길이길이 기록되어야 마땅했다.

'산하(山河)를 다시 만든다(再造)'. 그랬다. 다시 백성을 추스리고 전답을 되갈며 무너져 내린 집터에서 살에는 한풍(寒風)을 막아낼 농막인들 절실하지 않았을까. 장군과 서애, 이 땅에 발 딛고 살아왔던 살아남은 백성들의 혼(魂)이 날아가고 넋(魄)이 흩어졌지만 갈갈이 찢겨져 나간 산하에서 삶을 이어가야 했다. 극심한 참화를 겪은 지난 일을 경계하여 뒤에 또 다시 근심이 있을까 삼기는 마음으로.

정유년, 올해는 수백여 년 전 '바람 앞의 등불' 상태에 처했던 나라를 구해낸 충무공 이순신 장군 탄신 472년을 맞는 해다. 전 국민의 선택을 받아 10일 제19대 대통령으로 취임한 문재인 대통령은 올초 신년 사자성어로 장군이 서애에게 전했던 '재조산하'를 꼽은 바 있다. 지난해 박근혜 전 정권과 그 부역자들이 저지른 국정농단과 헌정질서 유린으로 망가질 대로 망가져버린 나라를 되 일으켜 세우자는 뜻으로 채택했다.

문 대통령은 이날 국회 본관 중앙홀에서 있은 취임 선서 후 대 국민 담화문을 통해 "오늘 대한민국이 다시 시작한다. 나라를 나라답게 만드는 대역사가 시작된다"고 밝혔다. 그리고 전 국민들에게 "함께 해달라"고 정중히 요청했다. 더 이상 자괴감을 느끼지 않을 나라를 만드는 일에 어찌 국민과 대통령이 '따로' 이겠는가. (2017.5.11)

대통령의 지위와 권한

대통령의 지위와 권한은 행정, 입법, 사법 영역으로 나뉜다. 모두 헌법에 근거하며 관련법이 이를 보충한다.

'행정에 관한 권한'은 국가원수로서의 지위와 행정부 수반으로서의 지위다(헌법 제66조 1항과 4항). '국군통수권(제74조)'은 국군의 최고 사령관으로서 국군을 통솔지휘하는 권한이다. '긴급명령권(제76조)'은 내우외환과 천재·지변 또는 중대한 재정·경제상위 위기나 안전보장 또는 공공의 안녕 질서를 유지할 필요, 국회 소집을 기다릴 여유가 없을 때 발동한다.

전시·사변 또는 이에 준하는 국가 비상사태에 있어서 병력으로써 군사상의 필요에 응하거나 공공의 안녕질서를 유지할 필요가 있을 때를 상정해 '계엄선포권(제77조)'도 주어진다. 외교 사절 임명과 선전포고 및 강화권(제73조)을 비롯해 국무총리, 국무위원, 각부 장관 등 '공무원 임면권(제78조)'은 정부를 구성할 권한의 근거다.

삼권분립의 정신을 구현하기 위해 입법권은 원칙적으로 국회에 귀속되지만 대통령에게 행정 수행 차원에서 '입법에 준(準)하는 권한'이 부여돼 있다. 법률안 제출권과 법률안 거부권으로 통칭되는 '법률제정에 관한 권한(제52조, 제53조))'과 '명령제정권(제75조)'이 그것이다. 대통령은 또 독립된 사법부의 견제수단으로 '준 사법적 권한'을 행사한다. 국회의 동의를 얻어 대법원장, 대법관, 헌법재판소 소장과 재판관을 임명하는 '법관임명권'과 '사면권(제79조·일반사면, 특별사면)'을 말한다.

이 같은 일반적 권한 외에 '형사상 불소추 특권(제84조)'과 '전직대통령의 신분과 예우에 관한 권한(제85조)'등 특권으로 분류되는 권한이 있다. 흔히 대통령의 직무를 성실히 수행하지 못할 경우나 과도한 권한 남용으로 논쟁이 되는 권한들이다. 무엇보다 4대 권력기관으로 분류되는 검찰총장과 경찰청장, 국세청장, 국가정보원장을 비롯해 각급 정부기관 등 공공기관의 장(長)이나 감사 임면 등의 권한 행사가 가능하다. 이밖에 드러나지 않는 사안 등 모두가 대통령중심제 하의 막강한 권한들이다.

오늘 중앙선거관리위원회는 제19대 대통령 당선자를 확정·발표한다. 그에 따라 당선자는 인수위 구성 등 준비절차 없이 곧바로 대통령 직무수행에 들어간다. 막강한 권한을 보유한 상태로 그렇다. 박근혜 정권은 공적 가치 추구에 터 잡아야 할 이 같은 막강한 권한을 사적 이익 형성을 위해 휘둘렀다가 국민들의 준엄한 심판을 받아 붕괴되고 말았다.

새 대통령은 전 정권의 비참한 종말을 잊지않고 되 새겨야 한다. 그 막중한 권한을 오직 나라와 국민을 위해서만 공정하고 투명하게 사용해야 마땅하다. (2017.5.10)

지니계수

한 나라의 국력 혹은 국민들의 생활수준을 이야기할 때 거론되는 지표가 몇 가지 있다. 소득분배와 국민들의 생활수준은 어떤 상관관계를 갖고 있는가를 파악하는 일은 국가 경영의 주요한 판단 근거 자료라 할 수 있다. 보통 거론되는 지표가 GDP(국내총생산)나 1인당 GNI(국민총소득)다.

그러나 이는 총량개념으로 소득이 사회 각 계층에 얼마나 고르게 분배되고 있는지 자세히 보여주지 못한다. 국민 개개인의 삶의 수준을 보다 세밀하게 파악해보게 하는 지표가 '지니계수(Gini's coefficient)다. 빈부 격차와 계층간 소득 불균형의 정도를 비교적 자세하게 나타내는 수치다. 이탈리아 통계학자 c. 지니가 고안했다 해서 그의 이름을 붙였다.

지니계수는 0부터 1까지의 수치로 표현한다. 값이 '0'(완정평등)에 가까울수록 평등하고 '1'(완전불평등)에 근접할수록 불평등하다는 식이다. 로렌츠 곡선과 완전균등선(대각선)을 이루는 불평등 면적과 완전균등선 이하의 면적을 대비시킨 비율로 작성된다. 이 계수를 통해 국가간, 다양한 계층간 소득의 분배와 국가 내에서도 시간에 따른 소득분배의 변화상을 파악해 소득 불평등 정도의 변화를 알 수 있다. 통계청은 매달 실시하는 가계 동향 조사에서 수집된 표본가구의 가계부 작성 결과를 통해

가구별 연간 소득을 기초로 매년 지니계수를 작성·공표하고 있다.

지니계수가 5·9 장미대선 가도에서 논란거리로 떠올랐다. 지난달 28일 TV토론회에서 문재인 더불어민주당 후보와 홍준표 자유한국당 후보간 설전에서였다. 홍 후보는 이 자리에서 "참여정부 때 소득분배 불평등 정도를 표시하는 지니계수가 가장 나빴다"고 주장했다. 민주당측은 이에 대한 통계청 가계동향조사에 근거한 팩트체크를 통해 홍 후보의 주장은 사실이 아니다고 지적했다. 노무현 정부의 지니계수는 0.281로 이명박 정부(0.29)보다 낮고, 박근혜 정부(0.275)보다는 높았다는 것이다.

소득격차는 우리 사회의 심각한 이반 현상의 주요 원인으로 작용하고 있다. 상하위계층간 소득 수준의 벌어짐은 가진 자의 주머니를 두툼하게 해주는 반면, 가지지 못한 자의 상대적 박탈감을 더욱 강화시키는 때문이다. 오죽했으면 대선 선거전의 주요 화두로 거론되고 있을까. 굳이 지니계수에 근거치 않아도 소득불평등에 대한 체감도가 크다. 인용한 지니계수의 수치가 거짓이냐, 아니냐를 떠나 후보 모두, 특히 차기 정부를 담당할 관계자들이 우선적으로 신경 써서 풀어내야할 문제가 아닐 수 없다. (2017.5.2)

빅데이터

아날로그 환경시대에는 상점에서 물건을 살 경우 구입 기록만 남았었다. 우리의 생활환경이 PC에서 시작해 인터넷, 모바일 등 SNS의 일상화라는 디지털환경으로 급변하면서 사람들이 도처에 남긴 발자국은 기하급수적으로 증가하고 있는 추세다.

인터넷쇼핑몰을 통한 상품 구매를 하지 않더라도 구매 희망자가 돌아다닌 기록은 자동적으로 데이터로 저장된다. 어떤 상품에 관심을 보였는지, 특정 쇼핑몰에 얼마나 머물렀는지, 그가 속한 세대와 취향 등등. 이른바 고객 데이터다. 은행이나 증권사 등을 통한 금융거래, 교육과 학습, 여가활동, 각종 자료 검색과 메일 주고받기, SNS가 우리의 삶을 지배하기에 이르렀다. 사람과 기계, 기계와 기계가 서로 정보를 주고받는 사물지능통신(M2M, Machine to Machine)의 확산이 디지털 정보를 폭발적으로 증가하게 한 이유다.

디지털 환경은 '빅데이터(Big Data)'시대를 도래하게 했다. 사용자의 휴대전화(스마트폰 등), UCC, 동영상콘텐츠 등을 통해 각종 수치나 문자, 영상 등 다양한 형태로 생성되는 데이터의 규모는 방대하다. 그 빅데이터가 사람들의 위치정보, 행동양식, 사고, 의견까지 분석하고 향후의 어떤 예측까지 디지털 환경의 골자가 되고있는 것이다.

중앙선거관리위원회가 최근 제19대 대통령선거를 앞두고 쏟아져 나오는 각종 빅데이터 분석에 대해 제동을 걸고 나섰다. 다양한 형태로 소개되는 "'빅데이터 결과'를 선거 여론조사결과로 오인하지 말아야 한다"며 언론사와 유권자의 주의를 당부했다.

선관위에 따르면 이번 선거는 박근혜 전 대통령 파면에 따른 보궐선거의 성격으로 짧은 기간에 치러지기 때문에 후보자의 정책이나 공약을 검증하고 판단할 시간이 충분하지 않다. 유권자들이 대권가도에 나선 후보들의 면면이나 그들이 내세우는 공약의 속살들을 제대로 인지하고 선택에 참고하기가 쉬운 형국은 아니다.

그만큼 잘못된 여론조사나 불공정한 선거보도가 유권자에게 큰 영향을 줄 수 있다. 후보에 따라 들쭉날쭉한 여론조사의 속출도 문제인 터에 '빅데이터'를 빙자한 후보별 분석이라는 오류까지 유권자의 판단을 흐리게할 소지가 다분하다. 선관위는 그래서 "포털사이트나 SNS 등 제한적인 대상에서 수집하는 빅데이터는 표본의 대표성에 한계가 있다"며 "유권자들이 빅데이터 분석결과를 여론조사결과로 오인하는 일이 없도록 유의해 달라"고 당부하기까지 했다.

선관위의 당부가 아니라도 조작 냄새까지 풍기는 편차 심한 여론조사는 물론 근거없는 빅데이터 분석결과에 유권자들이 눈 돌릴 일이 아니다. (2017.4.24)

백호문학관

백호(白湖) 임제(林悌·1549~1587)는 고향을 나주(다시면)에 두었다. 조선 최고의 풍류남아, 천재 시인, 명 문장가 등 여러 호칭이 따라 다닌다. 그와 당대를 같이하지 않았지만 기생 황진이(黃眞伊) 또한 요즘으로 치면 인문학을 공부해 재색이 뛰어난 화류계 최고의 해어화(解語花)였다. 죽은 황진이가 임제의 벼슬길을 막았다. 서도 병마사 임명장을 받고 부임길에 올랐던 임제가 황진이 무덤가를 지나다 술 한잔을 치고 시조 한 수를 읊은 것이 빌미가 되었다.

청초(靑草) 우거진 골에 자난다 누웠난다/홍안(紅顔)은 어디 두고/백골만 묻혔는가/잔(盞) 잡아 권할 이 없으니/그를 슬허하노라

이 일이 알려져 조정의 노여움을 사 파직까지 당했다. 막중한 책무를 띠고 임지로 부임해가던 나라의 관리가 일개 기생의 무덤가에서 실없이 시를 지어 바쳤으니 그럴만도 했겠다. 임제의 실없음을 탓하기 이전에 그의 넘치는 감성탓이었을 게다. 아니 동서 양당(兩黨)으로 나뉘어 피 튀기는 붕쟁(朋爭)을 일삼던 정치적 희생양이기도 했다. 실제로 그는 당파 싸움에 염증을 느낀 나머지 비분강개해 벼슬을 내놓고 천하명산을 돌아다니며 여생을 마쳤다.

그의 고향 나주시가 '백호 문학관'을 재개관 했다고 한다. 2개월여의 리모델링 기간을 거쳤다. 전시실 자체의 소장품과 새로 기증된 유물이

선 보인다. 선생의 생애와 작품을 시기별로 나누고 유물별 설명을 추가해 관람객의 이해도를 높였다. 선생의 미공개 친필 원본 유물도 특별 전시될 예정으로 알려졌다. 젊은 시절 복암사에서 공부했던 석림정사의 현판 친필글씨, 선생의 문집인 겸재(謙齋) 유고 복제본 등이 전시물들이다.

그는 황진이 뿐 아니라 또 다른 기생 한우(寒雨)와도 어울려 지내며 시조(한우가·寒雨歌)를 주고받았다. 빼어난 문장과 감성 넘치는 시들로 당대 명 문장가 반열에 올랐던 그는 술과 친구를 좋아하는 호방한 성격으로 인생 후반부를 방랑벽 속에 보냈다. 그 시기에 그는 세상의 온갖 집착과 구속에서 벗어나 자유로운 영혼이었으리라. 그가 남긴 유작으로 '수성지(愁城誌)', '화사(花史)', '원생몽유록(元生夢遊錄)' 등 3편의 한문 소설과 임백호집, 시조 등이 있다.

틈나면 그의 문학관을 찾아 수백여 년 전 한 뛰어난 시인, 문장가, 풍류남아의 발자취를 더듬어 보고싶다. (2017.4.12)

전두환의 후안무치

후안무치(厚顔無恥)는 '낯가죽이 아주 두꺼워 부끄러움을 모른다'는 뜻이다. '얼굴이 두껍다(후안)'는 표현은 일단 별론으로 하자. 부끄러울 '치(恥)'라는 글자의 구조는 귀 이(耳)+마음 심(心)으로 돼있다. '남이 비난하는 소리를 들으면 마음이 움직인다'는 의미를 담는다. 부끄러움을 모르는 사람들은 귀를 막고 살 뿐 아니라 마음이 돌처럼 굳은 경우를 일컫는다. '철면피(鐵面皮)'라는 용어의 뜻도 이와 유사하다. 얼굴에 철판을 깐 듯 수치(羞恥)를 모르는 사람을 손가락질 할 때 '철면피'라 하기 때문이다.

전두환 전 대통령의 후안무치와 철면피가 그의 '회고록'을 통해 다시 한 번 세상에 드러났다. 80년 광주의 5월에 대한 그의 죄책(罪責)은 대법원 확정판결과 역사적 평가를 통해 명확히 검증된 바다. 반란 및 내란수괴, 내란목적 살인 등의 죄책은 모든 범죄 행위 가운데 헌정질서를 유린한 가장 중한 범죄에 해당한다.

법적·역사적 판단 뿐 아니라 채 공개되지 않은 군 내부 기록 등을 토대로 할 때도 그를 중심으로 한 신군부 집단의 가공할 만행은 누대에 걸쳐 명징한 기록으로 남는게 당연하다. 그것은 '성공한 쿠데타'가 아니요, '국난 극복'의 수습방안은 더더욱 아니었다. 특히 유신독재체제가 몰락한 뒤 되찾아 올곧게 세우려했던 민주주의의 정신에 끼친 해악은 헤아릴 수 없을 정도다.

그럼에도 불구하고 그는 '회고록'에서 '자신은 광주 5·18씻김굿의 제물'이라느니, '계엄군의 발포 명령은 존재하지도 않았다'느니 하는 망발을 늘어놓았다. 전형적인 반군(叛軍) 쿠데타였던 12·12를 목숨을 건 결단, 5·17을 위기 극복방안으로 호도하는 일도 서슴치 않았다. 나아가 5월 광주에 자위권 발동(발포) 등 무력 진압에 직접 관여하지도 않았다고 발뺌하기 까지 했다. 항쟁이요, 민주화운동이었던 광주의 5월은 그에게 '폭도'들이 주도한 '폭동'에 준하는 사태였다.

사람의 탈을 쓰고 어찌 이럴 수 있는가. 광주가 짓밟혔다. 수많은 목숨들이 어이없이 스러졌다. 그로 인한 피맺힌 한(恨)들은 수십년의 세월에도 치유되지 않고 온존해있다. '하늘에 죄를 지으면 빌 곳이 없다(획죄어천 무소도야·獲罪於天 無所禱也)'는 말은 예나 지금이나 변하지 않는 하늘의 정언(定言)이다.

아! 광주여. 5월이여. 또 다른 능욕에 기혈이 뒤집히고 치미는 분노를 억누를 길 없다. 후안무치와 철면피라는 말로도 형용하기 부족한 그의 죄는 도대체 하늘 어디까지 미칠 것인가. (2017.4.6)

때가 되면 천하가 돕는다

중국의 주원장(朱元璋)을 보필해 천하를 통일하고 명(明)나라 건국에 핵심 역할을 했던 이가 유기(劉基)다. 그 공로로 성의백(誠意伯)이라는 벼슬에 봉해졌다. 그는 넓고 깊은 지식을 갖춘 현자로 이름났다. 자신의 재능이 천하 제일이라고 자부해 후한(後漢) 말 유비를 도와 촉한(蜀漢)을 세운 제갈공명(諸葛孔明) 마저 한 수 아래로 생각할 정도였다.

그는 건국 이후 천하 주유에 나서 옛 촉한의 수도였던 청뚜(省都)를 찾았다. 그리고 제갈공명의 위패를 안치한 사당이 있는 절에서 하룻밤을 보냈다. 민가와 멀리 떨어진 외딴 절이었는데 새벽에 일어나니 닭 울음소리가 들렸다.

절의 주지는 "1천수백년 전에 제갈공명이 절에 들러 빚어놓은 흙 닭이 지금까지 새벽이면 어김없이 운다"고 알려주었다. 유기는 흙 닭을 요모저모 살피다 깨뜨려 속을 들여다보았지만 어떤 특별한 장치가 없었다. 그 모양을 본 떠 직접 빚은 흙 닭은 일정시간이 아니라 제 멋대로 울었다.

그 뒤 제갈공명의 사당에 들렀다. 사당 앞 하마비(下馬碑) 근처에서 말에서 내리지 않고 고집을 피우다 곤욕을 치른 그는 제갈공명의 묘소를 둘러보았다. 일찍이 천문(天文)과 지리(地理)에 통달했다던 제갈공명이 누운 묘자리는 평범하기 그지 없고 그 뒤편에 제왕의 자리(帝王之地)가 있었다.

유기는 제왕지지를 알아보지 못한 제갈공명을 비웃었다. 그리고 돌아서 나오려다 발이 떨어지지 않아 땅을 파보니 이렇게 쓰인 종이가 나왔다.

"때가 이르면 천하가 나서서 돕지만(시래천하개동력·時來天下皆同力)/운이 없으면 영웅의 계략도 쓸모없다(운거영웅불재모·運去英雄不在謀)".

'나의 영웅적 계략이 때를 만나지 못해 들어맞지 않았음을 그대가 어찌 알수 있는가'라는 의미였다. '내가 왜 '제왕의 땅'을 알아보지 못하겠는가. 다만 죽어서도 제왕을 보필하려고 곁에 누워 있느니라'라는 훈계나 다름없었다. 유기는 그제서야 비로소 제갈공명의 뛰어남을 깨닫고 탄식하며 '전무후무(前無後無) 제갈무후(諸葛武候)'라는 말을 남겼다.

박근혜 전 대통령 파면에 따른 대선(大選)일이 다가 오고 있다. 오는 5월9일 최종 목표를 향해 각 당의 주자들이 나섰다. 물론 꼴뚜기와 망둥어도 설쳐댄다. 이전 정권의 실정(失政), 난정(亂政)은 야권으로의 정권교체 가능성을 높였다. 특히 기록적인 지지율 고공행진 중인 더불어민주당은 물론 국민의당 후보들에 대한 눈길이 쏠린다. 어떤 후보가 과연 하늘이 내리는 때(時)의 운(運)을 타고, 천하가 나서서 도울 '새로운 대한민국 건설'이라는 시대정신을 담아낼 지 귀추가 주목된다. (2017.3.27)

그 향(香)을 팔지 않는다

매화는 봄을 알리는 상징꽃이다. 한 겨울 추위보다 봄이 오기 전 추위가 더 매섭다. 그 서슬퍼런 추위를 뚫고 피어나는 꽃이 매화다. 추위에 피어나 동매(冬梅)요, 눈 속에 핀다해서 설중매(雪中梅)다. 또한 봄꽃 가운데 그 어떤 꽃보다 먼저 피어나 봄을 알리기 때문에 화괴(花魁·꽃의 우두머리)다.

절개 곧은 우리 옛선비들은 매화를 사랑했다. 곧은 기개로 피어나고 은은한 향(매향·梅香)이 남달라서다. 사군자(四君子) 가운데 맨 첫머리를 차지해 매난국죽(梅蘭菊竹)이라 한다.

나라에서 가장 오래됐다는 매화나무는 정당매(政堂梅)다. '양화소록(養花小錄)의 편찬자인 강희안의 부친 강희백이 심었다. 지리산 자락인 경남 산청군 단성면 단속사 뜰에서 고고한 자태를 뽐내는 정당매는 수령이 600여년을 넘는다.

매화를 좋아했던 단원 김홍도의 일화도 있다. 어떤 이가 매화나무를 팔고자 찾아왔다. 돈이 없었던 단원은 매화를 사지 못했다. 마침 또 다른 이가 단원에게 매화를 그려달라며 그림 값으로 3천 냥을 선뜻 주었다. 그 돈을 받은 단원은 2천 냥으로 매화를 사고 8백 냥으로는 벗들과 술을 사 마셨다. 이른바 '매화음(梅花飮)'이다.

퇴계의 제자 정구는 고향 성주에 회연서원을 세우고 매화를 심어 백매원(百梅園) 속에서 수양했다. 조선 중기 문신 상촌 신흠(申欽)은 야언(野言·수필집)에 매화와 관련된 한시(漢詩)를 남겼다.

동천년로항장곡(桐千年老恒藏曲·오동나무는 천년이 지나도 제 가락을 간직하고)/매일생한불매향(梅一生寒不梅香·매화는 일생을 추위에 떨어도 그 향을 필지 않는다)/월도천휴여본질(月到千虧餘本質·달은 천번을 이지러져도 본바탕이 변함없고)/유경백별우신지(柳經百別又新枝·버드나무는 백번을 꺾여도 새 가지를 낸다).

매서운 추위에도 향(香)을 팔지않고 때가 되어야 꽃을 피우는 매화처럼 모름지기 사람의 처세는 근본을 일그러뜨리지 않고 꼿꼿해야 함을 의미하는 내용이다.

지난해 말부터 이어지고 있는 미증유의 국정농단 사태를 대하는 이들의 다양한 모습이 스크린 된다. 정치인, 관료, 학자 등 지식인을 비롯한 갑남을녀. 그 처한 곳에 따라 표출하는 의견과 주의·주장이 각약각색이다. 특히 어둠의 권세와 사익을 좇아 양심을 져버리고 영혼을 잃은 채 값싼 향(香)을 파는 이들이 적지 않다. 의롭지 못한 시대의 난신적자(亂臣賊子)들이 아닐 수 없다. (2017.3.3)

최고의 선(善)은 물과 같다

최고의 선(上善)은 흐르는 물과 같다(若水). '상선약수'는 노자(老子) 사상의 한 중요한 개념이다. '상선'은 이상적인 생활의식의 양태다. 그 실천을 물처럼 하라는 게 '약수'다. '물'은 이 세상 만물에 생명의 원천이며 성장의 발로다. 가장 높은 곳에서 시작하지만 가장 낮은 데에 이르러 머무른다. 네모난 그릇에 담으면 네모가 되고 둥근 그릇에 들어가면 모양이 둥글게 된다. 자신의 모습을 고정시키지 않아 항상 변화가 가능해 상대를 거스르는 일이 없다. 비하여 겸허((兼虛)와 다투지 않음(부쟁·不爭)이다.

노자는 그가 주창한 무위(無爲)사상의 핵심을 이에 두었다. 하늘의 해(太陽)가 구석구석 비추지 않은 곳이 없듯이 물 또한 곧게 뻗은 평야나 굽은 계곡 사이를 마다하지 않고 흘러내린다. 깨끗하거나 더러운 것도 물론 가리지 않는다. 옛 성현들은 만물의 근원을 물이라 하기도 했다. '상선약수'를 인용해 글을 쓰거나 시(詩)를 지어 남기는 사례는 예로부터 부지기수였다. 그만큼 삶의 지표, 혹은 으뜸의 덕목으로 내세울만한 어구(語句)다.

모든 것을 가리지 않고 받아들이는 물의 성격을 표현하는 말로 '하해불택세류(河海不擇細流)'가 있다. '크고 작은 물줄기를 모두 받아들여야 큰 물이 되어 호호탕탕하게 바다로 흘러갈 수 있다'는 의미다. '태산은

한 줌의 흙도 마다하지 않는다(태산불양토양·泰山不讓土壤)'는 어구와 서로 호응한다.

'하해~'는 중국의 진시황과 연관된다. 춘추시대 말기 천하를 한데로 묶어 진(秦) 제국을 건설하기 전 시황 영정은 그 유명한 축객령(逐客令)을 내렸다. 진에서 일하는 수리전문가가 한(韓)나라 출신 첩자였다는 고변을 접하고서다. 진이 아닌 다른 나라에서 들어와 벼슬을 하고 있거나 유력 가문의 문객들을 모두 나라밖으로 내 쫓으라 한 것이다.

이에 내쫓김의 대상이었던 초(楚)나라 출신 객경(客卿) 이사(李斯)는 시황에게 '간(諫) 축객서(逐客書)'를 올렸다. "지금 진나라는 다른 6국을 압도할 만큼 큰 힘을 가지게 됐다. 이는 '태산이 한 줌의 흙을 가리지 않고, 강과 바다가 자잘한 물줄기를 가리지 않은 것처럼 출신 여하를 막론하고 능력만 있으면 천하의 어떤 인재든 받아들여 썼기 때문이다"고 축객의 옳지 못함을 간한 것이다. 중국 역사상 가장 뛰어난 명문(名文) 가운데 하나로 손꼽히는 이 글도 '물'을 비유로 들어서 작성됐을 정도다.

흐르는 물은 유약하다. 그러나 또한 바위를 뚫는 물처럼 강한 것도 없다. 예나 지금이나 물을 물로 보지 말아야 할 교훈이다. (2016.12.29)

맹목의 추종자들

"폭정 아래에서는 생각하는 일보다 생각하지 않고 행동하는 일이 훨씬 쉽다."

한나 아렌트(Hannah Arendt)는 '인간의 조건'에서 이렇게 말했다. 독일 태생의 유대인 철학 사상가인 그녀는 1, 2차세계대전등 세계사적 사건을 두루 겪으며 전체주의를 통렬히 비판했다. 파시즘과 스탈린주의 등 전체주의에 대한 그녀의 분석은 탁월했다. 그녀는 독일 나치즘, 전체적 파시즘의 실체를 규명하고 그에 대항해 싸운 지식인이었다.

그녀는 "'인간의 자유'란 곧 적극적으로 정치에 참여함으로써 비로소 성립되는 자유"라고 꿰뚫어 보았다. 그런 자유를 부정하고 모든 사람의 생각을 하나의 의지에 통합하려는 파시즘은 정치가 아닌 폭력일 뿐이라고 했다.

그녀는 나치의 유대인 학살을 지휘했던 히틀러의 충복, 아돌프 아이히만이 1960년 이스라엘 정보부에 붙잡혀 재판정에 섰을 때 그 재판 과정의 취재에 나섰다. 그리고 '예루살렘의 아이히만'이라는 보고서를 통해 아이히만을 '우리 주변 어디서나 볼 수 있는 중년 남성이었다"고 했다. 그녀가 보기에 아이히만은 피에 굶주린 악귀도 냉혹한 악당도 아니었다. 실제로 저지른 악행에 비해 너무 평범하다는 인상을 받았다. '악(惡)의 평범성(Banality of Evil)'이라는 개념은 그에서 도출됐다.

그녀는 “악이란 뿔 달린 악마처럼 별스럽고 괴이한 존재가 아니다. 평범한 사람과 마찬가지로 언제나 우리 가운데 있다. 그리고 파시즘의 광기로든 뭐든 우리에게 악을 행하도록 주어졌을 때 그것을 멈추게 할 방법은 ‘생각’하는 것 뿐이다”고 강조했다.

한나 아렌트가 전체주의의 본질을 꿰뚫어본 철학자였다면 아이히만과 함께 알베르트 슈페어는 나치즘, 히틀러의 맹목적 추종자였다. 그는 나치 독일에서 군수부 장관을 지낸 건축가였다. 20대 젊은 시절에 히틀러의 최측근이 될 정도로 핵심 인물이었다. 그러나 전후 뉘른베르크 전범재판에서 나치 각료 중 유일하게 교수형을 면한 인물이기도 하다. 그가 쓴 회고록인 ‘알베르트 슈페어의 기억’은 히틀러에 관한 내밀한 묘사인 동시에 자기변명서라 할 수 있다. 한나 아렌트는 “세상을 보다 선하게 만들고 싶다면 어떤 이념이나 지도자를 맹목적으로 따르기보다 스스로 생각하고 행동해야 한다”고 했다.

히틀러를 맹목적으로 따르며 나치즘 등의 광기(狂氣)에 편승한 자들이 어찌 아이히만, 슈페어 뿐이겠는가. 시대를 불문하고 오늘날 대한민국에도 ‘샤이(shy) 지지층’이 있다고 버티도록 부주기며 더 큰 악을 만들어 내는 세력들은 여전하다. 그들은 지금 촛불을 든 시민들이 스스로 생각하고 행동하고 있음을 꿈에도 모를 것이다. (2016. 11.21)

꼬리가 몸통을 흔든다

교육부 고위 공직자가 대중을 비하하는 말로 개(dog)와 돼지를 거론한 바 있다. 개와 돼지들이 아니라 이 땅의 뭇 서민들이 들끓었다. 개나 돼지의 입장에서 억울한 면이 많다. 개는 수천 년간 인간과 함께 해온 대표적인 반려동물 가운데 하나다. 생각 외로 지능지수가 높고 충직함이 강해 인간의 활동에 유용한 경우가 적지 않다. 팔려갔다가 수백 리 떨어진 주인집을 다시 찾아왔다거나 화재 등 위급한 상태에 처한 주인을 구한 이야기가 화제로 떠 오른 경우가 많다. 시각장애인 등 지체장애인을 위한 안내견은 보편화돼 있다. 군경에서의 활동 분야로 폭발물이나 마약 탐지, 수색견등 인간의 반려 뿐 아니라 삶에 동반해 도움을 주는 예는 참으로 다양하다. 심지어 여름철 보양식으로 그 몸 자체를 희생하는 일도 다반사다. 동물 보호론자들이 나서서 개의 식용을 반인간적이라고 지탄하고 나설 정도다. 마음과 몸까지 인간에게 바치는 이러한 개가 인간들에게 도대체 어떤 잘못을 했기에 툭하면 좋지않은 일에 비유적으로 거론되는가.

'왝 더독(Wag the dog)'. 풀이하자면 '꼬리가 몸통을 흔든다(wag)'는 말이다. 본말이 전도되거나 주객이 전도되는 '웃기는 상황'을 표현할 때 쓰는 용어다. 원래는 주식시장에서 선물(先物·꼬리)이 현물(現物·몸통)을 좌우하는 실태를 일컫는데서 비롯됐다. 정상을 벗어난 비정상의 선·

현물시장 상태라고 하겠다. 우리 사회에 '왝더독'의 사례는 차고 넘친다. 개·돼지들이 내는 세금으로 고액의 월급을 받는 고위직들의 뒤틀린 특권의식은 새삼스럽지 않다. 군대 문턱에도 가보지 않은 이들이 안보를 강조하고 애국을 종용하는 경우는 차라리 코미디에 가깝다. 그들은 빗나간 애국심을 과도하게 떠 벌린다. 자신의 결함을 감추기 위해서도 그러한 제스처를 더욱 확대시킨다. 진정한 애국심의 소유자들이 설 곳을 잃게 만드는 웃픈 현실이다. 법의 허점을 교묘히 파고들어 슬그머니 떼먹으려던 세금을 공직에 발탁된 단계에서야 내놓는 이들 또한 수가 많다. 그들이 떼 먹으려던 적지않은 세금액수에 비해 '새발의 피'라 할 서민들의 직간접세 추징에는 가을 서리(秋霜)만큼 서슬퍼렇다. 국민들로부터 위임받은 권력을 마치 자신의 권력인양 착각하고 오만한 권한을 행사하는 것도 꼬리가 몸통을 흔드는 사례라 할 수 있다.

본(本)과 말(末), 주(主)와 객(客)이 바뀌는 일이 어찌 한두 가지랴. 충직하고 지능까지 갖춘 개를 인간의 이성잃은 행위에 비유하는 것 자체가 꼬리가 몸통을 흔드는 경우다. (2016.8.29)

슈퍼리치

페이스북 창업자 마크 저커버그는 세계 부호 순위에서 상위권을 차지한다. 그가 지난해 말 우리 돈으로 52조원에 이르는 전재산의 99%를 기부했다. 그의 기부가 순수 기부가 아니고 이른바 '기부를 가장한 상속', '자선자본주((philanthrocapitalism)'라는 비판이 있지만 세계적인 슈퍼갑부들의 이런 저런 동정은 항상 화제다.

재산이 얼마나 돼야 부자라고 할 수 있을까. 기준이야 생각하는 이에 따라 다르겠지만 우리나라에서는 현금 10억 원 이상의 금융자산을 가지고 있다면 비교적 상위 수준의 부유층에 속한다. 세계적으로는 10억달러(약 1조원) 정도를 가져야 슈퍼리치(빌리어네어)의 반열에 든다. 대한민국에는 삼성, 현대, SK, LG가(家)의 창업자와 그 상속인 등 유수의 슈퍼리치가 있다.

내로라하는 세계적 슈퍼리치로는 마이크로 소프트 창업자 빌 게이츠를 비롯해 오마하의 현인 워런 버핏, 아랍에미리트 왕족 세이크 만수르 등이 손꼽힌다. 여성 억만장자도 200여 명 가까이 된다. 테라노스의 창업자 엘리자베스 홈즈(개인 자산 46억 달러)는 대표적인 자수성가형 빌리어네어다. 흑인 여성인 오프라 윈프리(30억 달러)도 역경을 딛고 일어선 방송인이다. 로레알의 상속녀 베탕구르(434억 달러), 월마트의 상속녀 크리스티 월튼(396억 달러)과 앨리스 월튼(372억 달러)은 사람들의 상상을 불허하는 재산을 상속받은 여성 빌리어네어들이다.

'자수성가형' 슈퍼리치들은 드물지만 부모의 잘못된 교육방식으로 눈쌀을 찌푸리게 하는 언행을 일삼는 '상속형' 슈퍼리치가 적지 않다. 반면에 자녀 양육에 귀감이 되는 세계적인 슈퍼리치들이 있다. 워런 버핏의 자녀들은 성인이 되고 나서야 아버지가 세계적인 억만장자라는 것을 알았다. 그 자녀들은 보통의 아이들과 같이 공립학교를 졸업했으며 버스를 타고 학교에 다녔다. 그들을 위해 집에 서재도 만들지 않고 따로 비서도 두지도 않았다.

척 피니 면세점 DFS그룹 공동창업자는 특히 자녀 교육에 엄격했던 것으로 유명하다. 아이들에게 방학 때마다 '용돈을 직접 벌어서 쓰라'고 주지시켰다. 그는 재산의 99% 이상(66억 달러)을 사회에 기부했다. 남은 재산은 200만 달러 정도. 집도 자가용도 없는 그는 자식들에게 '돈의 진정한 가치가 무엇인가'를 가르쳐 주었다고 한다.

우리나라 거부들 가운데서도 이런 이들이 있을까. 한 방울의 땀도 묻지 않은 '금수저'만 물려주려는 슈퍼리치들이 많아 하는 말이다. 이들 1%들은 소득 양극화로 나머지 99%와 그 자녀들이 극도의 모멸감과 허탈함 속으로 빠져들고 있다는 것을 알리가 없다. (2016.8.4)

'목포의 눈물' 노래비

이난영은 가수다. 목포 출생(1916년 6월 6일)이다. 가난한 집에서 태어나 오빠(이봉룡)와 불우한 어린 시절을 보냈다. 오빠가 목포에서 운영하던 조그마한 악기점을 드나들며 노래에 흥미를 느꼈다. 무대에서 노래를 부르고 싶었다. 마침 태양극단이 목포에 순회공연을 왔을 때 어머니와 오빠의 권유로 막간 무대에 나가 부른 노래 솜씨를 인정받아 입단하게 됐다. '난영'이란 예명은 단장 박승희가 지어 주었다.

데뷔곡으로 1933년 10월 선보인 '향수', 이듬해 11월 '불사조', '고적(孤寂)'이 거론된다. '불사조'에 이어 '과거몽', '홍등의 탄식', 신민요 '신강남'과 '밤의 언덕을 넘어', '봄맞이'로 인기를 이어갔다. 1934년 동경 히비야공회당에서 열린 전국 명가수 음악대회에 조선인으로 홀로 출전해 대갈채를 받았다. 이듬해인 1935년 그녀를 가요계의 샛별이자 여왕으로 떠 오르게 한 '목포의 눈물'이 대중 앞에 나타났다. 그해 전국 가사 모집에서 입선을 차지한 오빠 친구 문일석의 가사에 손목인이 곡을 붙였다. 뒤이어 부른 '목포는 항구다(이봉룡 작곡)', '다방의 푸른 꿈(김해송 작곡)', '해조곡' 등으로 당대 최고의 가수가 됐다. 그런 그녀는 1965년 심장마비로 유명을 달리했다.

김해송과의 사이에 낳은 그녀의 딸들도 미국에서 김 씨스터즈, 김 보이스라는 이름으로 연예활동을 했다. 첫 무대인 1959년 미국 라스베가

스에서 관객들을 사로잡은 우리나라 걸그룹의 1세대다. 이난영을 있게 한 '목포의 눈물'은 지금도 전 국민의 사랑을 받는 노래다.

우리 고유의 한(恨)을 품고 '비내리는 호남선'과 함께 호남의 한을 대변하기도 했다. 80, 90년대 프로야구 해태 타이거즈의 경기가 열리는 날이면 어김없이 응원가로 등장할 정도였다.

가수 이난영이 부른 '목포의 눈물'을 기념하는 '목포의 눈물 노래비'가 문화유산으로 등재된다고 한다. 목포시가 유달산 중턱에 있는 목포의 눈물 노래비와 '마인계터로·보리마당 골목길·77계단과 송도골목길'을 하나로 묶는 목포골목길 등 2곳을 신규 문화유산 지정을 추진 중인 것으로 알려졌다.

시는 지난 6월 문화유산위원회를 개최해 2015년 하반기 조사에 대해 심의·가결하고, 신규 문화유산 조사 대상을 선정했다. '목포의 눈물 노래비'는 우리나라 최초의 대중가요 노래비다. 호남의 한에 더해 문화적 가치를 지닌 노래비의 문화유산 등재 추진은 의미있는 일이다. (2016.8.2)

임을 위한 행진곡

다시 5월이다. 80년 그날 이후 36년의 세월이 훌쩍 지났다. 그 많은 세월, 고통과 눈물에도 광주의 5월은 여전히 진행형이다. 님들을 그리는 노래는 제대로 불려지지 못한지 오래다. 광주의 진실은 호도되고 광주의 정신 또한 왜곡되고 있다.

광주는 정의와 진리에 터잡은 민주주의의 가치를 지키고자 했다. 인권과 자유, 평등의 최후 보루였던 5월 광주의 위대한 정신이 담긴 '임을 위한 행진곡(이하 임 행진곡)'. '임 행진곡'은 80년 5월 항쟁의 현장을 지키다 희생된 윤상원과 노동운동가 박기순의 영혼 결혼식을 위해 이듬해인 1981년 만들어졌다. 백기완 선생의 가사에 가수 김종률이 곡을 붙였다. 처음 제목은 '님을~'이었으나 표준어 규정에 따라 '임을~'로 바뀌었다.

'임 행진곡'은 매년 5·18 추모행사에서 유족과 시민들에 의해 제창되면서 사실상 5·18을 상징하는 노래로 자리 잡았었다. 80년 5월은 87년 6월 항쟁의 도화선이 됐고 마침내 질기디 질긴 군사독재 정권의 종식을 이끌어냈다. 그리고 5·18 민주화운동기념일은 1997년 국가기념일로 승격됐다.

'임 행진곡'은 정부 주관으로 열린 첫 기념식부터 2008년까지 기념식 본 행사 말미에 제창돼온 정식 기념곡이었다. 그러나 이명박 정부들어서 2년차인 2009년부터 제창이 공식 식순에서 제외됐다. 식전 행사로 밀리면서 제창이 아닌 합창단이 부르는 합창곡으로 전락했다. 반발한 유족과 시민들의 제창 요구가 번번히 거부당했음은 물론이다. 지난 2013년에는 박승춘 국가보훈처장이 '임 행진곡'을 대체할 별도의 기념곡 제정을 추진하겠다고 밝히고 나서기까지 했다.

5월 유족들과 시민들의 반발로 기념식은 이후 3년째 반쪽 행사다. 국가보훈처 주관 공식 행사에 유족과 5월단체 관계자들이 참여하지 않고 망월동 구 묘역이나 전남도청 앞 광장 등에서 별도로 기념식을 치르고 있다. 지난해에는 박근혜 대통령이 기념식에 아예 모습을 보이지 않았다.

무엇이 그리 두려운가. 특정세력들은 80년 5월의 항쟁이 북한군의 사주를 받아서 이뤄졌다느니 하면서 광주정신을 비트는데 앞장서고 있다. 5월에 대한 대한민국 사법부의 사실 인정과 법률적 판단이 끝났는데도 불구하고 그렇다. 지난 4·13 총선이 끝난 뒤 국민의당은 '임 행진곡'의 기념곡 지정 재촉구 결의안을 제출하기로 했다. 더불어민주당도 동참해 이를 반드시 관철시켜야 한다.

기념곡 지정과 제창은 당연하다. 기념식은 정상화돼야 한다. '임 행진곡'은 희생자들이 안치된 묘역에서 당초대로 제창돼야 한다. 피의 희생 위에 민주, 인권, 자유, 평등, 평화를 담아냈던 5월 광주가 '임 행진곡'을 당당하게 부를 수 있어야 한다. (2016.5.2)

봄날은 간다

지금은 고인이 된 백설희가 '봄날은 간다'를 불렀다. 손로원이 작사하고 박시춘이 곡을 만들었다. 노랫말은 처연하고, 운율과 곡은 심금을 울린다. 1953년 백설희가 부른 뒤 60여년이 넘도록 봄이면 여전히 우리 곁에서 자주 회자된다. 계간 '시인세계'는 2004년 당대 시인 100여명을 대상으로 조사해 우리 대중가요에서 가장 좋은 노랫말로 뽑았다고 밝힌 바 있다. 그 인기 만큼 가요계의 내로라하는 뭇 가수들은 이 노래를 리메이크해 불렀다. 배호, 이미자, 최백호, 조용필, 심수봉, 한영애, 장사익, 주현미 등은 각각의 음색과 절창으로 노래와 곡의 의미를 사람들의 가슴에 스며들게 했다.

이 노래는 연인간의 절절한 사랑을 노래한 게 아니다. 어머니의 정한(情恨)을 담은 이야기다. 작사가 손로원은 원래 화가였다. 그림보다 노랫말을 잘 지어내기로 유명했다. 그가 연분홍 치마를 입고 수줍게 웃던 젊은 시절의 어머니를 그리며 만든 노랫말이다. 남편을 일찍 여의고 청상으로 어린 아들을 키워낸 어머니가 아들 장가가는 날 입겠다며 고이 간직해오던 그 연분홍 치마를 다시 입어보지 못하고 세상을 떠난 안타까운 사연을 담아서 였다.

봄바람에 휘날리는/연분홍치마를 입은/새파란 풀잎같은/어머니가 아들 결혼식에 그 치마를 입고 오겠다던 실없는 그 기약. 꽃이 피면 같이 웃고, 꽃이 지면 같이 울던, 혹은 별이 뜨면 서로 웃고, 별이 지면 서로 울던 가슴아픈 가족사가 깃들어 있다.

'봄날은 간다'를 제목으로 한 영화도 만들어졌다. 벚꽃 흐드러지게 피어난 강원도 삼척의 어느 거리에서 은수(이영애)와 상우(유지태)가 스크린을 통해 가는 봄날을 아쉬워하며 사랑의 이야기를 나누었다. "라면 먹고 갈래?", "어떻게 사랑이 변하니?"라는 영화 속 대사는 사랑하는 젊은 청춘들에 의해 즐겨 인용되곤 했다.

매년 찾아오지만 봄날이 새로운 것은 지독한 겨울 추위 때문이다. 움직이는 모든 사물들을 숨죽이게 하고 얼려버리는 겨울 삭풍 끝에 바람처럼 찾아와 꽃을 피우고 달이 뜨게 하는 봄날은 식상할 수 가 없다. 1년의 시작은 겨울이 제일 먼저다. 1월, 2월은 겨울 가운데서도 가장 추운 시기이다. 그러나 계절의 순서는 봄이 첫 번째고 여름, 가을, 겨울로 이어진다.

그 봄날이 온화한 봄바람에 실려 우리 곁에 활짝 안겨온 지 오래다. 어느 결에 찾아왔듯 봄날은 또 어느 결에 가버릴지 모른다. 청노새 짤랑대는 역마차를 타고 산제비 넘나드는 성황당 길 넘어 물에 떠 흘러가는 새파란 풀잎처럼. 그래서 봄날은 매일 매일이 무척이나 소중하다. (2016.4.22)

천도(天道)는 있는가

사마천(BC145?~Bc86?)은 중국 전한(前漢)시대의 역사가다. 그가 궁형(宮刑·거세)을 당한 뒤 발분지심(發憤之心)으로 쓴 『사기(史記)』는 중국 최고의 역사서로 손꼽힌다.

사기는 중국 이십사사(二十四史)의 하나이면서 정사(正史)의 으뜸에 자리한다. 중국 고대의 신화시대(삼황오제, 하, 은)와 주왕조, 전한 초기까지의 역사를 본기(本記) 12권, 연표(年表) 10권, 서(書) 8권, 세가(世家) 30권, 열전(列傳) 70권 등 모두 130권 52만6천5백자로 담아냈다. 후대 중국의 역사서, 특히 정사를 기술하는 전범(典範·본보기)가 되었다. 유려한 필치와 추상같은 문체로 역사적 가치 외에 문학적으로도 큰 가치를 지닌다는 평가다. 실제로 사기의 기록들은 이후의 수많은 역사서나 문학 서적에 가장 많이 인용된다.

사마천은 사기 「백이·숙제(伯夷·叔齊) 열전」에서 천도(天道)에 대해 이야기했다. 천도는 하늘(天)의 위력, 신비성, 합법칙성, 그리고 그 존재 방식을 가리킨다. 이 때의 '천'이란 자연으로서의 푸른 하늘을 넘어서 초월적 우주의 주재, 자연계의 총체로 인식된다.

"어떤 사람이 말했다. '천도는 공평무사해 언제나 착한 사람의 편을 든다'고 했다. 그렇다면 백이숙제와 같은 사람을 착한 사람이라고 할 수 있는가? 그들은 인(仁)과 덕(德)을 쌓고 청렴, 고결하게 살았지만 결국엔

굶어 죽었다. 공자는 칠십 제자 가운데 오직 안회(顔回)만이 학문을 좋아하는 사람이라고 추상(推賞)했다. 제자 가운데 으뜸이었다. 그러나 그의 집에는 뒤주가 자주 비었다. 쌀지게미나 쌀겨도 배불리 먹지 못했다. 그러다 영양실조로 요절하고 말았다.

역사상 희대의 악당인 도척(盜蹠?)은 편안하게 천수를 누렸다. 도척은 날마다 죄없는 사람을 죽이고 사람의 간을 회치는 등 포악하기 짝이 없었다. 수천의 못된 무리로 도당을 짜 천하를 횡행하기도 했다"

도척에 비견될 정도로 숱한 악행을 저지르고도 편한 삶을 누리고 자손 대대로 부귀를 이어가는 '갑'들이 적지 않다. 이와 달리 정당한 땅을 골라 딛고, 정당한 발언을 해야 할 때만 말을 하며, 항상 큰 길을 걷고 공명정대한 이유가 없으면 발분하지 않고, 근면하고 정직하게 행동하면서도 오히려 화를 입는 이들 또한 헤아릴 수 없이 많다.

"누가 덕을 쌓고, 누가 악행을 저질렀는가? 나는 의심한다. '천도는 과연 있는 것인가. 없는 것인가(天道是也非也)?" 사마천의 말이다. 천도는 멀고 멀어 알 수 없다지만 정녕 인간은 부끄러움과 '하늘에 죄지음'을 모르고 사는 것 같다. (2016.3.9)

새는 좌우의 날개로 난다

故 리영희 선생(1929~2010)은 70년, 80년대 학생운동의 전범(典範)이었다. '사상의 은사'로 숭앙받던 그 시기는 냉전시대의 사생아인 반공 이데올로기가 극성을 부렸다. 광풍이 몰아치면서 '야만'으로, '야만'으로 치닫던 시대였다. 그 때의 국내외 정세를 바탕으로 한 그의 날카로운 현실 분석과 정세 판단은 사상의 원류라 해도 과언이 아니었다.

불멸의 명저 '전환시대의 논리'를 비롯해 '8억인과의 대화', '우상과 이성' 등에서 보여주는 그의 탁월한 논고는 반민주, 반인권, 반평화 세력들에게 전율, 그 자체였다. 그는 이른바 우파들에 의해 조장된 전형적인 좌파 사상가였다. 그러나 그의 사상이 추구하는 바는 좌도, 우도 아닌 균형된 시각에 바탕한 진실이었다. 기득권을 형성해 그 권리, 권력을 지탱해 나가려는 수구 보수들의 우편향 시각이 지배하던 시기에 강제로 감춰지거나 묵인 당해야 했던 인권, 민주, 평화를 제대로 거론해보자는 것이 그의 논점의 골자였을 뿐이다.

그는 진실에 터 잡은 이성의 행위로 우상을 향한 추악한 위선과 허위의식을 들추어내고 이를 만천하에 공개했다. 제 아무리 소중한 것이라도 진실의 토대 위에 서지 않으면 안된다는 확신에서였다.

그 리 선생이 써낸 '새는 좌우의 날개로 난다'는 저작도 그랬다. 좌우의 어떤 정치·이데올로기적 권력이 진실을 은폐, 날조, 왜곡하려는 것에 대항해서 진실을 찾아 그것을 바른 모습으로 세상에 밝혀내는 것을 목적으로 해야 한다고.

표창원 전 경찰대 교수가 지난해 말 더불어민주당(당시는 새정치민주연합)에 입당했다. 그는 "와해되고 분열하는 제1야당의 모습이 너무 안쓰러웠기 때문에 부족한 힘이라도 보태주어야 한다는 의무감이 강하게 느껴졌다"고 더불어민주당 입당 이유를 밝혔다. 그는 "야당은 지금 자신 혹은 집단의 이익이나 감정문제에 얽매여 찢어지고 나뉘어져 있다"며 안타까워했다. 그리고 "새나 비행기나 양 날개가 튼튼해야 하는데 우리나라는 오른쪽 날개는 대단히 튼튼하지만 왼쪽 날개는 찢기고 분열돼 있다"고 덧 붙였다. 의미심장한 말이다. 흔한 분류로 진보가 '좌'라면 보수는 '우'다. 우리의 우파는 다소간 균열이 있어보여도 보다 더 큰 이익 앞에서 굳건하게 뭉치는데 주저함이 없다. 반면에 가치를 추구하는 집단이라 할 좌파는 분열로 망할 조짐을 보이고 있는 상황이다.

새든 비행기든 왼쪽 날개와 오른쪽 날개가 튼튼해야 균형 있게 날 수 있다. 한쪽 날개로는 균형은커녕, 나는 것도 어려워진다. 찢기고 분열된 왼쪽 날개와 같은 야권의 분열로 진실이 가려지면 위선과 허위의식이 기승을 부릴 수밖에 없다. (2016.1.6)

타림분지

타림분지(Tarim Basin)는 중국 신장 웨이우얼 자치구 서쪽에 있다. 면적이 최대 70만㎢에 달한다. 대한민국(남북한) 영토의 세배가 넘는다. 남북길이가 500㎞, 동서길이가 1천500㎞다. 주변을 파미르고원(서쪽), 텐산산맥(북쪽), 곤륜산맥(남쪽)이 둘러싸고 있다. 주위의 산들은 모두 고산준령이다.

이들 산꼭대기에 쌓인 만년설이 녹아 유출하는 수량이 적지 않아 타림(물을 모으는 곳이라는 뜻)이라는 말이 생겨났다. 분지의 북쪽과 남쪽 가장자리를 따라 개척된 남북실크로드는 고대 동양문명과 서양문명의 가교역할을 했다. 실크로드는 초원루트와 오아시스루트로 구분된다.

분지의 서북쪽 땅은 옛날 흉노의 땅이었다. 흉노는 과거 주변의 서역 36국을 복속시키거나 지배할 정도로 강력했다. 중국 한(漢)나라는 흉노의 거센 공격을 막아내고자 원제 당시(BC 33년) 후궁이었던 왕소군을 흉노의 호한야 선우에게 바쳤다. 왕소군은 '호지무화초(胡地無花草), 춘래불사춘(春來不似春)'이라는 말을 낳게 한 장본인이다.

타림분지의 한 부분이라 할 투르판 분지에는 서유기에서 손오공이 불의 공격을 하는 요괴에게 시달렸던 화염산(火焰山)도 있다. 분지 북쪽 851m 높이의 벌거숭이 산으로 비바람에 씻긴 침식곡이 사막을 데우는 강한 뙤약볕에 달궈져 마치 화염에 휩쌓인듯 보인다 해서 그런 이름을 얻었다. 그 타림분지 중앙에 타클라마칸 사막이 있다. '모래의 바다', '들어가면 나올 수 없는 곳'이라는 뜻을 가진 이 사막 지하에 엄청난 규모의 '탄소바다'가 있다고 한다. 최근 신장지역 뉴스 포털 아신왕(亚心網)은 중국 지질학자들이 10여년간의 조사를 통해 타림분지 사막지대 지하 수천m 깊이에 이산화탄소(CO2)가 함유된 엄청난 규모의 탄소바다를 발견했다고 보도했다. 이 바다는 염수호로 그 수량은 북미 오대호 보다 10배나 많다고 한다. 지구상에서 화석연료가 연소되면서 생성되는 이산화탄소의 40%는 대기, 30%는 바다로 흡수된다. 나머지 30%가 어디로 가는지 아직 미지로 남아있다.

타클라마칸 사막 지하의 염수호가 지구에서 사라진 '탄소저장고'로 불리는 '카본싱크(carbonsink)'의 일부분으로 추정된다. 카본싱크는 일종의 이산화탄소 흡수계로 지구온난화를 줄이는 역할을 한다.

지금 지구는 급격한 온난화로 빙하와 만년설이 녹아내리면서 온갖 자연재해와 재앙 앞에 노출돼있다. 지구가 버려진 땅 사막 지하에 있는 '탄소 저장고'로 그나마 숨을 돌릴 수 있지 않을까. (2015.8.3)

소설『담징(曇徵)』

웃는 듯 울고, 우는 듯 웃는 눈. 섬세하고 부드러우면서도 관능적이지 않고 기품이 밴 미소. 그 눈과 그 미소로 세상을 그윽히 내려다보는 얼굴. 일본 호오류사(법륭사·法隆寺) 금당(金堂)의 벽면에 그려졌던 주불(主佛)의 얼굴이 그랬다. 석가모니 부처가 미처 다 하지 못한 중생을 구제하기 위해 올 미래불로 점안돼 세상을 굽어보던 미륵의 얼굴은 기실 여인의 얼굴이었다.

욕계(欲界)에 있으되 욕(欲)을 극복한 그 얼굴을 그려낸 담징은 고구려 승려이자 화가였다. 담징은 1천600여 년 전 일본으로 건너갔다. 야마토 정권을 이끈 쇼토쿠 태자의 권유와 바램으로 당시 일본 3대 사찰의 하나였던 호오류사에 터잡고 강론을 통해 불법을 전했다.

그 바탕은 불학(佛學)이었지만 사서오경 등 경학(經學)의 범위 또한 깊고도 넓었다. 불화(佛畵:부처그림)에도 단연 일가를 이뤘다. 그가 그린 '금당벽화'는 동양의 3대 미술품의 하나로 손꼽힌다. 오늘날까지 전설로 회자될 정도다. 같은 절 5층탑 벽화 덧그림 밑에 그렸던 '관음보살상'은 우연히 발견돼 컴퓨터로 재생된 바 있다.

불법 강론과 함께 천상에나 있을 법한 빼어난 솜씨로 그려낸 당대 초일류 작품들을 남긴 것 뿐 아니다. 그 절의 학승들에게 채화(彩畵)와 맷돌, 종이와 먹 등을 제조하는 법도 가르쳤다.

담징은 이를테면 당시 반도와 대륙에 비해 열위적 문명 상태에 있던 일본을 상대로 한 불법(佛法) 전수자요, 앞선 문명의 전파자였던 셈이다. 사서가 전하는 담징의 일본에서의 역사(役事)는 대개 그렇다.

그것뿐일까. 전해 오지 않는 담징의 일본에서의 또 다른 편력이 있었다. 그 이야기를 필자의 은사였던 김민환 고려대 명예교수가 소설(소설 담징)로 엮어냈다. 뜻밖의 여인을 만나 거문고와 고토를 통해 사랑을 앓고, 그에 얽매이다 계(戒)를 파하기도 했다. 그러나 그 여인에게서 담징은 미륵의 얼굴을 보았다. 그리고 미륵의 얼굴을 지상 세계에 구현해냈다. 소설의 대강이다.

소설 담징은 원래 임권택 감독과 손잡고 영화로 만들어볼 요량으로 대본으로 구상했었다. 그러나 대본화가 쉽지 않아 소설로 장르를 바꿨다. 소설화 과정에서 그만큼 임 감독의 교정과 교열에 대한 질책도 빠지지 않았다.

야마토 나라에서 고구려와 백제의 혼, 인간적 고뇌를 불화의 혼으로 승화시키고자 했던 담징의 정신. 그러한 전말을 한 땀 한 땀 정성껏 그려냈다는 방민호 서울대 교수(문학평론가)의 평론도 설득력 있게 마음에 스며든다.

TV, 영화, 그리고 각종 게임과 스마트폰 등 IT시대. 책 사보기와 책읽기가 먼 과거의 기억 속으로 가물가물해진 이 여름. 담징의 이야기에 빠져보는 것도 그리 나쁘지 않을 듯 싶다. (2015.7.3)

그 좁을 팔지 않는다

김영태 시사칼럼집

2021년 3월 10일 인쇄
2021년 3월 15일 발행

지은이 | 김 영 태
펴낸이 | 강 경 호
발행처 | 도서출판 시와사람
등 록 | 1994년 6월 10일 제 05-01-0155호
주 소 | 광주시 동구 양림로119번길 21-1(학동)
전 화 | (062)224-5319
E-mail | jcapoet@hanmail.net

ISBN 978-89-593-2 03810

값 15,000원

공급처 ■ 한국출판협동조합
경기도 파주시 적성면 적성산단3로 10 (적성일반산업단지 내)
주문전화 (02)716-5616, 070-7119-1740